U0511945

CHINESE

本书由北京第二外国语学院校级出版基金资助出版

LANGUAGE

汉语国际教育文献总目

文献总目（1900-2003）

BIBLIOGRAPHY OF INTERNATIONAL
CHINESE LANGUAGE EDUCATION
VOLUME OF SOUTH KOREA（1900-2003）

韩国卷

主编◎常耀华　刘光婷

〔韩〕柳东春　白恩姬

社会科学文献出版社

SOCIAL SCIENCES ACADEMIC PRESS（CHINA）

序

  学术文献好比知识的江河湖海，它们来自四面八方，同时交集汇聚在一起。在汉语作为第二语言教学的领域进行学术文献汇编的工作，犹如在汪洋大海中驾驶一叶小舟，随波逐流，不知何去何从。摸索中舵手渐渐地熟悉了周边的自然环境，了解了水性，学会了掌舵驾驶，乘风破浪。

  由常耀华教授领导的团队就如同驾驶着这一叶乘风破浪的小舟。由他们着手编写的汉语作为第二语言的参考文献《汉语国际教育文献总目》，是该领域的一项创举。这项成果为相关的参考文献与资源绘制了一幅名副其实的江河水系图。这张水系图为我们提供了汉语作为第二语言文献资料的清晰全景，正如《吕氏春秋·用民》中所表述的："一引其纲，万目皆张。"绘制这样一幅全景地图，筛选至关重要，不能遗漏汉语作为第二语言文献的任何一个相关"地区"，无论是除中国以外的其他国家或地区的参考书目、工具书、教材，包括视听产品与数字产品，还是出版的著作及硕士和博士论文。

  常耀华教授主持编写的文献总目为这个领域的专家、教师和学习者的研究、教学以及学习照亮了前行的道路。任教于北京第二外国语学院的常耀华教授不仅是一位杰出的汉语语言与文字专家，还是中国文化与中国书法专家，让他来主持完成这项工程无疑是实至名归。他在过去几十年的教学生涯中涉猎的领域多种多样，包括文字学、古代汉语、现代汉语、现代汉语语音文字专题、汉语修辞学、书法、语言文化、古文化史、中国文化概论、中国文化等。我有幸去过安阳并在常教授的陪同下参观了中国文字博物馆，观看了中国早期文字的代表殷墟甲骨文，并有幸聆听了常教授对刻在甲骨上的古老铭文的解释与评论，深受启迪。

  汉字代表着中国语言与文字，被深深地打上了中国文化的烙印。常教授以及他所带领的专家团队，引导我们跨越汉语作为第二语言的知识网格，为我们设定航标，让我们在这个领域中放心大胆地前进。

白乐桑 Joël BELLASSEN

巴黎东方语言文化学院博士生导师

法国国民教育部汉语总督学

PREFACE

Les références académiques sont autant de sources, ruisseaux, rivières et fleuves qui s'entremêlent et qui convergent tout à la fois. Celui qui s'engage dans le parcours de l'apprentissage du chinois langue seconde semble être dans un premier temps sur une frêle barque emporté par le courant, ne distinguant pas clairement la direction vers laquelle il est emporté. Peu à peu, il arrive à se familiariser avec les éléments naturels qui l'entourent, se familiarise avec l'eau qui le porte et devient maître de la conduite de sa barque.

C'est dire si le travail entrepris par le professeur CHANG Yaohua et son équipe de compiler les ouvrages et articles de référence nécessaires dans le domaine du chinois langue seconde est important et constitue une initiative majeure dans ce domaine. En effet, le résultat de ce chantier de la «Bibliographie encyclopédique du Chinois langue étrangère » est la mise au point d'une véritable carte de ces ruisseaux et fleuves que sont les références et les ressources. Cette carte permet d'avoir une vision précise et d'ensemble, dans laquelle, pour reprendre l'expression du «Lüshi Chunqiu », dès que l'on soulève la corde du filet, toutes les mailles s'étirent. Un choix très pertinent a été fait de dessiner une carte globale, n'oubliant aucune des «régions» du savoir du chinois langue seconde, que ce soit les références bibliographiques autres que chinoises, les usuels, les manuels, mais aussi les œuvres audiovisuelles et numériques, que ce soit également les ouvrages publiés, mais également les mémoires de Master ou les thèses de doctorat.

Le travail considérable entrepris par le professeur CHANG Yaohua permettra d'éclairer le chemin des spécialistes, des professeurs et des apprenants dans leur cheminement de recherche, d'enseignement ou d'apprentissage.

Le professeur CHANG Yaohua, de l'Institut des Langues étrangères de Beijing n°2, éminent spécialiste de la langue et de l'écriture chinoises, de culture chinoise et de calligraphie, était particulièrement qualifié pour guider et orienter cette entreprise. Son enseignement a couvert depuis quelques décennies des champs aussi variés que la grammatologie, el chinois classique, le chinois moderne, la phonétique et la sinographie du chinois moderne, la calligraphie, la culture, la civilisation ancienne, le panorama de la culture chinoise, etc.. J'ai eu l'honneur et la chance de me rendre à Anyang en compagnie du professeur CHANG, afin de visiter le Musée de l'écriture chinoise et de bénéficier ainsi de ses commentaires et explications éclairés devant les antiques inscriptions oraculaires sur écaille et sur os (jiaguwen), les archives de Yinxu, qui représentent un des premiers stades de l'écriture chinoise. Les caractères chinois marquent la langue et la culture chinoise de leur empreinte profonde et constituent l'identité même de cette langue et de cette culture, et il était légitime que le professeur CHANG, secondé par une équipe de spécialistes compétents, nous guide à travers les mailles des ressources du chinois langue seconde et fixe les repères qui permettent à l'usager d'avancer d'un pas assuré dans cet univers de connaissances.

Joël BELLASSEN

Directeur de recherche à l'INALCO (Paris, France)

Inspecteur général de chinois (Ministère de l'éducation nationale, France)

前　言

现在已是数字化时代，随着智能互联网的发展，信息的获取已摆脱地域和时间的限制，变得非常便利和廉价。各种基于网络和大数据的信息系统更是不断推陈出新，为各个专业领域带来了诸多变革。学术研究亦然。在这样的背景下，还有必要编纂《汉语国际教育文献总目》这样的传统工具书吗？是书立项之初，即曾遭遇这样的质疑。其实，不惟是书，所有文献书目类工具书都无法回避同样的质疑。

一　编纂书目类工具书还有没有必要

的确，在数字信息爆发式发展的当下，每天全世界数以千万亿计 (PB) 的数据被各种系统索引、分类，面对这样丰富的信息，还有多少人会抛开互联网而用纸本书目类工具书查资料？即便是我本人，也不会这么做。然而，这并不意味着编纂书目工具书的"百年老店"从此就得关张，互联网、大数据与书目编纂之间并不是你死我活的关系。大数据意味着海量的数据，意味着无所不有、无所不包，可正是因为它无所不有、无所不包，检索起来容易令人眼花缭乱，对于哪些是有用信息、哪些是冗余信息，必须花大气力甄别。面对纷繁芜杂的"大数据"，对于需要精准数据的研究者来说，每每只能徒兴望洋之叹。也就是说，海量文献的大数据因其泛而杂而无法取代各自不同的专业分类处理，而书目类工具书的编纂过程，正是对海量文献的大数据予以甄别筛选并进行专业分类的处理过程，书目类工具书正是其处理过程的最终结果。没有分类处理的数据恰似乌合之众，数量虽多，但因其得不到确当之安排，最终也很难发挥应有的作用。明乎此，就可以断言，只要各个专业的界限还存在，书目类工具书就有生存的空间。

从文献的视角看，所谓大数据不过是经过略加分类、处理的信息而已，若说是一部巨大无比的数字化书目工具书亦无不可，惟其分类粗疏、多有舛误，很难满足特定领域里的专业需求。相对来说，不同专业的文献目录类工具书虽然其载体较为传统，但亦可以转换成数字化格式，加以网络化传播。质言之，二者的区别只是传播介质和侧重点的不同。当然，数字类的书目工具书因其便于利用、更新及时更受欢迎。但无论是纸质文献书目工具书，还是数字化工具书，都不是从天上掉下来的，都是人们对大量的数据进行分类处理的结果，因此，互联网也好、大数据也好，其与文献书目的编纂并不矛盾，《汉语国际教育文献总目》的编纂必要与否，亦应作如是观。

二 《汉语国际教育文献总目 韩国卷 1900-2003》编纂的由来

顾名思义,《汉语国际教育文献总目》是关于"汉语国际教育"（或称"华语教学""华文教学""对外汉语教学""世界汉语教学"）类文献的目录总集。在中国此类工具书业已出版三部：一是北京语言学院世界汉语教学交流中心信息资料部编纂的《世界汉语教学书目概览》（第一分册 1899—1990.3），1991 年由国际文化出版公司出版；二是由李无未、陈珊珊、秦曰龙主编的《对外汉语教学论著指要与总目》，2008 年由作家出版社出版；三是孙德金编纂的《对外汉语教学研究论著索引（1950—2006）》，2009 年由商务印书馆出版。上揭三书收录的条目多以中国大陆文献为限，虽有一些域外相关文献收入其间，然不过是只鳞片爪，难以据此了解其他国家或地区的汉语教育文献全貌。为了弥补这一缺憾，我们想采取国际合作的方式，共同打捞汉语国际教育文献资料，以期对汉语国际文献来一个总清算，《汉语国际教育文献总目 韩国卷 1900-2003》就是这样一个成果。这部书稿最初搜集的 7000 余条条目是由韩国研究生黄慈卿女士完成的，之后我请我的多年好友韩国西江大学的柳东春教授审查把关，与其说是审查把关，不如说是柳教授及其团队所做的工作几乎是推倒重来。这本书能够面世，与柳教授、白恩姬教授及其门生李海珍、金惠镇的辛勤劳动是分不开的。我的同事刘光婷博士在分类、校订、经费申请、协助出版诸方面做了很大贡献。

韩国汉语国际教育文献资料原本不止这些，然而由于经费所限只能发表这些，这本书注定只是引玉之砖。

常耀华

2019 年 8 月 14 日于北京寓所

目　录

第一部分　纸质资源

第二部分　电子资源

第一部分　纸质资源

一　图书

（一）教材及教辅

1. 综合类教材

文献名称	著 / 编 / 译者	发行处	发行年
（无先生速修）汉语自通	永昌书馆	永昌书馆	1934
（官话）汉语自通	文世荣	汉城图书	1938
（汉语）基础读本	金泰明	大潮出版文化社	1948
（三十日速成）汉语自通	东文社	东文社	1953
（现代）汉语独学	共同文化社	共同文化社	1954
（最新）汉语教科书（第1卷：初级用）	宇钟社	宇钟社	1955
汉语基础完成	逊云、金鄕	豊国学园	1955
（无师自习）汉语四周间	中国语研究会	大东社	1956
综合汉语	中国语学会	新雅社	1960
（轻松掌握）汉语	李春杰	最新出版社	1961
综合汉语	中国语学会	新雅社	1961
汉语	卢东善、权浩渊	壮文社	1963
综合汉语	中国语学会	新雅社	1964
（实用）汉语入门	宋在禄	文昌社	1965
汉语四周间	外国语学普及会	文艺书林	1966
（人文系高中）汉语（1、2）	车柱环	宇钟社	1967
（放送）汉语	宋在禄	韩华春秋社	1967
汉语	卢东善、权浩渊	壮文社	1968

文献名称	著 / 编 / 译者	发行处	发行年
（最新）标准汉语	丁范鎭	汎学图书	1969
新亚汉语	张基槿	第一文化社	1969
汉语	卢东善、权浩渊	壮文社	1972
（最新）大学汉语	柳明奎等	新雅社	1973
现代汉语	金时俊、李允中	艺文馆	1973
（最新）汉语教本	金英赞	萤雪出版社	1974
（新亚）汉语	张基槿	第一文化社	1974
汉语读本	高丽大学文科学院中国语文学系教研室	高丽大学	1974
教养汉语	高丽大学文科学院中国语文学系教研室	高丽大学	1975
汉语四周间	外国语学普及会	文艺书林	1975
汉语入门	成宜济	平和出版社	1975
（最新）汉语教本	金英赞	萤雪出版社	1976
汉语教科书	宋在禄	问题与研究社	1976
（最新）标准汉语	丁范鎭	汎学图书	1976
模范汉语读本：文法	김귀달	进明文化社	1976
大学汉语（中・高级篇）	延世大学中国语教材编纂委员会	延世大学	1977
汉语教本（大学教养用）	成元庆、陈泰夏	曙光社	1978
汉语	卢东善、权浩渊	壮文社	1979
汉语（第2卷）	车柱环	宇钟社	1979
汉语读本	祖恩	问题与研究社	1979
汉语教本	中国语教材编纂委员会	启明大学	1980
（新编）大学汉文	首尔大学人文学院中国语中文学系	首尔大学	1981
大学汉语	丁范鎭、河正玉	东亚学习社	1981
（标准）汉语	丁范鎭	汎学图书	1981
（现代）汉语：初级篇	中国语文教材研究会	瑞麟文化社	1981
（中级）中国语文（上）	韩国外国语会话社编辑部	韩国外国语会话社	1981

文献名称	著 / 编 / 译者	发行处	发行年
新编汉语	柳晟俊	学文社	1981
现代汉语（教养篇）	中国语文研究会	学文社	1982
（五位一体）新汉语	丁范鎭、禹政夏	国民大学	1982
汉语	卢东善、权浩渊	松山出版社	1982
现代汉语：初级篇	中国语文教材研究会	学文社	1982
（新编）大学汉语	首尔大学人文学院中国语中文学系	首尔大学	1983
基础汉语教本	基础中国语教本编纂委员会	檀国大学	1983
（实用）综合汉语	权浩渊	进明出版社	1983
汉语	卢东善、权浩渊	壮文社	1983
教养汉语	高丽大学文科学院中国语文学系教研室	高丽大学	1984
现代汉语	中国语教材编纂委员会	延世大学	1984
（最新）汉语	金载雨	教学研究社	1984
初级汉语2	李炳汉、许成道、朴星柱	韩国放送通信大学	1984
（新编）大学汉语	首尔大学人文学院中国语中文学系	首尔大学	1985
（汉语科）中级汉语（1）	李东三、金荣九、李永朱	法典出版社	1985
大学汉语读本：文法	金贵达、金得洙	进明文化社	1985
大学汉语（中·高级篇）	延世大学中国语教材编纂委员会	延世大学	1985
现代汉语	中国人文科学研究会	博英社	1985
基础汉语	李台熏	韩国广播事业团	1985
中级汉语	洪寅杓、殷茂一、李东三	韩国放送通信大学	1985
（教养）初级汉语 Ⅱ	中国语科	法典出版社	1986
（新编）大学汉语	首尔大学人文大学中国语中文学科	首尔大学	1986
高级汉语（1、2）	李炳汉、丁范鎭	韩国放送通信大学	1986
基础汉语教本	姜啓哲	明志出版社	1986
（90日完成）汉语基础实力	姜靑一	书林文化社	1986

文献名称	著 / 编 / 译者	发行处	发行年
10 亿汉语	徐琮锡	Key 出版社（키 출판사）	1986
汉语学入门	香坂顺一 著，郑宪哲 译	高丽院	1986
新制汉语	金载雨	日新社	1986
（教养）初级汉语 II	韩国放送通信大学中国语科	法典出版社	1987
（汉语科）中级汉语（1）	李东三、金荣九、李永朱	法典出版社	1987
（Ace-phone）汉语教程	世一社编辑局	世一社	1987
（实用）综合汉语	权浩渊	进明出版社	1987
汉语入门	惠园编辑部	惠园出版社	1987
基础汉语	KBS 韩国放送事业团	KBS 韩国放送事业团	1987
汉语	金龙云、李浚植、金锺贤	东亚大学	1988
（韩国放送通信大学教材）实用中国语	柳晟俊、金仁经	韩国放送通信大学	1988
（汉语科补充教材）中级汉语（2）	李东三、金荣九	萤雪出版社	1988
（汉语科）中级汉语（1）	韩国放送通信大学中国语科	韩国放送通信大学	1988
现代汉语教本	孟柱亿	高丽院	1988
实用汉语教本（1）	全人编辑部	全人	1988
精通教科书汉语	白亨述	松山出版社	1988
实用汉语（II）：汉语科	金时俊、李东三、韩昌洙	韩国放送通信大学	1988
（北京式）标准汉语：初级篇	韩中文化研究会	清韩文化社	1988
（基础）汉语	王弼明	三荣书馆	1988
（基础）汉语教本	荣德外国语学院学术研究部	书林文化社	1988
（轻松掌握趣味学习）汉语2 周课程	崔正善	学一出版社	1988
（三位一体）汉语教本	中国语研究会	一信书籍公社	1988
实况汉语	洪越碧	新世界出版社	1988
实用汉语	朴东硕、金璟铉	萤雪出版社	1988
现代汉语 900：基础中级编	刘春花	学文社	1988

文献名称	著 / 编 / 译者	发行处	发行年
自学汉语初步	任弘彬	时事文化社	1988
综合问题研究：汉语课 2	编辑部	睿智阁	1988
汉语讲座：基础汉语	朴汉植	KBS 韩国放送事业团	1988
（教养）初级汉语 Ⅱ	韩国放送通信大学中国语科	韩国放送通信大学	1989
（最新）大学汉语	洪淳孝、金亿洙	萤雪出版社	1989
高级汉语 1	李炳汉、丁范鎭	韩国放送通信大学	1989
汉语教科书：文法中心	白水振	明志出版社	1989
（30 日完成）汉语初步	编辑部	弘新文化社	1989
（常用）汉语教本：（初级、中级）	박정규	世和	1989
（应用）中级汉语	郑元祉	进明出版社	1989
（自学）北京汉语初步	이승민	青年社	1989
（最短期完成基础）汉语入门	编辑部	弘新文化社	1989
初级汉语 1	李炳汉、许成道、朴星柱	韩国放送通信大学	1989
地道汉语：基础篇	文化教研研究院	文化教研	1989
现代汉语：中级篇	中国语文教材研究会	学文社	1989
综合问题研究：汉语课 1	编辑部	睿智阁	1989
（教养）初级汉语 2	韩国放送通信大学中国语科	法典出版社	1990
（汉语科）中级汉语 1	韩国放送通信大学中国语科	法典出版社	1990
（标准）新汉语教本	韩元硕	韩中文化	1990
大学汉语：中、高级篇	延世大学中国语教材编纂委员会	延世大学	1990
（Ace-phone）标准汉语：1–5	北京语言学院、韩中文化研究会	Ace-phone Korea	1990
（标准）基础汉语	庞绍义，김승호	学术院	1990
（进明）北京汉语（上、下）	北京语言学院 编，张基槿、朱良坤 译	进明文化社	1990
汉语	台湾师范大学国语教学中心 编，张基槿、朱良坤 编译	进明出版社	1991
（映像讲义受讲教材）初级中国语：（1、2）	朴星柱	韩国放送通信大学	1991

文献名称	著 / 编 / 译者	发行处	发行年
大学汉语	丁范镇、李浚植	学研社	1991
现代汉语	中国人文科学研究会	博英社	1991
（综合问题研究）初级汉语1	编辑部	睿智阁	1991
（综合问题研究）中级汉语1	编辑部	睿智阁	1991
基础汉语	崔正善	学一出版社	1991
综合汉语	中国语学会	法文社	1991
（高中）汉语：（上、下）	송창기	法文社	1992
（高中）汉语：（上、下）	韩武熙，최준식	富民文化社	1992
（高中）汉语：（上、下）	노동선，강계철	进明文化社	1992
（高中）汉语：（上、下）	유성준，박재우	松山出版社	1992
高级汉语1	韩昌洙	韩国放送通信大学	1992
大学汉语	成元庆、林东锡、李秀雄	建国大学	1992
大学汉语	中语教材编纂委员会	淑明女子大学	1992
（北京式）汉语1：第一步新手篇	韩中文化研究会	始发	1992
实用汉语2	金时俊、安炳国、李东三	韩国放送通信大学	1992
（高中）汉语：（上、下）	유성준，박재우	松山出版社	1993
（高中）汉语：（上、下）	노동선，강계철	进明文化社	1993
（高中）汉语：（上、下）	韩武熙，최준식	富民文化社	1993
（高中）汉语：（上、下）	송창기	法文社	1993
（标准）新汉语教本	韩元硕	凡一传媒	1993
（高中）汉语：自学书（下）	유성준，박재우	松山出版社	1993
教养汉语	刘春花	学文社	1993
（4周完成）自学汉语第一步	지영재	文艺林	1993
（初步学习者用）北京汉语	世一社编辑部	世一社	1993
（速成）北京汉语1	邓恩明	北京语研	1993
汉文入门	주송식	青年社	1993
汉语基础	金相根	中央大学	1993
汉语入门	강형석	明志出版社	1993

文献名称	著 / 编 / 译者	发行处	发行年
汉语特讲：入门（1、2、3）	产业经营教育院	产业经营教育院	1993
基础汉语	李熙玉	内外文学	1993
基础汉语	宋贞和	弘新文化社	1993
实用汉语 1	韩昌洙	韩国放送通信大学	1993
（高中）汉语：自学书（上）	유성준，박재우	松山出版社	1994
教养汉语	高丽大学文科学院中国语文学系教研室	高丽大学	1994
中级汉语教科书	北京语言学院来华留学生三系编著，知永社编辑部 编译	知永社	1994
汉语教本：初级篇	具良根	松山出版社	1994
中国语自学读本（1、2）	白林	世和	1994
（北京大学）汉语最初步：初级教程 1	邓懿	北京语研	1994
（短期完成）受验汉语	金基喆	知永社	1994
（梁镐永的）读解汉语	梁镐永	世进社	1994
北京基础汉语	박재우	青年社	1994
标准北京汉语 1	北京语言学院	中文（중문）	1994
标准汉语	吴淳邦	崇实大学	1994
中级汉语（1、2）	洪寅均	韩国放送通信大学	1994
自己学习的汉语	徐明济	正进出版社	1994
（高中）汉语（下）	송창기	法文社	1995
（高中）汉语：（上、下）	韩武熙，최준식	富民文化社	1995
（高中）汉语：（上、下）	노동선，강계철	进明文化社	1995
（高中）汉语：（上、下）	유성준，박재우	松山出版社	1995
高级汉语 2	韩昌洙、安柄国	韩国放送通信大学	1995
（北京大学）汉语最初步：初级教程 2	邓懿	北京语研	1995
（北京大学）汉语最初步：初级教程 3	邓懿	北京语研	1995
（轻松掌握）汉语入门	外国语研究普及会	明志出版社	1995

文献名称	著／编／译者	发行处	发行年
（实用）中级汉语	姜啓哲、宇仁浩	进明文化社	1995
（新编）基础汉语：从发音基础到会话、阅读	韩武熙、尹荣根	富民文化社	1995
初级汉语（1、2）	李炳汉、许成道、朴星柱	韩国放送通信大学	1995
汉语入门	曹中屏	礼书苑	1995
汉语入门	内外文学	内外文学	1995
基础汉语：发音·会话·解读	尹荣根	富民文化社	1995
（高中）汉语	许世旭，이등연	知学社	1996
汉语1	朴德俊、孟柱亿	进明文化社	1996
高级汉语1	韩昌洙、安炳国	韩国放送通信大学	1996
现代汉语：教养篇	中国语文研究会	学文社	1996
（Best）现代汉语（上）	复旦大学国际文化交流学院 编，李在敦 译	常绿树	1996
（北京师范大学）初级汉语读本：汉语读解入门篇	尹润芎、魏继东、董明 编，北京语研 译	北京语研	1996
（好汉语）中文600	韩国外国语会话社中国语研究室	韩国外国语会话社	1996
（解说）掌握汉语（上、下）	刘山、李培元 编著，朱良坤 译	东洋文库	1996
北京汉语（上、下）	강영매	凡宇社	1996
汉语Plus	김낙철	进明文化社	1996
汉语入门	장범성	翰林大学出版部	1996
简易汉语（上、下）	郑国雄 著，河永三 译	知英社	1996
实用汉语500	刘春花	学文出版	1996
实用汉语900	刘春花	学文出版	1996
中级汉语读解	손경옥	知永社	1996
（高中）汉语（1、2）	韩武熙、尹荣根	富民文化社	1997
（高中）汉语（1、2）	朴德俊、孟柱亿	进明文化社	1997
（高中）汉语（1、2）	송창기	民众书林	1997
（高中）汉语（1、2）	진용권，우치갑	松山出版社	1997
（高中）汉语（1、2）	许世旭，이등연	知学社	1997

文献名称	著 / 编 / 译者	发行处	发行年
（新编）大学汉语	汉阳大学校中语中文学科教材编纂委员会	汉阳大学	1997
教养汉语	高丽大学文科学院中国语文学系教研室	高丽大学	1997
大学汉语	岭南大学校	岭南大学	1997
大学汉语	金锺培、宋天镐、金正奎	松山出版社	1997
自学进明汉语 1	김낙철	进明出版社	1997
（简单快速）北京汉语 40.1：基础版	北京外交人员文化中心 著，최건 编译	时事教育	1997
（轻松讲解）北京汉语 40.2：正式版	北京外交人员文化中心 著，이철원 译	时事教育	1997
（轻松讲解）北京基础汉语 40.1：基础版	北京外交人员文化中心 著，이철원 译	时事教育	1997
（轻松讲解）北京基础汉语 40.2：正式版	北京外交人员文化中心 著，이철원 译	时事教育	1997
Total 汉语跳过去	韩元硕	凡一传媒	1997
北京汉语（1、2）	王继文	学文出版	1997
初级汉语	大学中国语教材编纂委员会	萤雪出版社	1997
初级汉语（1、2）	编辑部	绿林	1997
读解汉语	소선희，이정훈	太学馆	1997
中级汉语（1、2）	洪寅杓	韩国放送通信大学	1997
（高中）汉语（1、2）	韩武熙、尹荣根	富民文化社	1998
（高中）汉语（1、2）	朴德俊、孟柱亿	进明文化社	1998
（高中）汉语（1、2）	송창기	民众书林	1998
（高中）汉语（1、2）	진용권，우치갑	松山出版社	1998
（高中）汉语（1、2）	许世旭，이등연	知学社	1998
高级大学汉语	中国语教材编纂委员会	延世大学	1998
教养汉语	忠北大学校中语中文学科教养中国语编纂委员会	忠北大学出版部	1998
教养汉语	高丽大学中语中文学科教养中国语编纂委员会	高丽大学	1998

文献名称	著/编/译者	发行处	发行年
中级大学汉语	延世大学中国语教材编纂委员会	延世大学	1998
（高级）汉语	朴井圭、韩英今	世和	1998
（基础）汉语	韩武熙	富民文化社	1998
（三百六十五日）汉语：1-3	李光石	正进出版社	1998
（正进）汉语教本：初级	徐明济	正进出版社	1998
初级汉语（1、2）	编辑部	银河出版社	1998
（高中）汉语（1、2）	韩武熙、尹荣根	富民文化社	1999
（高中）汉语（1、2）	朴德俊、孟柱亿	进明文化社	1999
（高中）汉语（1、2）	진용권，우치갑	松山出版社	1999
（高中）汉语（1、2）	许世旭，이등연	知学社	1999
（教养汉语教材）初级汉语	李陆禾	广州大学	1999
现代汉语	蔡雅琳 编著，刘丽雅 编译	国学资料院	1999
（汉语入门书）教养汉语	李陆禾	广州大学	1999
（宋在禄基础汉语）汉语初步	宋在禄	问题与研究社	1999
（以散文为中心）最新汉语特讲	최경진，최동표	新雅社	1999
（自律学习）汉语（1、2）	许世旭，이등연，이태수	知学社	1999
（自学）汉语	서명제	正进出版社	1999
新概念汉语	鲁长时、陈明舒	白山出版社	1999
新汉语入门：超级简单	程相文、张宁志、宋春菊、罗远惠 编，宇仁浩 译	时事教育	1999
中级汉语	王玉枝	东玄出版社	1999
（高中）汉语（1、2）	韩武熙、尹荣根	富民文化社	2000
（高中）汉语（1、2）	朴德俊、孟柱亿	进明文化社	2000
（高中）汉语1	송창기	民众书林	2000
（高中）汉语（1、2）	진용권，우치갑	松山出版社	2000
（高中）汉语（1、2）	许世旭，이등연	知学社	2000
元代汉语本《老乞大》	庆北大学校出版部	庆北大学	2000
（北京大学）汉语800句	张军	中国语文化院	2000

文献名称	著 / 编 / 译者	发行处	发行年
（北京大学）趣味汉语	刘德联，高明明 编著，신정현 译	中国语文化院	2000
（基础）汉语教本	韩相德	松峰出版社	2000
（四通八达）汉语	강영매	草绿传媒	2000
（文化也一起学）汉语中级跳一跳	马凤如，小川郁夫，김현주	Sisa 教育	2000
（自律学习）汉语（1、2）	许世旭，이등연，이태수	知学社	2000
21 世纪汉语	구광범，한용수	先学社	2000
初级汉语读本	구양근	松山出版社	2000
汉语高级教程	信息通信公务员教育院	信息通信公务员教育院	2000
汉语基础教程	信息通信公务员教育院	信息通信公务员教育院	2000
基础汉语	郭利夫	济州大学	2000
模范汉语读本	模范中国语读本编纂委员会	檀国大学	2000
（高中）汉语（1、2）	朴德俊、孟柱亿	进明文化社	2001
（高中）汉语（1、2）	진용권，우치갑	松山出版社	2001
（高中）汉语（1、2）	韩武熙、尹荣根	富民文化社	2001
（高中）汉语（1、2）	许世旭，이등연	知学社	2001
（新编）大学汉语	汉阳大学校中语中文学科教材编纂委员会	汉阳大学	2001
（中英韩对比）宣教士汉语教本	모리슨莫里森文书翻译会	莫里森文书翻译会	2001
（容易学习）汉语入门	许成道	人与书籍（사람과 책）	2001
（新概念）万里行汉语：1、2	孟柱亿	东方传媒	2001
（自律学习）汉语（1、2）	许世旭，이등연，이태수	知学社	2001
行动汉语	金琮镐、丁啓阵	中国语文化院	2001
初级汉语	赵卫宏	中文出版社	2001
点一点汉语：入门篇	이승희	地球文化社	2001
汉语通	徐巨昌、金洛喆	艺名（예명）	2001

文献名称	著 / 编 / 译者	发行处	发行年
谈天说地汉语	高英根	世宗出版社	2001
新汉语	禹正夏	国民大学	2001
（高中）汉语 1	강식진, 안기섭, 유영기	进明文化社	2002
（高中）汉语（1、2）	韩武熙、尹荣根	富民文化社	2002
（高中）汉语（1、2）	许世旭, 이등연	知学社	2002
（高中）汉语 1	李在敦, 毛海燕, 김춘희	进明文化社	2002
（高中）汉语（1、2）	朴德俊、孟柱亿	进明文化社	2002
（高中）汉语 1	朴德俊, 정동수, 최병진	正进出版社	2002
（高中）汉语 1	임승규, 정의원	时事教育	2002
（高中）汉语 2	진용권, 우치갑	松山出版社	2002
大学汉语	박정식	知好（지호）	2002
汉语双拼盲文自学教材	张德辉 主编, 박옥희 译	Siloam 盲人福祉馆	2002
汉语祈祷教本	刘昭忠、莫里森文书翻译会	莫里森文书翻译会	2002
汉语盲字教本入门书	张德辉 主编, 박옥희 译	Siloam 盲人福祉馆	2002
（你好）汉语	최영택, 이명선	知经社	2002
（容易！简单！）汉语表现	장석만	World com（월드컴）	2002
Super Chinese：1 – 2	박영종, 감서원	Kocha Itek（코차아이텍）	2002
初级汉语（1、2）	이병한, 许成道, 박성주	韩国放送通信大学	2002
初级汉语 2：中文 1	编辑部	银河出版社	2002
初级汉语 1：中文 1	编辑部	银河出版社	2002
儿童汉语（上册）	박영종, 감서원	新雅社	2002
跟汉语玩	儿童教育论坛 编, 채주현 插图	今日（오늘）	2002
（自学用）汉语	심황섭	外文图书出版社	2002
汉语初级过程	信息通信公务员教育院	信息通信公务员教育院	2002
基础汉语	김정욱	庆南大学	2002
基础汉语	왕옥지	世宗出版社	2002
情景汉语：这种情况下要这样	박영순, 서희명	学古房	2002

文献名称	著 / 编 / 译者	发行处	发行年
实用汉语	金时俊、安炳国、赵宽熙	韩国放送通信大学	2002
实用汉语 2	大学中国语教材编纂委员会	韩国外国语大学	2002
一学就会汉语	서의영, 오경희	常绿树	2002
中级汉语	李陆禾	广州大学	2002
中级汉语完成：1-3	기화룡	Nexus 中文	2002
（高中）汉语（1、2）	강식진, 안기섭, 유영기	进明文化社	2003
（高中）汉语（1、2）	韩武熙、尹荣根	富民文化社	2003
（高中）汉语 2	许世旭、이등연	知学社	2003
（高中）汉语（1、2）	李在敦, 毛海燕, 김춘희	进明文化社	2003
（高中）汉语（1、2）	朴德俊、孟柱亿	进明文化社	2003
（高中）汉语 1	朴德俊, 정동수, 최병진	正进出版社	2003
（高中）汉语 1	송창기, 송진영	民众书林	2003
（高中）汉语 1、2	임승규, 정의원	时事教育	2003
（高中）汉语 2	진용권, 우치갑	松山出版社	2003
（3 秒即足够）汉语基础	창쓰메이	西海文库	2003
（第一步）汉语一气呵成	이종민, 김인용	博文阁	2003
（宋在禄基础汉语）汉语初步	宋在禄	问题与研究社	2003
（听了说）120 分钟汉语	홍경아	Nexus 中文	2003
（扎实）基础汉语	진명서	白山出版社	2003
初级汉语 2：中文 1	编辑部	礼学传媒	2003
初级汉语课本	徐在日	首尔企划	2003
高级汉语（1、2）	한창수, 안병국	韩国放送通信大学	2003
高级汉语 1：中文 3	编辑部	礼学传媒	2003
汉语读本	柳应九、韩相德	松峰出版社	2003
汉语古文	柳晟俊	新雅社	2003
汉语入门	조성환, 이우철	白山出版社	2003
汉语提高教程	장석민	话书堂	2003
汉语中级教程	信息通信公务员教育院	信息通信公务员教育院	2003

文献名称	著/编/译者	发行处	发行年
你好 JRC	JRC 钟路中国语学院	JRC 钟路中国语学院	2003
朴通事（上）	崔世珍	国会图书馆	2003
新汉语指南	内田庆市	光生馆	2003
中国文言文入门	Michael A. Fuller 著，李章佑、李铉雨 译	岭南大学	2003

2.专项技能类教材

（1）听力

文献名称	著/编/译者	发行处	发行年
汉语新闻听力入门	刘士勤、韩容洙	中文出版社	1997
（高中）汉语听力	韩国教员大学校外国语一综图书研究开发委员会	大韩教科书	1999
（多听多练）用汉语听汉语：1-3	박귀진，가광위	Chinaro 学术	2005

（2）口语

文献名称	著/编/译者	发行处	发行年
汉语会话独习	金鄕、逊云	丰国学园	1954
（从基础到会话）汉语第一步	尹昕重	大东社	1958
汉语教科书：会话篇	宫越健太郎、杉武夫	第三书房	1958
汉语会话	宋在禄	韩华春秋社	1967
（韩语对比）汉语口语	崔景镐	Voice 社	1973
（实用）汉语会话	外国语学普及会	文艺书林	1973
标准汉语会话	丁范镇	汎学图书	1973
汉语会话	外国语学普及会	文艺书林	1973
汉语会话：韩国语对比	崔景镐	Voice 社	1973
汉语语法会话	金贵达	进明文化社	1974
（最新）汉语会话	李允中	新雅社	1975
汉语会话册	宋在禄	问题与研究社	1975
最新汉语会话	李允中	新雅社	1975

文献名称	著/编/译者	发行处	发行年
汉语会话册：续编	宋在禄	问题与研究社	1978
（标准）汉语会话	丁范鎭	汎学图书	1981
汉语会话	丁范鎭、刘春花	学研社	1982
汉语会话 2	韩国外国语会话社编辑部	韩国外国语会话社	1984
汉语会话册：前篇	宋在禄	问题与研究社	1984
（会话中心）汉语教本：（初级、中级）	金英姬	圣安堂	1985
汉语演讲练习	宋在禄	问题与研究社	1985
（基础）汉语会话	刘春花	学文社	1986
（实用）汉语会话	刘春花	学文社	1986
北京汉语会话	柳晟俊	青年社	1986
初级汉语口语	李永求	日新社	1986
汉语会话	权纯洪	海文出版社	1986
汉语会话（1、2）	宋在禄、吴淳邦	韩国放送通信大学	1986
汉语会话册：前编	宋在禄	问题与研究社	1986
基础汉语会话	真话堂编辑部	真话堂	1986
汉语会话 3	许壁、孙叡彻	韩国放送通信大学	1987
（35 日完成）基础汉语会话	编辑部	弘新文化社	1988
（60 日完成）基础汉语会话	姜青一	书林文化社	1988
（北京式）标准汉语：会话篇	韩中文化研究会	清韩文化社	1988
（常用）汉语会话	朴井圭	世和	1988
（会话式）汉语初步	姜青一	书林文化社	1988
（实用）汉语会话	外国旅行会话研究会	绿林出版	1988
（自由自在）汉语会话：基础篇	金泰英	志源社	1988
汉语会话	황병국	바른사	1988
汉语会话	李秀雄	善琼图书出版社	1988
汉语口语手册：韩国人用教材 第 1 卷 – 第 3 卷	韩国语学研究会	韩国语学研究会	1988
现代汉语会话	刘丽雅	民知社	1988

文献名称	著/编/译者	发行处	发行年
（口语学习）中级汉语	郑元祖	进明出版社	1989
（实用）汉语会话	台湾师范大学国语教育中心 著，车경섭 译	三阳出版社	1989
（实用）汉语会话	中国语研究会	日新书籍出版社	1989
（实用）中级汉语	姜啓哲、宇仁浩	进明出版社	1989
（一问多答）汉语会话	白水振	明志出版社	1989
常用汉语会话	白水振	明志出版社	1989
实用汉语会话	台湾师范大学国语教学中心 编，车경섭 译	三阳出版社	1989
（标准）新汉语会话	韩元硕	韩中文化	1990
（速成）汉语基础会话完成	权五贤	新英语会话研究社	1990
（自学）汉语口语	任弘彬	时事文化社	1990
朝中会话读本	한종률，정미진，박송란	民族出版社	1990
汉语会话	编辑部	海文出版社	1990
基础汉语：发音、会话、解读	富民文化社	富民文化社	1990
基础汉语会话	金得洙	进明文化社	1990
（初步学习者用）基础汉语口语	이병호	闵秉哲生活英语社	1991
（三志）汉语会话	章元寿	三志社	1991
汉语会话	正民	学文社	1991
梁镐永的汉语会话	양호영	世进社	1991
实用汉语基础会话	张善基	惠园出版社	1991
昭明汉语会话	王继文	昭明	1991
（会话完成）新汉语	北京语言学院 著，中国语世界社 编译	中国语世界社	1992
（三志）中级汉语会话	李家春	三志社	1992
（通过问答方式学习的）汉语	许正根	进明出版社	1992
汉语会话3	许壁、孙叡彻	韩国放送通信大学	1992
会话新中国语	北京语言学院 著，中国语世界社 编译	中国语世界社	1992

文献名称	著/编/译者	发行处	发行年
基础汉语：发音、会话、解读	富民文化社	富民文化社	1992
（标准）新汉语会话	韩元硕	凡一传媒	1993
（从零开始学汉语，去中国）汉语会话：即席活用	海文出版社编辑部	海文出版社	1993
（基础）汉语会话	编辑部	弘新文化社	1993
（进明）基础汉语口语1	朴松兰	进明文化社	1993
（三志）基础汉语会话	李家春	三志社	1993
汉语会话：情景篇	韩容洙	中文出版社	1993
汉语会话1：初级	编辑部	白色大地教育院	1993
汉语会话2：中级	编辑部	白色大地教育院	1993
汉语会话3：高级	编辑部	白色大地教育院	1993
汉语会话册（前编）	宋在禄	问题与研究社	1993
汉语会话教本	宋在禄	问题与研究社	1993
实用会话	世明国际旅行社中国部	时代评论	1993
（补充教材）汉语会话3	朴星柱	韩国放送通信大学	1994
汉语会话	内外文化	内外文学	1994
汉语会话3	朴星柱、孟柱忆	韩国放送通信大学	1994
汉语实用会话	李家春	E&S	1994
（韩汉英对比）实用汉语口语	강형석	明志出版社	1995
汉语会话（1、2）	朴星柱、吴文义、金星坤	韩国放送通信大学	1995
汉语实用会话	李家春	E&S	1995
（好）汉语会话	전희봉	韩国外国语会话社	1996
（现地活用）汉语会话	海兰	书林文化社	1996
211汉语会话1	安英姬、韩容洙	中文出版社	1996
（一起去）汉语会话	中国语文研究所	interbooks(인터북스)	1996
汉语高级会话（本教材、副教材）	朴星柱、吴文义、金星坤	韩国放送通信大学	1996
汉语各种表现例文集：中国最常见对话1	宋在禄	问题与研究社	1996
（介绍自己）汉语会话	千岛英一 著，内外文学 编译	内外文学	1997

文献名称	著 / 编 / 译者	发行处	发行年
（可以说、可以听）汉语：发音	류기수	白山书堂	1997
（情景）进明汉语口语入门	铃木义昭，王延伟，조수연 编，윤성미 译	进明文化社	1997
基础汉语会话	全南专门大学中国生活研究所	学问社	1997
实用汉语会话	赵冬梅	知永社	1997
实用汉语会话（中级篇、初级篇）	刘春花	学问出版	1997
（北京留学篇）汉语：实战口语越来越强	이치한	松山出版社	1998
（基本句型）生活汉语口语	송원배	萤雪出版社	1998
（口语学习）汉语第一步：日常篇	주양곤	时事教育	1998
（口语学习）汉语第一步：实用篇	주양곤	时事教育	1998
（没字典也可以自学的）汉语口语入门	浅井惠子，山本珠美 编，최정선 译	学一出版社	1998
（情景中心）最新汉语口语：初级篇	최동표，최경진，정군자	萤雪出版社	1998
汉语会话 1	정재량，김혜경，장욱	学古房	1998
汉语会话完成 1100 问	조경희，김성동	宇宙	1998
汉语口语：基础语法、生词解说	银光社编辑部	银光社	1998
汉语口语：简单的自由交谈	장영지	时事教育	1998
基础汉语会话	王玉枝	知英社	1998
（高中）汉语会话（1、2）	韩国教员大学校外国语一综图书研究开发委员会	大韩教科书	1999
（自习书）会话新汉语：汉语会话 301 句	中国语世界编辑部	中国语世界社	1999
（实用）汉语口语	媒体编辑部	인터미디어	2000
（完美交际）汉语	李廷植	大明出版社	2000
汉语高级会话（本教材、副教材）	朴星柱、吴文义、金星坤	韩国放送通信大学	2000
（Click）汉语口语	최성경，정태업	中文出版社	2001

文献名称	著 / 编 / 译者	发行处	发行年
（初级）汉语口语	이영호	大千世界	2001
（多级别）汉语口语	崔元萍、韩相德、任晓礼	松峰出版社	2001
（举一反三）汉语会话（1、2）	임장춘	全国汉字教育促进总联合会	2001
（倾听）汉语说道	최순환	莫里森文书翻译会	2001
（同声传译）汉语口语	이상용	제이플러스	2001
北京大学汉语中级口语：1–2	刘德联、刘晓雨	中国语文化院	2001
汉语初级口语：中文	编辑部	银河出版社	2001
（50日完成）基础汉语会话	김낙철	惠园出版社	2002
（EBS Radio）初级汉语口语	EBS 韩国教育放送公社	3Life	2002
（初步学习者用）实用汉语口语	权浩渊、车炅燮	进明文化社	2002
（初级）情景汉语口语	정수국, 김화숙	占地游戏	2002
（举一反三）汉语会话（5–10）	임장춘	全国汉字教育促进总联合会	2002
（要点）汉语初级会话	编辑部	睿智阁	2002
OK 汉语会话	国际语言教育研究会	太乙出版社	2002
独存汉语1：趣味汉语口语（上）	编辑部	三韩出版社	2002
汉语300句随机跟着练：汉语基础	송재복	길벗 이지톡	2002
汉语初级口语：中文1	编辑部	银河出版社	2002
汉语会话册：北京最常使用的对话	宋在禄	问题与研究社	2002
文化汉语会话	박성주, 吴文义, 주국견	韩国放送通信大学	2002
（汉语会话入门书）基础汉语会话	이해우	学古房	2003
（举一反三）汉语会话（11–13）	임장춘	全国汉字教育促进总联合会	2003
（举一反三）汉语会话 16	임장춘	全国汉字教育促进总联合会	2003
（举一反三）汉语会话 18	임장춘	全国汉字教育促进总联合会	2003

文献名称	著/编/译者	发行处	发行年
（要点）汉语初级会话	编辑部	礼学传媒	2003
（要点）汉语中级会话	编辑部	礼学传媒	2003
（一本搞定）汉语实用句子	천루，강준영，강성흡	知英社	2003
（用汉语表白）我爱你	话书堂企划，한민이	Nexus 中文	2003
汉语词汇 7000	佐藤正透 著，이영 编译	多乐园	2003
汉语初级口语	周继圣	韩国放送通信大学	2003
汉语会话：1-4	송민영	建阳大学	2003
《老乞大》谚解	汪维辉	鲜文大学	2003

（3）阅读

文献名称	著/编/译者	发行处	发行年
短文读解汉语	金基喆、李恩喜	知英社	1996
（趣味）主题汉语阅读	武吉次朗，张黎 编，박지은 译	时事教育	1997
人文科学汉语精读	김성동，조경희	宇宙	1998
中级阅读汉语	姜亨锡	松山出版社	1998
（高中）汉语阅读（1、2）	韩国教员大学校外国语一综图书研究开发委员会	大韩教科书	1999
（北京大学）趣味汉语阅读	刘德联，高明明 著，신정현 译	中国语文化院	2000
（标准汉语）文章读解	吴淳邦、朴璟实	学古房	2002
（与句型学习一起进行的）汉语阅读	배다니엘	新星出版社	2002
新攻略汉语阅读：从初级到中级	郑蘩 著，변형우 编译	多乐园	2003
新攻略汉语阅读：中级篇	郑蘩 著，변형우，여승환 编译	多乐园	2003
一读即会汉语	서문연	例谈中国	2003

（4）写作

文献名称	著/编/译者	发行处	发行年
汉语作文入门	长谷川宽	江南书院	1957
实用汉语：书简文、公文书、契约书、广告	梁东淑	新雅社	1978
汉语作文	李涽	汎学图书	1981

文献名称	著/编/译者	发行处	发行年
标准汉语作文	李禹	汎学图书	1982
（大学）汉语作文	李渻	学研社	1983
汉语作文（1、2）	金时俊、李钟振	韩国放送通信大学	1987
（汉语）书信样式篇：你也可以轻松写信	上野惠司 著，金永振 译	大光书林	1988
汉语作文 2	金时俊、李钟振	韩国放送通信大学	1988
汉语书信	崔正善	学一出版社	1990
现代应用文	许正直	世界书局	1991
汉语书信	张乃方、内藤正子 著，内外文化 编	内外文学	1994
实用汉语作文	宇仁浩	知永社	1994
现代汉语书信文: 个人书信、事务书信、日常应用文	宇仁浩、李寿尊	中文出版社	1994
汉语文法作文	김성동, 조경희	宇宙	1995
（基础）汉语作文	차경섭	正进出版社	1997
（最新）基本汉语作文	姜啓哲	东玄出版社	1997
汉语简体字写作教本	백형술	松山出版社	1997
汉语作文与语法：对 100 个错误作文的语法解说	许成道, 최건	人与书籍	1997
实用汉语写作	中国语教材编纂委员会	学文社	1997
用汉语写信	차경섭	弘新文化社	1997
（精解）汉语作文	竹岛金吾、贾凤池 著，金一斗 译	知永社	1998
（要点）汉语作文	编辑部	睿智阁	1998
（高中）汉语作文 1	韩国教员大学校外国语—综图书研究开发委员会	大韩教科书	1999
（实用）汉语作文	李陆禾	广州大学	1999
汉语新闻文体 1000	안재영, 쟝웨이웨이	英文出版社	1999
汉语作文（1、2）	金时俊、李锺振、吴文义	韩国放送通信大学	1999
汉语简体字写作教本	编辑部	正进出版社	2000
汉语作文	김경숙	中文出版社	2000

文献名称	著 / 编 / 译者	发行处	发行年
汉语作文要点 130	宇仁浩	中国语文化院	2000
（汉语）简体字：写作	차경섭	笔文堂	2001
（即时活用）E-mail 汉语书信	小川泰生、张健、富永一登	学一出版社	2001
外国学生汉语基础写作教本	刘继红、甘瑞瑗	新雅社	2001
成功汉语：基础语法作文	张籁平, 郑天刚, 张文첩, 김현주译	中国语文化院	2001
现代汉语文法作文	박경서, 이해우	学古房	2001
（韩国人专用）汉语写作会诊	白水振、李铁根	东洋文库	2002
汉语简体字写作	编辑部	加山出版社	2002
汉语作文	金时俊	韩国放送通信大学	2002
实用汉语写作	中国语教材编纂委员会	学问社	2002
用汉语写信	孟柱亿	文艺林	2002
（北京大学）汉语作文课堂	乔惠芳、赵建华	Nexus 中文	2003
（轻松使用）我的汉语日记	허유영	Nexus 中文	2003
北京汉语讲座：实用汉语写作	中国语教材编纂委员会	学问社	2003
汉语简体字写作	编辑部	玄学社	2003
汉语简体字写作 2	김종윤, 이상옥, 박용진	全州大学	2003
汉语作文：中文 3	编辑部	礼学传媒	2003
汉语作文教堂：详细的语法解说与案例来学习	李陆禾	松山出版社	2003
汉语语法与写作升级	임유경	东洋文库	2003

3. 教辅

（1）教参

文献名称	著 / 编 / 译者	发行处	发行年
汉语单语研究：必须惯用语参考书	金英赞	东华文化社	1962
汉语：教学指导书	车柱环	宇钟社	1980
（合格指导书）初级汉语：核心研究、问题解说	韩武熙	富民文化社	1984
（合格指导书）中级汉语：核心研究、问题解说	韩武熙	富民文化社	1986

文献名称	著/编/译者	发行处	发行年
（高中）汉语：教师用指导书	문교부 著，韩国外国语大学—综图书研究开发委员会 编	大韩教科书	1988
（合格指导书）汉语演习：核心研究、问题解说	韩武熙	富民文化社	1988
（合格指导书）中级汉语：核心研究、问题解说	韩武熙	富民文化社	1988
（合格指导书）初级汉语：核心研究、问题解说	韩武熙	富民文化社	1988
（合格指导书）高级汉语：核心研究、问题解说	韩武熙	富民文化社	1990
（合格指导书）汉语演习：核心研究、问题解说	韩武熙	富民文化社	1990
（合格指导书）中级汉语：核心研究、问题解说	韩武熙	富民文化社	1990
（合格指导书）初级汉语：核心研究、问题解说	韩武熙	富民文化社	1990
（合格指导书）高级汉语：核心研究、问题解说	韩武熙	富民文化社	1991
（合格指导书）中级汉语：核心研究、问题解说	韩武熙	富民文化社	1992
（合格指导书）初级汉语：核心研究、问题解说	韩武熙	富民文化社	1992
（合格指导书）汉语演习：核心研究、问题解说	韩武熙	富民文化社	1993
（合格指导书）高级汉语：核心研究、问题解说	韩武熙	富民文化社	1994
（合格指导书）初级汉语：核心研究、问题解说	韩武熙	富民文化社	1994
（合格指导书）中级汉语：核心研究、问题解说	韩武熙	富民文化社	1996

（2）教辅

文献名称	著/编/译者	发行处	发行年
（初级）汉语讲座	朴鲁胎	一韩图书出版社	1961
东方中国语讲座	伊地智善继	东方书店	1973
汉语入门：FBS 放松讲座	成宜济	平和出版社	1975
七百字故事：用故事来学习的汉语	韩国外国语会话社	韩国外国语会话社	1977
综合汉语讲座：从基础发音到会话、作文、文法、读解	殷茂一	青鹿出版社	1985
解说新汉语：韩国语版（1–5）	北京语言学院 著，中国语世界社 编译	中国语世界社	1988
（看漫画学）汉语	黑泽秀子、杨立明 编，朱良坤 编译	进明出版社	1989

文献名称	著 / 编 / 译者	发行处	发行年
笑话汉语	白水振	明志出版社	1989
精统汉语 48 日：会话篇（上、下）	연구원	文化教研	1989
（三志）汉语第一步：细致讲解补习班式学习法	李家春	三志社	1991
汉语用法便览	田中清一郎 著，李义活 译	中文出版社	1992
（三志）中级汉语会话注释	李家春 译著	三志社	1992
（看漫画学）汉语口语	朱良坤 编，刘完锡 画	进明出版社	1992
（趣味）漫画汉语	백형술	松山出版社	1993
（250 词轻松掌握）汉语口语	李熙玉	内外出版社	1993
高级汉文解释法：如何断句？	管敏义 著，首尔大学东洋史学研究室 译	创作批评社	1994
歌曲学汉语：中国电影主题歌林薮	백형술，이경기	进明文化社	1994
（要点）初级汉语（1、2）	编辑部	睿智阁	1995
（趣味）漫画汉语 2	백형술，전병억	松山出版社	1995
（用汉语）阅读中国古文	柳晟俊	新雅社	1996
高级汉语：用法、用例、句子、阅读	조경희，김성동	宇宙	1997
汉语百货店	남궁양석	东方传媒	1997
（要点）初级汉语（1、2）	编辑部	睿智阁	1998
汉语要点 999	류기수	时事教育	1998
汉语实力进阶：汉语惯用的表现	宋之贤	问题与研究社	1998
（要点）初级汉语 1	编辑部	睿智阁	1999
汉语讲座（1、2）	金胜心、金钟赞	中文出版社	1999
汉语 4500	왕충의	釜山外国语大学	1999
（轻松有趣记忆）汉语联想背诵法	尹正植	学一出版社	2000
汉语基础总整理：核心问题解说	中国语友会 编，中国语世界史编辑部 译	中国语世界史	2000
北京大学汉语 800 句：自学用解析版	张军 著，柳己洙 译	中国语文化院	2000
（初中高）汉语难点答疑	协盼云，吴中伟 著，임승배 译	时事中国语文化院	2001
我的第一次汉语	이곤수	进明文化社	2001

文献名称	著 / 编 / 译者	发行处	发行年
（用汉语乐享）现代中国短篇小说选	具良根 选注	时事教育	2001
汉语：怡然自足	왕충의	釜山外国语大学	2001
（要点）初级汉语：中文（1、2）	编辑部	睿智阁	2002
（必备）汉语 Q&A 88	相原茂	东洋文库	2002
（中国 20 多岁人最常用）汉语 BOX	박미경	Nexus 中文	2002
用网络学汉语	이인호	中央 M&B	2002
你呢贵姓？	朴在渊、周发祥	鲜文大学	2002
你好中国！	韩中教育开发院	韩中教育开发院	2002
躲避汉语语法与写作陷阱：汉语语法核心点 30	李大忠 著，吴文义、朴正九 编译	松山出版社	2002
汉语特讲	백승엽	正进出版社	2002
中国文化中的汉语故事	鲁宝元 著，박영종，엄귀덕 译	多乐园	2002
（笑着学习）插曲汉语	서희명	学古房	2002
汉语故事：汉语与中国文化兼得	鲁宝元 著，박영종，엄귀덕 译	多乐园	2002
（要点）初级汉语：中文 1	编辑部	礼学传媒	2003
（要点）高级汉语 2：中文 3	编辑部	礼学传媒	2003
（要点）中级汉语（1、2）	编辑部	礼学传媒	2003
绝对不学习汉语！	김익겸	社会评论	2003
畅游汉语之海	김준수	Ified	2003
中国名文鉴赏：中文 3	编辑部	礼学传媒	2003
90 句搞定汉语	정유선	金永社	2003
用成语学汉语口语、用口语学成语（1、2）	왕충희	釜山外国语大学	2003

（3）练习

文献名称	著 / 编 / 译者	发行处	发行年
汉语放送听取练习	宋在禄	问题与研究社	1980
汉语练习 1	许成道、李鸿镇、朴星柱	韩国放送通信大学	1985

文献名称	著/编/译者	发行处	发行年
汉语练习2	李鸿鎮、许成道、朴星柱	韩国放送通信大学	1985
（实用）综合汉语自习书（上、下）	权浩渊 编译，黄秉国 注解	进明出版社	1988
（综合问题研究）汉语练习1	编辑部	睿智阁	1991
（核心）汉语练习1	编辑部	银河出版社	1992
（要点）汉语练习1	编辑部	睿智阁	1992
汉语练习（1、2）	李鸿鎮、许成道、朴星柱	韩国放送通信大学	1993
（核心）汉语练习2	编辑部	银河出版社	1994
（要点）汉语练习	编辑部	睿智阁	1997
汉语练习（1、2）	李鸿鎮、许成道、朴星柱	韩国放送通信大学	1997
汉语：试题集	谷峰夫 著，이화영 编译	进明文化社	1997
教养汉语练习	忠北大学校中语中文学科教养中国语编纂委员会	忠北大学出版部	1998
（要点）汉语练习：中文1.2	编辑部	睿智阁	1998
汉语练习（1、2）	编辑部	银河出版社	1998
（要点）汉语练习1	编辑部	睿智阁	1999
汉语练习	金胜心、金钟赞	中文出版社	2000
（练习册）熊猫的汉语学步	朴恩京、赵杰、周郁华	萤雪出版社	2000
（要点）汉语听力练习2：中文3	编辑部	礼学传媒	2003
汉语听力练习1：中文3	编辑部	礼学传媒	2003
北京汉语讲座：汉语简体字及基础词汇练习	장영	学问社	2003

4. 考试用书（HSK，高考等）

文献名称	著/编/译者	发行处	发行年
（实力）大学入试精解	大洋出版社	大洋出版社	1953
近期真题集：汉语	编辑部	睿智阁	1991
汉语考题集	강성하	松山出版社	1992
（HSK汉语入门）HSK考前预备指南：入门篇	齐沪扬 著，宇仁浩 编译	知永社	1996

文献名称	著/编/译者	发行处	发行年
（HSK）汉语特讲	梁敬爱	知英社	1996
（考试）汉语	金基喆	博英社	1997
考试汉语	소선희，이정훈	太学馆	1997
（汉语）HSK 命中习题集：解析篇	李增吉 著，류기수 译	时事教育	1998
新汉语 HSK 实用文法	卢福波 著，朴正九，吴文义，김우석 译	松山出版社	1999
考试汉语	소선희，이정훈	유스티니아누스	1999
（与解析名家一起）HSK 一次满分：阅读篇	温象羽、锺英华 著，孙文娟 译	松山出版社	2000
（与解析名家一起）HSK 一次满分：语法篇	高书贵 著，谭道经 译	松山出版社	2000
汉语能力鉴定考试 1865：备战 HSK1865 个句子读解	김현철	新雅社	2000
Final test：中文 1	编辑部	银河出版社	2000
汉语考试对比问题集	李在敦，김혜림，유소영	草绿 Media	2000
（进阶）汉语大学入学评估试题	고문장	富民文化社	2000
高考汉语	류기수	컴리빙닷컴	2000
（大学入学汉语考试准备）问题与解答	中国语世界社编辑部	中国语世界社	2000
大学入学考试汉语生词表：领域类、词性类	우치갑，임승규，정의원	中国语文化院	2000
大学入学考试汉语满分黑马	김아영	Kassy	2000
命中大学入学考试汉语实战模拟试题	한국경기중등 중국어교육연구회	正进出版社	2000
HSK 基础 3 级完成 1：分题型练习题 + 实战模拟考试	刘杰、游锋华、任丽丽	松山出版社	2001
汉语生词表：把握 HSK 词汇	洴淑敏、胡晓虹	东洋文库	2001
（瞄准 HSK 初级）汉语阅读	박영순，서희명	地球文化社	2002
（中国汉语水平考试）HSK 预想问题集：（1、2）	中国语教材编纂会	学问社	2002
（必胜！HSK 语法 600）汉语	박태덕	东洋文库	2002

文献名称	著 / 编 / 译者	发行处	发行年
HSK 词汇 8822：高级篇	李宝贵、金财焕、王帅	Nexus 中文	2002
抓住 HSK 满分：阅读部分	李增吉	时事中国语文化院	2002
抓住 HSK 满分：语法部分	李增吉	时事中国语文化院	2002
抓住 HSK 满分：综合部分（填空）	李增吉	时事中国语文化院	2002
（保过）观光口译导游汉语：笔试考试篇 3	장석민, 진현	Nexus 中文	2002
（新倾向）高考汉语	한국경기중등 중국어교육 연구회	正进出版社	2002
（3级）基础 HSK 一次得满分：解析版、实战模拟考试	郭玉玲、王环宇 著, 김성민, 우정욱译	松山出版社	2003
（完美 HSK）汉语语法词典	徐昌火 著, 조문수 译	Nexus 中文	2003
（真题词汇）HSK8 级：阅读篇	백형술, 최남규, 윤영미 编, 김성민 译	松山出版社	2003
（真题词汇）HSK8 级：语法篇	백형술, 최남규, 윤영미 编, 김성민 译	松山出版社	2003
（真题词汇）HSK8 级：综合填空	백형술, 최남규, 윤영미 编, 김성민 译	松山出版社	2003
（初中级）HSK：语法篇	史靖, 심숙현	学古房	2003
HSK 8822：（1、2）	中国语教材编纂班	骊州教导所	2003
HSK 语法高分门户网	왕쉬웨진, 이순형 译	Crezio Communications	2003
HSK 语法高分门户网	쑨징 著, 이정연 译	Crezio Communications	2003
HSK 词汇 8822：初中级篇	李宝贵、金财焕、王帅	Nexus 中文	2003
HSK 题型分类命中习题：解析	中国语教材编纂班	骊州教导所	2003
HSK 综合高分门户网	왕쉬웨진, 이정연	Crezio Communications	2003
（与解析名家一起）HSK 一次满分：模拟考试篇（解析版）	周继圣 著, 김성민, 성기만译	松山出版社	2003
（EBS 高考特讲可选）汉语	강성하, 곽덕근, 이석일, 전병억, 최병진, 도수화	韩国教育放送公社	2003

（二）一般图书

1. 文学读物

文献名称	著 / 编 / 译者	发行处	发行年
中国文章名篇选	韩国中国语学会	文明社	1985
英雄本色 1	백형술	进明出版社	1990
孙悟空	北京语言学院 著，中国语世界社 编译	中国语世界社	1995
水浒故事	北京语言学院 著，中国语世界社 编译	中国语世界社	1995
红灯	박병선，최남규	常绿树	1997
雷雨	毛海燕，차현정	常绿树	1999
语文名著	柳士鎮	中国青年出版社	2000
中国历代白话小说选	具良根 选注	中国语文化院	2000
（新）三国志（上、中、下）	검서，김선민	中国语文化院	2000
（新）水浒志（上、中、下）	범부，원종민	中国语文化院	2000
（新）西游记（上、中、下）	오승은 著，풍원，유재원 译	中国语文化院	2001
（新）红楼梦（上、中、下）	조설근，고악 著，목삼，유재원 译	中国语文化院	2001
阿 Q 正传	박병선，최남규	常绿树	2002
大头儿子和小头爸爸	박영순，서희명	常绿树	2003

2. 主题汉语

（1）生活

文献名称	著 / 编 / 译者	发行处	发行年
电视汉语	李允中	韩国广播事业团	1985
（中韩对比）实用生活中国语会话：日常使用之华语对话	林明德	兼知社	1987
（初步学习者用）简明旅游汉语口语	권호연，차경섭	进明文化社	1988
（日常生活篇）汉语会话	杨爲夫	Nicecopy	1989
6 个语种生活口语：韩语、英语、日语、汉语、法语、德语	영진서관编辑部	英振书馆	1989
（汉语传福音）传道汉语	金斗植 著，中国语文先教会教育部 译	Sinim	1993

文献名称	著/编/译者	发行处	发行年
（生活）汉语会话	金东震、金亿洙、许根培	萤雪出版社	1994
（宋在禄教授的）生活汉语	宋在禄	问题与研究社	1994
词典式生活汉语口语（基础篇1、2）	金正起	三韩出版社	1994
（基础）汉语：生活口语300	王弼明	三荣书馆	1994
（电话）汉语会话	김낙철	正进出版社	1996
（电话）汉语会话	海兰 著，书林文化社 译	书林文化社	1997
大学生活汉语	赵大浩	清州大学	1997
（可以说、可以听）汉语：生活会话	류기수	白山书堂	1997
电话汉语会话	张乃方	内外文学	1997
生活汉语口语	刘丽雅	国学资料院	1998
（生活）汉语会话	金亿洙、金东震、许根培	萤雪出版社	2000
生活汉语	이근효	中文出版社	2000
生活汉语中的惯用词	남기수，주학태	中文出版社	2000
（经济生活）汉语会话	姜啓哲、刘曙野	韩国文化社	2000
生活中的中国语俗语	배다니엘，박애양	多乐园	2001
（教室里学不到的）亲身体验：街角汉语	박창근	多乐园	2001
留学汉语	이인택	풀빛미디어	2001
（网络朋友）网上聊天汉语口语	장영기，송명식	东洋文库	2002
（为外国人介绍）迎接世界友人的汉语表达	전수정，김학철	BCM media（비씨엠 미디어）	2002
（1000万人的）观光汉语会话	김태성	文艺林	2002
生活汉语口语(上、下)：生活、观光、商务、贸易	黎文琦、林克辛、王禄宁 著，许世立、李仁顺 译	学问出版	2002
生活汉语口语：基础篇	大学中国语教材编纂会	学问出版	2002
生活汉语口语：贸易篇	大学中国语教材编纂会	学问出版	2002
生活汉语口语（上、下）：生活篇	大学中国语教材编纂会	学问出版	2002
专业汉语	장인숙	开放教育	2002
映像汉语	박성주，김성곤	韩国放送通信大学	2002

文献名称	著 / 编 / 译者	发行处	发行年
搞笑汉语	박영순, 서희명	学古房	2002
（医院中使用的3种外语）实用口语：英语、汉语、日语	이원로	礼日出版社	2003
胡同汉语	李杰明, 李杰群 编, 박영순, 서희명 编译	麒麟苑	2003
娱乐场汉语	양일용, 신영대, 김성	白山出版社	2003

（2）旅游

文献名称	著 / 编 / 译者	发行处	发行年
（旅行）汉语会话	野中圣子	开创社	1978
（观光旅行编）汉语会话	杨爲夫 著, 赵恩文化社编辑部	赵恩文化社	1989
（旅行者专用）实用汉语口语	中国语研究会	一新书籍公社	1989
（海外旅游）汉语会话	郑海相	兼知社	1989
观光汉语：口语中心	李光鎮	关东出版社	1990
汉语：世界旅行的向导	大井出版社编辑部	大井出版社	1990
观光口译汉语	辛昌浩	进明出版社	1991
（旅游）必备汉语会话	民书出版社编辑部	民书出版	1992
（海外旅游）实用汉语	新书出版社外国语研究会	新书出版社	1992
（海外旅游）汉语会话	编辑部	弘新文化社	1992
（袖珍本）旅行汉语	新书出版社外国语研究会	新书出版社	1992
（三志）汉语旅游口语：短句子大作用	章元寿	三志社	1993
（旅行者专用）汉语口语	조희준	全员文化社	1993
（旅游必备）汉语口语	金信弘、金荣光	文艺林	1994
（边旅游边快乐）汉语口语	이가춘	三志社	1994
（海外旅游）汉语会话	李熙玉	内外出版社	1994
旅行汉语会话	知永社编缉部	知永社	1994
（口袋）汉语旅游口语：短句子一学即用	장원수	三志社	1996

文献名称	著/编/译者	发行处	发行年
（长城旅游）汉语会话	차경섭	第一法规	1997
（口袋）汉语旅游口语	이가춘	三志社	1998
观光汉语	진류，최성경	富民文化社	1999
汉语：观光翻译向导	강형석	松山出版社	1999
旅游汉语：出入国手续与最新旅游信息	Tamami，Y. Keiko，A. 한혜정	西海文库	2000
观光汉语	박영종，김경선	东洋文库	2000
济州观光汉语口语（上、下）	袁建民、李权洪、曹圭佰	白山出版社	2000
翻译汉语：观光篇	조경희，손지봉，김성동	Kassy	2000
（中国探访旅游记）文化汉语：入门	이명순	东洋文库	2000
（观光旅行）汉语会话	김병인，안상권	经营与会计	2001
（新）汉语必备口语：中国旅游谁都OK	郑日洙	中国语世界社	2001
（旅行者专用）7个语种基础口语	전기철	民众书林	2001
（口袋）海外旅游汉语：旅游必备第一号	国际语言教育研究会	太乙出版社	2001
观光汉语：旅游汉语	조동매，여항군，이우일	知英社	2001
背包旅行汉语	编辑部	知英社	2001
（你好）旅游汉语	박재승	国际语学研究所	2002
（实际情景汉语）旅行者们！	이승우	Donginrang（동인랑）	2002
（一起去）旅游汉语	손건 著，中国语教材研究院编	尹传媒	2002
（万能钥匙）旅游汉语	M·S语学研究所	民书出版	2002
（翻过长城）情不自禁汉语口语	김태범	先学出版社	2002
（英语、汉语、日语、韩语）观光外语	이용삼，서재일，이응진	学问出版	2002
（耳疾眼快）旅游汉语	서윤정	正音	2002
（口袋）旅游汉语	문승용	新国家	2002
（一二三）袖珍本旅游汉语	外国语研究会	新书出版社	2002

文献名称	著/编/译者	发行处	发行年
（口袋）海外旅游 6 国语：旅游必备第一号	国际语言教育研究会	太乙出版社	2002
（好好）旅游汉语	金晓珍，윤내영，KMZ 中国语专门研究会	Kidmiz 中国语社	2002
全北观光汉语	장영	新雅社	2002
（紧急口译）旅游汉语口语	송미령	礼家	2002
（你好）旅游汉语会话	월드컴	World com	2002
航空实务汉语会话	박부열	大明印刷	2002
（与导游一起）汉语庆州观光介绍	高美淑	学古房	2003
（Plus）旅游汉语会话	김낙철	惠园出版社	2003
（旅行者专用）汉语口语	김태성	文艺林	2003
（自信开口）帅气旅游汉语	SY 企划组	三荣书馆	2003
（趣味旅游与购物）旅游汉语口语	방현우	礼日出版社	2003
（中国旅游必备）中国旅游 120	外国语学普及会	文艺林	2003
（一次即通）汉语旅游汉语	이기선	Sasayeon 思想社会研究所	2003
（一本搞定）观光汉语	이우일，조동매，여항군	知英社	2003
（与当地人轻松沟通）旅游汉语口语	编辑部	donginrang	2003

（3）商务

文献名称	著/编/译者	发行处	发行年
贸易汉语	李殷浩、崔珍钰	高丽院	1985
韩汉贸易口语	刘春花	学问社	1986
汉语贸易通信文	孟柱亿、崔珍钰	书林文化社	1987
商务汉语会话	林芳、张双喜	赵恩文化社	1988
现代汉语 500：贸易编	刘春花	学问社	1988
（Ace-phone）商务汉语	李永求	世一社	1989
（最新）汉语商务口语：部门类别汉语生词表	李凤宽	书林文化社	1989
贸易汉语入门	张静贤 著，梁敬爱 编译	知永社	1993

文献名称	著 / 编 / 译者	发行处	发行年
商务汉语会话	李熙玉	内外文学	1993
（三志）贸易汉语初步	李家春	三志社	1994
商务汉语必须词汇	李家春	三志社	1994
贸易汉语作文	宇仁浩	知英社	1995
商务汉语会话	이가춘	三志社	1995
实用汉语贸易会话	刘春花	学问出版	1996
（最新）贸易汉语	远藤绍德	内外文学	1997
酒店汉语	陈明舒、鲁长时、赵诚焕	中文出版社	1997
贸易汉语	崔成卿、陈榴	富民文化社	1997
（速成）商务汉语口语	김동하	进明文化社	1998
李光石实用贸易合资汉语	李光石	正进出版社	1998
（酒店实务）基础汉语	金成文	松峰出版社	2001
商务必备汉语生词	이영구	三志社	2001
（酒店实务）汉语口语	金成文、任晓礼	松峰出版社	2002
（商务与个人沟通专用）邮件汉语	이무진	学一出版社	2002
（自信满满）面试汉语	쑨징，이상숙	Crezio Communications	2003

（4）时事

文献名称	著 / 编 / 译者	发行处	发行年
综合时事汉语	编辑部	睿智阁	1989
时事汉语	손경옥	青年社	1990
（语法）时事中国语	池在运	社廊房（사랑방）	1993
（新闻阅读中心）时事汉语入门	白崇干	知永社	1993
时事汉语	赵纪贞	全南大学	1993
高级时事汉语	崔宽藏	知永社	1994
时事汉语	刘士勤	东方传媒	1995
（报刊语言基础）时事汉语入门：正宗中高级时事汉语阅读教材	王世巽、彭瑞情、白崇干 编，北京语研 译	北京语研	1996

文献名称	著 / 编 / 译者	发行处	发行年
时事汉语	俞泰揆	正勋出版社	1996
（时事）汉语	전홍석	韩国外国语会话社	1997
（最新）时事新闻汉语	전홍석	松山出版社	1997
（网络）时事汉语	许庚寅	东玄出版社	1998
（实用）时事汉语	손경옥	中文出版社	1998
（网络）时事汉语	신성자, 김혜경, 문은희	韩文（한글）	1998
因特网时事汉语	吴淳邦、朴璟实	崇实大学	1998
时事汉语	조경희, 김성동	Kassy	1999
韩国时事来学习的汉语	张和生、郑玉善	白山出版社	2000
中国报纸轻松读	施光亨、王绍新 编著，金经一 译	中国语文化院	2000
（报刊）时事汉语	강춘화	多乐园	2001
因特网时事汉语	吴淳邦、朴璟实	崇实大学	2001
时事汉语	郭이滨, 金香辰, 金宰民	汉阳大学	2002
中国：怎么样?	金银子	蓝色思想社	2002
（用汉语理解）中国军事	金璟铉	凤鸣	2003

3. 语言要素

（1）语音

文献名称	著 / 编 / 译者	发行处	发行年
汉语发音册	宋在禄	问题与研究社	1979
汉语发音	丁范鎮	东亚学研社	1982
汉语发音法：汉语注音符号解说	郑永淑	Dostoevskii（도스토 예프스키）	1991
汉语发音册	宋在禄	问题与研究社	1995
（孟柱亿教授的）汉语发音	孟柱亿	东方传媒	1998
汉语拼音念与写	송대규	Hanol 出版社	1999
华音启蒙谚解	李应宪 著，李在弘、金瑛 校注	鲜文大学	2002

（2）语汇

文献名称	著/编/译者	发行处	发行年
（英语对比）汉语词汇集	金羲奉	韩国外国语会话社	1995
汉语北京：词汇	강용규	正进出版社	1996
（三志）汉语生词熟语	李家春	三志社	1996
（汉语必须词汇）汉语词汇 2000	中国语文研究所	Interbooks	1996
（汉语必须词汇）汉语分类词汇 6000	中国语文研究所	Interbooks	1996
韩中汉语生词集	이가춘	三志社	1998
汉语词汇	汉语教材研究会	时事中国语社	1999
新汉语入门：生词表	时事教育	时事教育	1999
汉语故事成语 100：核心 100 个 1	陈日朋、金士杰、宇仁浩	时事教育	1999
汉语惯用表现用例集	최병규	中文出版社	2000
（成语汉语）塞翁之马？塞翁失马？	조경희，김성동	Kassy	2001
（最简单）汉语第一步：生词背诵表	월드컴	World com	2001
汉语表现 5000	공남옥	Intermedia	2001
掌握汉语表现	주양곤	东洋文库	2001
（最简单）汉语生词本：韩汉生词比较学习法	기화룡	时事中国语文化院	2002
汉语成语 235	채영순	多乐园	2002
地道汉语生词 1700（袖珍本）	中国语语学研究所	World com	2002
（考试高手）汉语生词俗语集 3000	조일신	제이플러스	2003
汉语生词即学即写 500 句	니밍량，이승해	Crezio Communications	2003
一本书搞定汉语同义词	김현주，김진아	知英社	2003

（3）语法

文献名称	著/编/译者	发行处	发行年
实用汉语文法	李顺尘等	文求堂	1944
汉语虚词用例集	宋在禄	问题与研究社	1981
汉语语法强化	宋龙准	岭南中国语文学会	1981
（现代）汉语文法	孔在锡	汎学图书	1982

文献名称	著 / 编 / 译者	发行处	发行年
（常用）汉语惯用句演习	林明德	创知社	1985
（实用）简明汉语语法	权浩渊	进明出版社	1986
（现代）汉语文法	刘月华 著，尹和重 译	大韩教科书	1989
标准汉语文法	찰스 N. 리，산드라 A. 톰슨，朴正九 译	宇宙	1990
基础汉语文法	林庆姬	檀国大学	1990
基础汉语读本：文法	金得洙	进明文化社	1990
汉语文法	编辑部	白色大地教育院	1993
汉语语法	黎锦熙 著，朴德俊 译	进明出版社	1993
汉语语法	이미륵	国立中央图书馆	1995
（趣味）从句子学汉语	大川完三朗 著，金洛喆 编译	正进出版社	1996
标准汉语文法	찰스 N. 리，샌드라 A. 톰슨，朴正九 译	宇宙	1996
（北京）汉语基础语法	守屋宏则 著，南宫良锡、尹贞姬 译	时事教育	1997
（修改作文的）汉语语法	이상도	养志社	1997
（最新）汉语文法	李和泳	知英社	1997
标准汉语文法	찰스 N. 리，샌드라 A. 톰슨，朴正九 译	宇宙	1997
（实用）现代汉语语法	齐沪扬 著，남궁양석 译	时事教育	1998
（一看就会）111 个汉语语法	정재일	正谈	1998
汉语惯用表现用例集	최병규	中文出版社	1998
汉语会话语法	黄章开，최환 译	中文出版社	1998
汉语句子立即写 1：2020 个问题与解答	김현철	新雅社	1998
简单的汉语表现 5000	차경섭，최정선	学一出版社	1998
（高中）汉语语法 1	韩国教员大学校外国语一综图书研究开发委员会	大韩教科书	1999
（新编）汉语语法写作	김성동，조경희	Kassy	1999

文献名称	著/编/译者	发行处	发行年
汉语句子立即写2：872个问题与解答	김현철	新雅社	1999
（一册搞定）中国汉语表达5000	신옥희	Nexus 中文	1999
汉语语法	毛海燕	进明文化社	1999
（汉语）学校语法	류기수	comliving.com	2000
（双赢）汉语语法	오영남	东玄出版社	2000
好容易的现代汉语语法	강혜근	忠南大学	2000
（现代）汉语语法：动词篇	마경주，심숙현 译	学古房	2001
汉语语法	相原茂，石田知子，户沼市子 著，박귀진，민병석 编译	中国语文化院	2001
（口语越来越好）汉语语法	绍文周	Eulji 外国语	2002
（现代汉语）语法研究入门	吕叔湘著，马庆株编，심숙현译	学古房	2002
（一看即不忘）汉语基本动词500	황지연	例谈 China	2002
（语法）E-clinic 汉语	민경삼	玄学社	2002
2002 跨国外语——句子	윤철혁	梨花	2002
21 世纪汉语文法	한용수，허세립	先学社	2002
汉语必须文型235	채영순	多乐园	2002
（100分）汉语语法	马眞，郭春贵 著，김준헌 译	多乐园	2003
（基础阶段核心）汉语语法	원종민	제이플러스	2003
（快快！）汉语文法	전기정	Intermedia	2003
（轻松掌握101个）汉语基本句型	宋之贤、朴美贞	问题与研究社	2003
（现代）汉语语法论	丁声树 著，이영희 译	学古房	2003
（一本搞定）汉语语法	이화영	知英社	2003
（一网打尽）汉语文法	류기수	时事中国语文化院	2003
最新汉语语法笔记	김태성	文艺林	2003

（4）汉字

文献名称	著 / 编 / 译者	发行处	发行年
韩国汉学讲读	琴章泰、安炳周、李东三	韩国放送通信大学	1988
汉语漫语：有趣的汉字	外国语研究普及会	明志出版社	1990
汉语难字解说集	表长民	第一文化社	1992
简易汉字原理	首尔大学中国语学研究会	21 世纪	1994
（汉语）简体字练习	天人语学研究室	天人	1996
实用汉语简体字钢笔字教本	이가춘	三志社	1996
（提高生词能力）汉语简体字书写练习 330	编辑部	时事教育	1997
钢笔字简体字教本《汉语练习 1》	韩国放送大学校中语中文学科	韩国放送通信大学	1997
（生词也一起背）汉语简体字书写	송행근	知英社	1999
（生词一起学）汉语简体字 365	김성동，조경희	Kassy	1999
汉语会话简体字与基础词汇练习	장영	学问社	1999
简体字学与记	김현철	Synology	2000
（快乐学韩语）生活汉字	안말숙	东南企划	2001
汉语简体字轻松学	임장춘，변경섭	人与人	2001
（汉字书写同步）汉语口语 1	김혜경，정재량，장욱	学古房	2003
ABC 汉字（1、2）	김홍진	김홍진	2003
汉语简体字及基础生词练习	장영	学问社	2003
汉语标点符号用法	宋在禄	问题与研究社	1984

4. 翻译

文献名称	著 / 编 / 译者	发行处	发行年
朝鲜译学考	林东锡	亚细亚文化社	1983
（完译）初级中国语（Ⅱ）：文本完译及问题研究	编辑部	睿智阁	1987
（完译）初级中国语	编辑部	睿智阁	1988
现代汉语翻译法	최기천	学古房	1990
汉语《圣经》翻译小史	中文圣经新译会 著，中国语文宣教会 译	爱华	1991

文献名称	著/编/译者	发行处	发行年
日语与汉语的罗马字标记	国立大学图书馆长协议会目录分科委员会	国立大学图书馆长协议会目录分科委员会	1993
汉语翻译理论与技巧	태평무	新星出版社	1999
汉语翻译入门	손지봉	知英社	1999
基础汉语翻译	장의원	新星出版社	1999
实务汉语翻译	한동오	新星出版社	1999
汉语标记统一化事业研究报告	济州汉拿大学观光中国语口译系	济州汉拿大学观光中国语口译系	1999
（Master）口译大学院汉语	장석민	时事教育	1999
汉语翻译技巧	박종한	中国语文化院	2000
韩中翻译时事作文 45	장석민，전기정	时事中国语文化院	2002
汉韩翻译练习	박종한，오문의	韩国放送通信大学	2002
汉语笔译要害击中	백수진	多乐园	2002
汉韩翻译理论与技巧	이용해	国学资料院	2002
汉韩翻译练习：中文 3	编辑部	礼学传媒	2003
我用汉语做梦：从新手到同声传译接班人	김진아	中央 M&B 出版	2003

5. 学术著作

（1）语言理论

文献名称	著/编/译者	发行处	发行年
汉语比较研究	中国语学研究会	江南书院	1957
汉语概论	中国语学研究会	江南书院	1957
汉语解释	李元植	东学社	1957
中国语文学（1980-2013）	岭南中国语文学会	岭南中国语文学会	1980
中国语文学（2、3）	岭南中国语文学会	瑞麟文化社	1981
现代汉语讲读	柳应九	学问社	1982
中国语言学史	신홍철	岭南中国语文学会	1983
中国语文论集	釜山庆南中国语文学会	釜山庆南中国语文学会	1984

文献名称	著 / 编 / 译者	发行处	发行年
中国文字学	최기수	岭南中国语文学会	1985
中国语文	韩国外国语会话社	韩国外国语会话社	1985
中国语文论集	中国语文研究会	釜山庆南中国语文学会	1985
中国语文学通论	이종한	岭南中国语文学会	1985
汉语学概论	孔在锡、李在敦	韩国放送通信大学	1987
中国语学概论	정인숙	岭南中国语文学会	1987
中国语学入门	金槿	岭南中国语文学会	1987
中国语文论丛（1988–2012）	中国语文学研究会	中国语文研究会	1988
古代汉语通论	주송식	中文出版社	1989
中国语文学通论	岭南中国语文学会	中文出版社	1989
汉语通论	주송식	青年社	1990
中国言语学	文璇奎	民音社	1990
人文科学汉语研究	조경희，김성동	青年社	1991
现代汉语学概论	胡裕树 编，许成道 译	教保文库	1991
中国文字学史（上、下）	胡朴安 著，王云五、传纬平 主编	景仁文化社	1991
中国语文学论丛	鲁城崔完植先生颂寿论文集刊行委员会	学古房	1991
中国语文学通论	岭南中国语文学会	中文出版社	1991
中国语言学	조희무	岭南中国语文学会	1991
古文字学第一步	李义活	岭南中国语文学会	1992
中国语文学论丛	鲁城崔完植先生颂寿论文集刊行委员会	学古房	1992
中国语文学译丛	岭南大学校	岭南大学	1994
中国语文学志（1994–2013）	中国语文学研究会	中国语文学会	1994
中国语言学概论	刘怜，黄智显，陈秀珠 主编，金用运，한종호 译	中文出版社	1994
汉语学概论	许成道、朴锺汉、吴文义	韩国放送通信大学	1995
汉字学讲义：从甲骨文到现代汉语	崔玲爱	原木	1995

文献名称	著 / 编 / 译者	发行处	发行年
中国言语实践	王忠仪	釜山外国语大学	1996
中国语文学论集	中国语文学研究会	中国语文学研究会	1996
中国语学总论	김광조	岭南中国语文学会	1996
（石人韩武熙博士华甲纪念）中国语文论丛	《中国语文论丛》刊行委员会	《中国语文论丛》刊行委员会	1997
中国语文论译丛刊（1997-2013）	中国语文学研究会	中国语文论译学会	1997
（国语学讲义）汉语是什么？	崔玲爱	原木	1998
（要点）汉语学概论	编辑部	睿智阁	1998
汉语是什么？：汉语学讲义	崔玲爱	原木	1998
训诂学理解	宋龙准	岭南中国语文学会	1998
近代汉语研究概说	蒋绍愚 著，宋寅圣 译	中国语文论译学会	1999
中国学中国语讲读	关东大学校中国学科	先学社	1999
中国语文学论集 1-12	中国语文学研究会	中国语文学研究会	1999
最适理论：以音韵形态论为中心	고병암	东仁　동인	1999
汉语动词近义词研究方法论	朴锺汉	中国图书文化中心	2000
汉语学概论	许成道	韩国放送通信大学	2000
修辞学	高辛勇 著，金惠元、罗敏球 译	中国语文论译学会	2000
（汉字传来以前时期的）韩语与汉语比较	金智衡	博而精	2001
现代汉语入门	柳应九	松峰出版社	2001
中国文字学	柳东春	岭南中国语文学会	2001
汉语学的理解	김현철，김시연	学古房	2002
语言艺术与中国人的思维方式	류종목 著，中国语言艺术研究中心 编	群英社	2002
中国言语学	孔在锡	新书苑	2002
（现代汉语）语言学概论	한용수，허세립，김병욱	先学社	2003

文献名称	著 / 编 / 译者	发行处	发行年
汉语学概论	编辑部	礼学传媒	2003
中国文字学	손예철	acanet 아카넷	2003
中韩对比语文论（上、下）	임동석	韩国文化社	2003

（2）语音研究

文献名称	著 / 编 / 译者	发行处	发行年
古代汉语音韵学概要	高本汉 著，崔玲爱 译	民音社	1985
汉语音韵学通论	崔羲秀，李义活	中文出版社	1990
汉语音韵学通论	金槿	岭南中国语文学会	1990
中国音韵学史（上，下）	张世禄 著，王云五、传纬平 主编	景仁文化社	1991
中国古代音韵学	안기섭	岭南中国语文学会	1991
汉语音韵学	李在敦	首尔	1992
汉语上古音	李方桂 著，全广镇 译	弘新文化社	1993
中国语音韵学	李义活	岭南中国语文学会	1993
韩中音韵学论丛：春虚成元庆博士华甲纪念	성원경，春虚成元庆博士华甲纪念论丛刊行委员会	西光学术资料社	1993
汉语音韵学	李在敦	森林出版社	1994
汉语语音学研究	王天昶 著，任日镐 译	成均馆大学	1995
汉语语音史	王力 著，权宅龙 译	大一대일	1997
汉语音声学	이현복，沈小喜	教育科学社	1999
北京音系解析	설봉생，김영만，이기면	synology	2000
中国普通话与方言的正音符号标记体系构筑及情报化	新千年准备委员会	新千年准备委员会	2000
汉语音韵发展史	사존직 권택룡	长江	2000
汉语音韵学	崔玲爱	原木	2000
（现代汉语）生成音韵论	정 진취앤，严翼相	学古房	2002
标准汉语音韵论	뚜안무 싼，严翼相	韩国文化社	2003
韩汉音韵史研究	姜信沆	太学社	2003

（3）语法研究

文献名称	著 / 编 / 译者	发行处	发行年
现代汉语语法	李璐默、孔在锡	民众书林	1977
现代汉语文法	孔在锡	汎学图书	1982
现代汉语语法	孔在锡	同和出版公社	1985
汉语语法学略史	김란나	圣心外国语专门大学	1985
新汉语文法	金槿	启明大学	1988
现代汉语文法	刘月华 著，尹和重 译	大韩教科书	1988
新汉语语法	宋龙准	岭南中国语文学会	1988
中国文言文法	杨伯峻 著，윤화중 译	青年社	1989
汉朝对比汉语词类注解	李荣久	中文出版社	1989
汉语变形生成语法	汤廷池 著，박종한 译	学古房	1990
汉语亲属称谓的结构分析	林美容	稻乡出版社	1990
现代汉语使用文法	정인숙	岭南中国语文学会	1990
现代汉语文法	孟柱亿	青年社	1992
汉语动词研究	中国语言研究会	首尔	1992
现代汉语语法研究	许成道	首尔	1992
现代汉语语法的诸问题	邓福南 著，宋龙准 译	中文出版社	1992
中国语法学史	许成道	岭南中国语文学会	1993
汉语语法学史	许璧	三联书店	1993
现代中国语语法几个问题	묘정창	岭南中国语文学会	1993
现代汉语实用语法	崔炳德	高丽院	1994
现代汉语文法	刘希明 著，梁敬爱 译	知永社	1994
80 年代汉语语法研究	陆俭明 著，李鸿鎭 译	中文出版社	1994
现代汉语实用语法	北京语言学院 编，최병덕 译	高丽院	1994
现代中国语语法研究	손경옥	岭南中国语文学会	1995
80 年代汉语语法研究	许成道	岭南中国语文学会	1995
汉语文法	이상도	东方传媒	1997
汉语语法发展史	王力 著，朴德俊 译	人与书籍	1997
现代汉语语法论	朱德熙 著，许成道 译	人与书籍	1997

文献名称	著 / 编 / 译者	发行处	发行年
中国语语法发展史	许成道	岭南中国语文学会	1997
现代中国语语法论	吴文义	岭南中国语文学会	1997
汉语语序研究	韩国中国语言学会	松山出版社	1998
现代汉语文法	조영신，李载胜	庆南大学	1998
现代汉语文法	김종호	新雅社	1998
汉语语法	류기수	开放学习乐园	1999
汉语语法学史	许璧	延世大学	1999
实用汉语文法	김경숙	中文出版社	2000
现代汉语的理解	송민영	建阳大学	2000
现代汉语句法：宾语研究	金铉哲	中国图书文化中心	2000
古代汉语语法：概论篇·品词论（1）	马忠、李雄吉	中文出版社	2001
猜猜！汉语语法	胡振刚、俞稔生 著，기화룡 译	中国语文化院	2001
汉语和韩国语双宾动词及其句型的对比研究	金兰美	中国文化研究学会	2002
汉语现代语法	李炳官	宝城	2002
现代汉语语法研究的基本理论与实践	郑贵友	新星出版社	2002
中韩语法学史上的双子星座：《马氏文通》和《大韩文典》	朴云锡、陈榴	北京大学出版社	2002
读着读着搞定汉语基础语法	小川郁夫 著，话书堂 编译	Nexus 中文	2003
现代汉语学概论	한용수，허세립，김병욱	先学社	2003

（4）文学研究

文献名称	著 / 编 / 译者	发行处	发行年
中国文学	首尔大学人文学院中语中文学科	首尔大学	1960
中国诗学	刘若愚 著，李章佑 译	檀国大学	1975
中国古典文学评论史	이휘교	岭南中国语文学会	1980
中国文学史（2）	宋龙准	岭南中国语文学会	1980
中国新文学史	신명규	岭南中国语文学会	1981

文献名称	著/编/译者	发行处	发行年
闲堂车柱环颂寿论文集	许世旭	岭南中国语文学会	1982
历代论诗绝句选	李锺汉	岭南中国语文学会	1983
敦煌曲初探	정헌철	岭南中国语文学会	1984
汉诗韵律论	김주한	岭南中国语文学会	1984
鲁迅评传	金槿	岭南中国语文学会	1984
中国古代文学史	김인호	岭南中国语文学会	1984
中国经学史	이재훈	岭南中国语文学会	1984
中国诗学	郑在书	岭南中国语文学会	1984
中国文学史	정인숙	岭南中国语文学会	1984
中国现代文学论	김태만	岭南中国语文学会	1984
楚辞	홍순두	岭南中国语文学会	1986
古文真宝全集	안상욱	岭南中国语文学会	1986
陆游评传	이치수	岭南中国语文学会	1986
现代西方文学中的东洋思想	전향희	岭南中国语文学会	1986
中国词文学论稿	권혁석	岭南中国语文学会	1986
中国古代文学史	전인초	岭南中国语文学会	1986
中国文学史	정원호	岭南中国语文学会	1986
中国文学史（1）	유한영	岭南中国语文学会	1986
中国现代作家论	홍순두	岭南中国语文学会	1986
初唐四杰赋研究	安炳国	韩国中国语文学会	1987
唐诗全书	이치수	岭南中国语文学会	1987
西浦漫笔	김난영	岭南中国语文学会	1987
中国近代小说史	이진국	岭南中国语文学会	1987
中国俗文学概论	이종한	岭南中国语文学会	1987
中国文学的现实主义与半现实主义	황선주	岭南中国语文学会	1987
中国现代文学论	오태석	岭南中国语文学会	1987
苏东坡评传	이장우	岭南中国语文学会	1988
中国古典文学理论批评史	李炳汉、李永朱	韩国放送通信大学	1988

文献名称	著 / 编 / 译者	发行处	发行年
淮海词译注	이종진	岭南中国语文学会	1988
中国诗论	彭铁浩	岭南中国语文学会	1989
宋诗选注	李东乡	岭南中国语文学会	1990
春秋概论	장영백	中国语文学研究会	1991
韩国汉文学史	최승범	岭南中国语文学会	1991
黄庭坚诗研究	유영표	岭南中国语文学会	1991
茅盾的文学思想	신홍철	岭南中国语文学会	1991
唐宋词通论	宋龙准	岭南中国语文学会	1991
现代中国的现实主义文学史	최성경	岭南中国语文学会	1991
中国诗话史	오태석	岭南中国语文学会	1991
中国现代文学发展史	黄修己 著,古代中国语文研究会 译	凡宇社	1991
汉诗论	오태석	岭南中国语文学会	1992
中国现代文学发展史	김영철	岭南中国语文学会	1992
中国现代文学史	이주로	岭南中国语文学会	1992
全唐诗补编	정범진	岭南中国语文学会	1993
唐文考辨初编	정범진	岭南中国语文学会	1993
王安石诗歌文学研究	이치수	岭南中国语文学会	1993
中国古代小说史	최환	岭南中国语文学会	1993
中国古典诗学理解	오태석	岭南中国语文学会	1993
唐宋词风格论	유종목	岭南中国语文学会	1994
寻找中国文学	전영란	岭南中国语文学会	1994
中国当代文学史（1949-1987）	치우란,中国语文研究会 译	高丽院	1994
中国诗歌艺术研究（上、下）	오태석	岭南中国语文学会	1994
中国唐诗研究（上、下）	이종한	岭南中国语文学会	1994
中国文学史	李义活	岭南中国语文学会	1994
中国现代散文史	조성환	岭南中国语文学会	1994
中国现代文学批评史	이시활	岭南中国语文学会	1994
中国小说叙事学	박소영	岭南中国语文学会	1994

文献名称	著/编/译者	发行处	发行年
从小说看现代中国	이시활	岭南中国语文学会	1995
苏轼词研究	이석형	岭南中国语文学会	1995
中国当代文学史	김종현	岭南中国语文学会	1995
20世纪中国文学理解	강경구	岭南中国语文学会	1996
唐宋词话	李东鄉	岭南中国语文学会	1996
中国文学的飨宴	鲁长时	岭南中国语文学会	1996
中国诗歌研究	오태석	岭南中国语文学会	1998
中国人的论理学	加地伸行 著，윤무학 译	法仁文化社	1998
嵇康的思想和文学	徐盛	中国语文研究会	1999
唐诗选	宋龙准	岭南中国语文学会	1999
道教与文学及想象力	이종한	岭南中国语文学会	2001
东亚女性的类型及其形象：关于列女传的女性学探求	韩国女性研究院、女性神学研究所	中国语文学会	2001
唐宋集部文学研究	朴卿希	中国语文学会	2001
中国当代文学史调查研究1949-1993	류중하	岭南中国语文学会	2001
中国古典文学品格论	배득렬	岭南中国语文学会	2001
读中国现当代散文	洪昔杓，구광범	先学社	2002

（5）文化研究

文献名称	著/编/译者	发行处	发行年
中国文化理论	郑在书	岭南中国语文学会	1981
中国美术思想相关研究	손정숙	岭南中国语文学会	1984
高丽唐乐研究	유종목	岭南中国语文学会	1986
李太白与道教	장세후	岭南中国语文学会	1986
中国的神话	안상욱	岭南中国语文学会	1987
中华文化问题之探索	高明	正中书局	1987
中国文化概观：中国语科	车柱环、李章佑	韩国放送通信大学	1988
新中国去哪儿?	立花丈平、信元企划 译	艺本	1988

文献名称	著 / 编 / 译者	发行处	发行年
津宽寺研究	유종목	岭南中国语文学会	1989
中国古代文化常识	이진국	岭南中国语文学会	1990
中国艺术精神	이장우	岭南中国语文学会	1990
艺术概论	김언하	岭南中国语文学会	1990
中国的未来在哪里：政治评论集	方励之 著，이주로 译	艺音	1992
危机中国何去何从：社会学理解与展望	양필승	Han Na Rae 한나래	1992
中国美学史	이장우	岭南中国语文学会	1993
中国的未来：中国的国家与社会	李养浩	东方	1997
中国的语言与文化	김동진	公州大学	1998
从语言的禁忌读中国文化：中国语言避讳习俗	이중생，임채우 译	동과서	1999
中国戏曲理论史	이창숙	岭南中国语文学会	2000
中国文化理解	中国语文化研究会	学古房	2000
中国、中国人以及中国文化	孔翔喆	多乐园	2001
经书诸子讲读	崔完植、安炳国、金星坤	韩国放送通信大学	2002
这就是中国	이인호	Ified	2002
汉语与文化	강창구	宇宙	2003

6. 教学研究

文献名称	著 / 编 / 译者	发行处	发行年
汉语教育与学习	中国语言研究会	青年社	1992
第 7 次外语与教育课程开发研究：德语、法语、西班牙语、汉语、日语、俄语、阿拉伯语	韩国教育开发院	韩国教育开发院	1997
汉语学习研究	曹秀玲 编，姜恩 整理	新星出版社	2000
汉语专业教学课程检讨	빈미정	SISA 中国语文化院	2001
现代汉语与韩国汉字对比研究：以韩国汉字基本动词 900 个为中心	추이진단	韩神大学	2001

文献名称	著 / 编 / 译者	发行处	发行年
国内汉语教材分析：以编写新教材为目的的基础工程	中华信息研究所	Synology	2001
5 次元汉语学习法	원동연，민성아	金永社	2002

7. 工具书

文献名称	著 / 编 / 译者	发行处	发行年
（民众）新汉语辞典	李璿默	民众书林	1966
藏书目录：中国语图书篇 1	国会图书馆	国会图书馆	1966
（新）汉语词典	李璿默	民众书林	1981
现代汉语词典（修订版）	박운석	岭南中国语文学会	1981
中国小说专家词典	이수존	岭南中国语文学会	1982
常用汉语辞典：以三千个基本汉字为中心	殷茂一	全罗文化社	1983
汉韩成语小词典	중한성어소사전 编纂委员会	檀国大学	1983
新汉语辞典	李璿默	民众书林	1984
英韩中辞典	金星教科书 信元企划编辑部	金星教科书	1986
汉语俗语典故词典	리민우，송정환	辽宁民族出版社	1987
（实用）韩中词典	权浩渊、郑英玉	进明出版社	1988
（实用）现代常用汉语词典	殷茂一	进明出版社	1988
汉语发音字典	崔圭鉢	话达 화다	1988
现代中韩辞典	中国简明中韩辞典编辑委员会	韩尔 한얼	1988
（汉语—韩国语）汉语小辞典	外国语研究普及会	明志出版社	1989
中韩辞典	高丽大学民族文化研究所中国语大辞典编纂室	高丽大学	1989
汉语简体字词典	庞绍义、白云茂	学术院	1990
汉语熟语辞典	外国语研究普及会	明志出版社	1990
虚词辞典	묘정창	岭南中国语文学会	1990
中韩成语 150 选	表长民	第一文化社	1990

文献名称	著 / 编 / 译者	发行处	发行年
中韩辞典	高丽大学民族文化研究所中国语大辞典编纂室	高丽大学	1990
国内中国语文学研究论著目录：1945-1990	徐敬浩	正一出版社	1991
汉语熟语辞典	外国语研究普及会	明志出版社	1991
现代汉语词典	中国社会科学院语言研究所词典编辑室	东亚出版社	1992
中韩辞典	高丽大学民族文化研究所中国语大辞典编纂室	高丽大学	1992
（现代）中韩辞典	高丽大学民族文化研究所中国语大辞典编纂室	高丽大学民族文化研究所	1993
汉语辞典	辞海编辑委员会 著，정인숙 译	中文出版社	1993
新汉语字典	김재연	一月书阁	1993
中韩辞典	高丽大学民族文化研究所中国语大辞典编纂室	高丽大学	1993
（民众）Essence 汉语辞典	李璿默	民众书林	1994
第一次汉语词典	庞绍义、白云茂	学术院	1994
汉语书信词典	李熙玉	内外文学	1994
中国语学词典	李义活	岭南中国语文学会	1994
（汉语）虚词用法词典	李相机	进明文化社	1995
（民众）Essence 汉语辞典	李璿默	民众书林	1995
韩中大辞典	新罗出版社	新罗	1995
中韩大辞典	高丽大学民族文化研究所中国语大辞典编纂室	高丽大学	1995
（汉语）虚词量词同字异音异义词同音异字异义词常用简体字活用集	语学研究室	천인	1996
汉语核心生词词典	尹荣根	富民文化社	1996
汉语学习辞典	车炅燮	Interbooks	1996
（GEM）汉语阅读词典	权浩渊	进明文化社	1997
（汉语）实用韩中词典	李泰勋	Interbooks	1998

文献名称	著 / 编 / 译者	发行处	发行年
（实用）汉语惯用语词典	朴星柱、宇仁浩、李永求	韩国放送通信大学	1998
汉语动词用例词典	蔡瑛纯、吴叔平、崔翼晚	韩国中国学研究中心	1998
中国现当代文学批评家词典	김양수	岭南中国语文学会	1998
中韩辞典	高丽大学民族文化研究所中国语大辞典编纂室	高丽大学	1998
（民众）Essence 汉语辞典	李瑢默	民众书林	1999
韩中异义语辞典	崔成万	书林文化社	1999
宋元语言辞典	尤潜庵	韩国人文科学院	1999
中韩词典	韩国中国言语学会	松山出版社	1999
（民众）Essence 汉语辞典	李瑢默	民众书林	2000
（语义分类）韩汉学习字典	신현숙, 임동석	韩国文化社	2000
韩国的中国语文学研究家事典	조성환	Synology	2000
汉语外来词词典	Nexus 词典编纂委员会	Nexus 中文	2000
中韩词典	李相度、南德铉、朴庆松	东方传媒	2000
（Essence）汉语辞典：中韩、韩中合本	李瑢默	民众书林	2001
（essence）中韩辞典	李瑢默	民众书林	2002
（ISO2382 标准韩英、朝中日）情报技术标准用语词典	韩国语信息学会、中国朝鲜语新式学会	韩国通信文化财团	2002
（Sisa）汉语汉字阅读词典	Communication 中国语研究所，김현주 主编	时事中国语文化院	2002
（Sisa）汉语实际会话词典	陈洲馨，李永宁，加藤昌弘，기화룡 译	时事中国语文化院	2002
（精选）中韩韩中辞典	池在运	进明文化社	2002
（现代）中韩辞典	高丽大学民族文化研究院中国语大辞典编纂室	高丽大学	2002
韩汉《圣经》句子词典：福音翻译 195 句	최순환, 남궁양석	莫里森文书翻译会	2002
韩汉学习词汇辞典：汉语必备词汇 5500	김학관	莫里森文书翻译会	2002

文献名称	著 / 编 / 译者	发行处	发行年
汉语表现辞典	话书堂	Nexus 中文	2002
汉语时事用语词典	박귀진 장석민 최선미	Nexus 中文	2002
实用汉语词典（袖珍本）	话书堂	Nexus 中文	2002
现代中韩辞典	高丽大学民族文化研究院中国语大辞典编纂室	高丽大学	2002
学习汉韩词典	话书堂	Nexus 中文	2002
中韩辞典	高丽大学民族文化研究院中国语大辞典编纂室	高丽大学	2002
中韩新造语辞典	姜春华	玄学社	2002
足球用词词典：韩汉英、汉韩英	韩国外国语大学口笔译大学院BK21外国语口笔译领域专业化事业团	韩国外国语大学	2002
（韩中日英）汉字大辞典	张三植	圣安堂	2003
（汉语）虚词词典	王还，闵载泓，윤창준，장재웅 译	多乐园	2003
（民众）Essence 新韩中小辞典：袖珍本	李瑢默	民众书林	2003
汉语成句词典	中国语教材编纂会	学问社	2003
汉语字典	中国语教材编纂会	学问社	2003
现代汉语规范字典	李行健	明文堂	2003
中韩辞典	高丽大学民族文化研究院中国语大辞典编纂会	高丽大学	2003

8. 其他

文献名称	著 / 编 / 译者	发行处	发行年
文献通考（1–12）	马端临	景仁文化社	1973
中国图书馆图书分类法	中国图书馆图书分类法编辑委员会 编，近野中国语研究所 译	近野中国语研究所	1983
开设研究生与博士汉语课程的中国大陆大学与研究机关	李义活	晓星女子大学	1988

文献名称	著/编/译者	发行处	发行年
世界十大外语系列7：汉语	사차원	四次元	1991
啊！？不学汉语就要去中国？	최현	时事文化社	1998
岭南中国语文学会全国学术大会发表论文集 1999	岭南中国语文学会	岭南中国语文学会	1999
英中韩对比电脑用语集	조관희	Synology	2000
中国语文学会第7次学术大会：东洋学、考证以及方法	中国语文学会	中国语文学会	2000
岭南中国语文学会创立20周年纪念国际学术大会发表论文集 2000	岭南中国语文学会，庆山大学校 国际语文学部	岭南中国语文学会	2000
网络＋中国	이인호，조관희	中国学中心	2001
英汉韩海洋学用语集	中韩海洋科学共同研究中心	海洋出版社	2002
岭南中国语文学会全国学术大会发表论文集 2002	岭南中国语文学会	岭南中国语文学会	2002
网络计算机中国学	최창원	松山出版社	2003
岭南中国语文学会全国学术大会发表论文集 2003	岭南中国语文学会	岭南中国语文学会	2003

二　论文

（一）本体研究

1. 语言理论

文献名称	著/编/译者	发行处	发行年
汉语文的特征：以形态与音声为主	李锺岱	成均馆大学	1966
汉语的一般特性	孔在锡	檀国大学	1974
汉语的言语学的特殊性	黄丙坤	韩国外国语大学	1976
论中国语文的现代化	王甦	韩国中语中文学会	1986
先秦语言观的成立及其对经学的影响	金槿	岭南中国语文学会	1988

文献名称	著 / 编 / 译者	发行处	发行年
语源探究方法论	姜吉云	水原大学	1988
泰语与汉语比较：为设定泰中两语的亲族关系的讨论	李教忠	韩国泰国学会	1988
汉语的言语学的特殊性	黄丙坤	庆熙大学	1989
汉儒经典解释学中的语言观研究	金槿	首尔大学	1990
刘勰语言观初探：魏晋玄学的言意之辩	김원중	岭南中国语文学会	1992
汉语单音节性再考察	유영기	韩国语言学会	1993
汉语与西藏语的类型学特征相关比较研究	全广镇	韩国语言学会	1994
汉语与中国传统文化	郭锦阜 著，이웅길 译	岭南大学	1994
天问：华夏汉语祖先安在	이보가	中国人文学会	1994
颜之推语言观研究：以《颜氏家训·音辞篇》为主	沈小喜	中国语文学研究会	1995
论汉语的诗意价值	吴文米	中国语文学会	1996
当代中国语法学的文化重逢	申小龙	韩国中语言学会	1996
原始汉藏语类型特征的拟测	全广镇	学古房	1997
马氏语料观述评	王魁伟	中国语文学研究会	1999
从主要著书来看中国言语学史研究	许璧	延世大学	1999
汉语与空间意识	许成道	韩国中国语文学会	2000
现代汉语的形成与发展	김중섭	韩国语言研究学会	2001
新儒家的语言观探索	沈小喜	中国语文学会	2001
从"正名"看中国先秦哲学中的语言思想与中国传统语言研究的关系	李娟	韩国中国文化学会	2001
诸子百家的语言认识考察	백승도	中国语文学研究会	2002
汉语与中国人的意识	韩容洙	韩国东洋哲学会	2002
当代中国语文的演变和展望	양검교	韩国外国语大学	2002
汉语与韩语的类型学比较	严翼相	韩国中语中文学会	2003
"道"的哲学与"道"的语言学	정재현	韩国阳明学会	2003

2. 语音研究

文献名称	著/编/译者	发行处	发行年
对于申叔舟的汉语入声处理	许雄	国语国文学会	1953
韩国语与汉语的几种共通系统的音韵法则 1	李铎	韩文学会	1956
中国韵学术语略说	강신항	韩文学会	1960
《朝鲜馆译语》上中国音韵小考	文璇奎	历史学会	1962
《朝鲜馆译语》研究：从中国语音韵论角度来看的解读	金喆宪	国语国文学会	1963
韩中入声字音的比较研究：以李朝音与中国中古音为中心	王俊	首尔大学	1970
关于汉语"四声"	孔在锡	首尔大学	1973
韩国汉字音与中古中国语高口盖韵尾	桥本万太郎	首尔大学	1973
中韩语音韵比较研究	옹가란	明知大学	1973
《翻译老乞大·朴通事》的中国语音标记研究：以《四声通解》歌韵内诸字的中声表记为中心	郑光	国语国文学会	1974
汉语"中古音"入声的消失及派入现象	尹芳烈	韩国中国语文学会	1974
满洲语音韵史研究（其二）：清文启蒙异施清字研究	成百仁	明知大学	1975
关于现代汉语的音韵配合	李敦柱	全北大学	1977
"臻"摄的韵母	文璇奎	韩国中国语文学会	1981
关于高安·广州·中山·阳江方言的鼻音韵尾/m/	丁一	韩国中国语文学会	1981
辛亥革命后中国语音标记问题	孔在锡	韩国中国学会	1981
中国文言文形成与上古字音表记法小考	김상근	岭南中国语文学会	1981
中国的汉语拼音方案评考	김동진	韩国外国语大学	1981
十三辙之研究	金仁经	韩国中国语文学会	1982
韩日汉上古音比较研究	신용태	韩国语文教育研究会	1982
从《广韵》看汉语语音的来源	蔡瑛纯	中国人文学会	1983
曹植诗文韵部研究	李在敦	韩国中国语文学会	1983
《汉语拼音方案》的理解	공재석	岭南中国语文学会	1983
韩人运用汉字与韩国汉字入声韵之研究	김상근	台湾师范大学	1983

文献名称	著/编/译者	发行处	发行年
李方桂言语学研究	丁一	岭南中国语文学会	1984
汉语语音标记法研究	공재석	韩国中国学会	1984
汉语语音的基础理解	孔在锡	高丽大学	1984
关于汉语音节	공재석	韩国外国语大学	1985
论通摄汉字所反映的韩音汉音	이돈주	高丽大学	1985
古代汉语音韵学概要	박근호	岭南中国语文学会	1986
从朝鲜对译资料考近代汉语音韵之变迁	채영순	台湾师范大学	1986
关于汉语音韵辨别的资质	李在敦	韩国中国语文学会	1986
《五方元音》研究	金薰镐	全南大学	1986
元/P/入声字声调变化状考：中原音韵以后变化考	曹喜武	全南大学	1986
反切考	李义活	岭南中国语文学会	1987
关于汉语"儿化"现象	권택룡	言语科学会	1987
现代汉语发音标志法比较	吴文义	韩国中语中文学会	1987
现代汉语零声母来源考察	赵纪贞	岭南中国语文学会	1987
关于汉语四声的国语韵素（超分节因素）化研究（1）	金永万	韩民族语文学会	1988
中国音韵学与中国语文教育	李在敦	全北大学	1988
《中华新韵》研究	玉美银	中央大学	1988
现代汉语音韵论小考	吴文义	韩国中国语文学会	1988
现代汉语轻声的语音学考察	金泰润	韩国外国语大学	1988
《古今韵会举要》与《广韵》的入声字比较研究	王玉枝	成均馆大学	1989
《译语类解》的中国语音韵体系研究	공재석	高丽大学	1989
《译语类解》的汉语音系	孔在锡	高丽大学	1989
有关声训的几个问题	吴锺林	韩国中国语文学会	1989
汉语声母14世纪以后变化研究：以朝鲜资料为中心	康寔鎭	大韩中国学会	1989
关于汉语注音符号的制定过程	权宅龙	庆北大学	1989
汉语北音入声韵尾考	蔡瑛纯	仁荷大学	1989

文献名称	著/编/译者	发行处	发行年
现代汉语的语音变化考：依据辨别同化、异化、脱落现象的资质	吴文义	韩国中国语文学会	1989
《中原音韵》的入声派入状考	吴吉龙	全南大学	1989
中国上古声调说研究：《诗经》的押韵现象	权赫埈	高丽大学	1989
关于《翻译朴通事》的汉语表音鉴别	리득춘	二重言语学会	1990
十四世纪以后汉语韵母变化研究：以朝鲜资料为主	장식진	韩国中语中文学会	1990
中古汉语重组研究	沈小喜	延世大学	1990
韩中语头音比较研究：以基础语汇为中心	金智衡	庆熙大学	1990
《韩非子》"是"字用法调查	宋寅圣	高丽大学	1991
《中原音韵》与《中州音韵》声母系统比较	丁玟声	高丽大学	1991
上古汉语的阴声字字音韵尾问题研究：以《诗经》时代为中心	权赫埈	高丽大学	1991
汉语中"四呼"与依据介音的音韵变化研究	林东锡	建国大学	1991
现代汉语的语音变化考：依据辨别同化、异化、脱落现象的资质	吴文义	学古房	1991
依据"响度"（Sonority）的汉语音韵及韩国汉字音的音韵变化研究	林东锡	建国大学	1992
《华音启蒙谚解》中出现的19世纪中国语音研究	이성란	釜山大学	1992
《古今韵会举要》/fi/韵尾韵的音韵体系	权赫埈	高丽大学/中国语文研究会	1992
关于中古汉语唇齿音音韵变化的相关条件：高本汉与赵元任理论的比较研究	金光照	岭南中国语文学会	1992
现代汉语的双音节性考察	金东震	公州大学	1992
《古今韵会举要》/m/韵尾韵的音韵体系研究	权赫埈	高丽大学/中国语文研究会	1993
《四声通解》反映出的16世纪汉语音系研究	李在敦	韩国中国语文学会	1993
《韵略易通》与《韵略汇通》阳声韵比较考：以"庚晴"与"先全"韵为中心	安在哲	高丽大学	1993
《广韵》又音字与上古方音之研究	김경숙	台湾大学	1993

文献名称	著 / 编 / 译者	发行处	发行年
音韵学与其他学问	왕수명	岭南中国语文学会	1993
从音位观点看国语的 k 与 t 之问题	金锺赞	安东大学	1993
注音符号与《汉语拼音方案》的比较研究：以现代汉语零声母表记方法为中心	林东锡	建国大学	1993
上古音研究	李方桂 著，全广镇 译	庆熙大学	1993
借字标志研究与中国音韵学	李得春	首尔大学	1993
《古今韵会举要》/w/ 韵尾韵的音韵体系	权赫埈	高丽大学 / 中国语文研究会	1994
《续一切经音义》声类研究	李义活	岭南中国语文学会	1994
关于古代汉语四声别意的起源时期及特征研究	吴锺林	韩国中国语文学会	1994
《四声通解》中的 16 世纪汉语音系研究	李在敦	中国语文学会	1994
韩国古代汉字上古音说	严翼相	中国语文学研究会	1994
现代汉语零声母研究	林东锡	建国大学	1994
《韵镜》的记述年代与体制研究	韩钟镐	韩国外国语大学	1994
韩汉音韵对比	이득춘	大韩音声学会	1994
关于《翻译老乞大》的汉语注音相关研究	张馨实	高丽大学	1994
《韵镜》研究	张在雄	延世大学	1994
《汉书》中的应召音切研究	배재석	中国语文学研究会	1995
《古今韵会举要》的声母体系	权赫埈	高丽大学	1995
上古汉语的几个声母的相关问题	李方桂著，全广镇译	庆熙大学	1995
上古汉语声调体系研究	吴锺林	首尔大学	1995
拗与拗救：以《唐诗三百首》为主	姜声尉	韩国中国语文学会	1995
汉语音声学研究 1	禹政夏	国民大学	1995
汉语散句有没有节奏	安英姬	韩国中国语文学会	1995
试论入声的性质及其演变	杨信川	学古房	1996
《华东正音通释韵考》头注的相关考察	金仁经	岭南中国语文学会	1996
谈上古汉语的 –r 尾	吴锺林	韩国中国语文学会	1996

文献名称	著/编/译者	发行处	发行年
从日母字来看韩国汉字音起源问题	李海雨	韩国中国文化学会	1996
汉语表音方式的共时考察	이상도	蔚山大学	1996
汉语音声学研究 2	禹政夏	国民大学	1996
汉语普通话的轻声研究	蔡瑛纯	岭南大学	1996
现代中国音韵学研究概况	李炳官	中国语文学研究会	1996
黄侃古音学之研究	김태성	私立东吴大学	1996
中韩摩擦音音系比较	조걸	南方文化研究会	1996
《重订司马温公等韵图经》研究	李在敦	韩国中国语文学会	1997
中国饮食名的音韵学分析	严翼相	中国语文研究会	1997
《东国正韵》与《古今韵会举要》的臻·山摄音韵体系比较	权赫埈	中国语文研究会	1997
《东国正韵》与《古今韵会举要》的通·宕·曾·梗摄音韵体系比较	权赫埈	中国语文研究会	1997
《皇极经世·声音唱和图》所表现的正音观	沈小喜	中国语文学研究会	1997
论汉语 "p、t、k" 的音值问题	金钟赞	安东大学	1997
商代声母体系：以 "**L-" 与 "**R-" 为中心	金爱英	中国语文学研究会	1997
中国华侨汉语音韵分析	严翼相	江原大学	1997
汉语上古音	李方桂	中国语文论译学会	1997
汉语声调的起源与发展	정진강	韩国中文学会	1997
汉语音声学研究 3	禹政夏	国民大学	1997
现代汉语音节构造：以综合频率为基准	林亨栽	韩国外国语大学	1997
《〈诗经〉》15 国风 "-n" 韵尾分部考	李义活,이웅길	大邱晓星加图立大学	1998
《古今韵会举要》阴声字母韵研究	曹喜武	朝鲜大学	1998
《东国正韵》与《古今韵会举要》的咸·深摄音韵体系比较	权赫埈	中国语文研究会	1998
《等韵一得》的音韵特征考察	朴允河	学古房	1998
《明显四声等韵图》小考	정진강	韩国中语中文学会	1998
汉语标音法的变迁研究：以中国国内使用的标音法为中心	崔秉起	庆熙大学	1998

文献名称	著 / 编 / 译者	发行处	发行年
汉语音声学研究 4	禹政夏	国民大学	1998
汉语的节奏单位及语法结构	沈小喜	中国语文学会	1998
曾·梗摄的音韵变化	金荣晚	中国语文研究会	1998
陈第与汉语上古音	정진강	韩国中文学会	1998
汉语声训论研究	林东锡	建国大学	1998
关于汉语中古音梗摄的韵尾再构	李海雨	韩国中语言学会	1998
[−t] 入声韵尾的 [−l] 音化考	柳在元	中国语文论译学会	1999
《切韵》语音系统讨论（一）	정진강	中国语文论译学会	1999
《祖堂集》否定调的变化表	张皓得	岭南中国语文学会	1999
《朝鲜馆译语》对音所反映的明代官话音研究	梁菲	梨花女子大学	1999
《古今韵会举要》韵母研究：以阴声·阳声字母韵为中心	曹喜武	中国语文学研究会	1999
《集韵》的介音问题	张渭毅	岭南中国语文学会	1999
上古汉语声母研究的新潮流与其展开	金泰完	中国语文论译学会	1999
汉语节奏特点	安英姬	韩国中国语文学会	1999
从汉语发音教育看注音符号的音韵学的特性与活用	金荣晚	中国语文研究会	1999
汉语声调起源考察	정진강	韩国中语言学会	1999
汉语子音的韩文表记法相关音声学对比分析	全广镇	韩国中文学会	1999
崔世珍汉语音韵学研究	李在敦	韩国中国学会	1999
标准汉语轻声的音声、音韵学的研究	金志惠	梨花女子大学	1999
在标准汉语中轻声是什么？	김지혜	梨花女子大学	1999
标准汉语的声调变化范围研究：以 3 声的声调变化为中心	裵宰奭	中国语文学研究会	1999
韩国人汉语抑扬相关音声学的研究	宋㖡宣	韩国外国语大学	1999
韩文—汉语发音体系研究	沈小喜	韩文学会	1999
汉语儿化韵考	채영순	韩国中语中文学会	1999
韩汉子音对应研究：以汉字传来以前时期为中心	金智衡	庆熙大学	1999
韩中日汉字音中声母亲属性	李海雨	中国语文学研究会	1999

文献名称	著/编/译者	发行处	发行年
汉韩韵律成分的对比	송현선	北京大学	1999
《汉语拼音方案》里音韵标记与实际发音的差异比较研究	좌현하	崇实大学	2000
《古今韵会举要》36字母研究	金恩希	济州大学	2000
《古今韵会举要》所反映的重组现象及其相关问题	权赫埈	中国语文研究会	2000
《交泰韵》韵母与中古韵母的比较	赵恩梃	中国语文研究会	2000
《说文》今音讨论	崔枢华	中国语文研究会	2000
《韵法横图》中的增字·改字的考察	郑荣芝	岭南中国语文学会	2000
《篆隶万象名义》反切上字研究	金爱英	中国语文学研究会	2000
15、16世纪朝汉对音研究	주성일	北京大学出版社	2000
古本《周易》参同契用韵考	朴万圭	中国语文学研究会	2000
构拟与诠释：汉语音韵史研究的两种对立观点	薛凤生	中国语文研究会	2000
从用韵上来看《〈诗经〉》15国风之间的相关关系考察	李雄吉	岭南中国语文学会	2000
关于朝鲜初期汉语语音学研究	李在敦	韩国中语中文学会	2000
中古知庄章声母在今山东方言中的读音	朴炯春	韩国中国文化学会	2000
汉语教育专用韩文表音方案	孟柱亿	韩国中语言语学会	2000
汉语节奏单位的特征	安英姬	韩国中国语文学会	2000
汉语上古音二等介音"-r-"的再构	李海雨	中国语文学研究会	2000
清代官话音系研究：以北京、中原、江淮地区官话为主	崔丽红	梨花女子大学	2000
韩国古活字本《世说新语姓汇韵分》研究	김장환	中国语文学研究会	2000
汉译佛典的语音研究：以《一切经音义》为中心	金琮植	济州大学	2000
现代汉语统辞结构中语音的角色	金允经	韩国中语言语学会	2000
现代汉语元音的音声表记与音韵规则	李海雨	岭南中国语文学会	2000
上古汉语声母提携研究：以研究史为中心	金泰完	全南大学	2000
韩汉分节音素与超分节音素的关系研究	고미숙	韩国中语言语学会	2000
现代汉语与韩语的发音对比：声母与韵母为主	闵英兰	国际言语文学会	2000

文献名称	著 / 编 / 译者	发行处	发行年
赣州方言的几个音韵特征	卞志源	韩国中国语文学会	2001
形声字的上古音声调规则	吴锺林	韩国中国语文学会	2001
《经典释文》反切研究	김현정	延世大学	2001
谚文志的体制与柳僖的语言观研究	신수영	梨花女子大学	2001
《经典释文》反切研究	김현정	延世大学	2001
《东国正韵》与《古今韵会举要》之间的音位系统比较	权赫埈	韩国中国学会	2001
《说文解字注》中段玉裁的合韵类型分析	张在雄	中国语文学研究会	2001
《中州乐府音韵类编》与《中原音韵》疏韵比较研究	张在雄	中国语文学研究会	2001
15 世纪朝鲜看到的近代汉语音韵系统	金泰成	韩国外国语大学	2001
关于去声的上古音学说的考察	李妍周	岭南中国语文学会	2001
顾炎武古音学的动机及方法	金庆天	中国语文研究会	2001
依据对应理论的口盖音化分析	서정민	大佛大学	2001
等韵图起源与分等概念小考	왕옥지	东明大学	2001
中古以来入声字演变	曹喜武	中国语文学研究会	2001
关于汉语复声母	何九盈 著,裵银汉 译	中国语文论译学会	2001
标准汉语疑问词疑问句的语调意义研究	오유경	梨花女子大学	2001
厦门话成音节辅音"ŋ"及其过渡音	金钟赞	韩国中语中文学会	2001
韩国汉字音终声 /ㅡㄹ/ 再考	朱星一	国际言语文学会	2001
韩国人汉语抑扬相关实验音声学的研究	金吉溶	韩国外国语大学	2001
从现代诗韵来看的现代汉语音韵体系:以元音为中心	李在敦	中国语文学会	2001
韩国汉字音首字母"d》l"的变化现象研究	张在雄	中国语文学研究会	2002
关于《古今韵会举要》的音系基础	愼镛权	韩国中国语文学会	2002
现代汉语 3 声的声调变化与轻声的特征	김석영	韩国中语言语学会	2002
《大唐西域求法高僧传》用韵考	朴万圭	中国学研究会	2002
《动静字音》研究	张晓曼	东洋汉文学会	2002

文献名称	著/编/译者	发行处	发行年
《四声经纬图》音系简考	정영지	岭南中国语文学会	2002
《译语类解》汉语音韵体系研究	金银珠	韩国外国语大学	2002
《伍伦全备谚解》中国语音韵体系研究	柳在元	韩国外国语大学	2002
《重刊老乞大谚解》的中国语音韵体系研究	李政桓	韩国外国语大学	2002
《广韵》的反切音与《全韵玉篇》《三韵声汇》的汉字音比较	김태경	中国语文学研究会	2002
《四书集注》注音研究：以朱熹的直音式表音与谚解音为中心	林东锡	中国语文学研究会	2002
《洪武正韵》《中州音韵》所反映全浊上声字的演变类型	裵银汉	中国语文论译学会	2002
《华音启蒙》与《华音启蒙谚解》的中国语音韵体系研究	崔银喜	韩国外国语大学	2002
《说文解字》"重文"与古音学之间的关系初探	오제중	中国语文学研究会	2002
《中州乐府音韵类编》与《中原音韵》中的疏韵收录者差异比较研究	张在雄	中国语文学研究会	2002
《中州乐府音韵类编》研究：以《中州乐府音韵类编》与《中原音韵》的比较为中心	장재웅	延世大学	2002
《韵法直图》《韵法横图》中的几个音韵现象	金泰庆	中国语文学研究会	2002
关于《古今韵会举要》的声母	慎镛权	岭南中国语文学会	2002
关于《古今韵会举要》的音系基础	慎镛权	韩国中国语文学会	2002
对音资料的性质相关一考：以全浊声母的表记为中心	朱星一	国际言语文学会	2002
《动静字音》研究	장효만	东洋汉文学会	2002
庞大堃之古韵分部与音转说研究	崔秀贞	中国语文学研究会	2002
从圆唇化声母说与r介音说的比较来看的重组问题	朴元基	高丽大学	2002
魏晋时期声类试稿	정일착	木浦大学	2002
转读试解	赵益	岭南中国语文学会	2002
朝鲜时代两种中国语音标记体系	류재원	中国学研究会	2002
中国韵书与韵图中的韵目起源研究	장재웅	中国语文学会	2002

文献名称	著/编/译者	发行处	发行年
汉语"入声"的声调价值再考	朱星一	韩国中文学会	2002
知章系汉字在韩国汉字音中的上古音痕迹	김태경	中国语文学研究会	2002
标准汉语双音节词连读转调的实验音声学研究：以汉语述者与韩国语述者比较为中心	김태은	梨花女子大学	2002
标准汉语声调与音系研究	沈小喜	中国语文学研究会	2002
汉语上古音的韩国语语源考察	金泰完	中国人文学会	2002
现代汉语"3声＋轻声"连读声调变化研究	金锡永	首尔大学	2002
后期中古汉语的音韵体系	权赫埈	中国语文研究会	2002
19世纪汉语教材的韩文表记展示的近代汉语语音的几个特征考察：以《华音启蒙》与《华音启蒙谚解》为中心	권병로 이득춘	国语文学会	2002
汉语与韩语的变异音对比研究：以中韩爆发音为中心	崔金丹	韩国中文学会	2002
"正音"和汉语输入法	裴宰奭	韩国语言文化研究会	2003
现代汉语普通话中"一·七·八·不"字的声调变化研究	张在雄	中国语文学研究会	2003
关于18世纪汉语正齿音声母的特征考察	柳在元	中国学研究会	2003
再论上古汉语[*KR->l-]与相关问题	吴世畯	韩国文学会	2003
《李氏音鉴》与清代官话音韵体系	안기섭	中国语文学研究会	2003
汉语上古音研究1	李方桂 著，全广镇 译	太学社	2003
乐善斋本《红楼梦》汉语音韵体系研究	이승희	韩国外国语大学	2003
《四声通解》阳声韵 –m 尾研究	장효만	东洋汉文学会	2003
乐善斋本《红楼梦》中国语音韵体系研究	李承姬	韩国外国语大学	2003
《琼林雅韵》音韵体系研究	동향난	延世大学	2003
《蒙古字韵》及其音韵特征：通过15、16世纪的韩国资料	최영애	中国语文学研究会	2003
《李氏音鉴》与清代相关音韵体系	안기섭	中国语文学研究会	2003
《老乞大新释谚解》中汉语声母表音体系考察	유재원	韩国外国语大学	2003
《韵法直图》《韵法横图》的音韵体系	金泰庆	中国语文学研究会	2003

文献名称	著/编/译者	发行处	发行年
《圆音正考》与尖团音	金泰庆	中国语文学研究会	2003
古汉语不定词的声母探究	秦光豪	岭南中国语文学会	2003
关于现代汉语普通话语流音变问题的探讨	田兰玉	中国语文学会	2003
乐善斋本《红楼梦》译音声母表记体系考察	김태성	韩国中语中文学会	2003
论训民正音的创制与其对汉语注音的可考性：以训民正音之初声为主	朱星一	国际言语文学会	2003
基于同源字的上古汉语复声母研究	曲晓云	中国语文学研究会	2003
上古音"-l-""-r-"复声母研究	曲晓云	中国语文学研究会	2003
论早期官话入声	김태경	中国语文学研究会	2003
汉语"儿化"的发展与功能研究	李成淑	成均馆大学	2003
汉语语调研究考察	高美淑	中国语文学会	2003
关于汉语疑问句抑扬的实验音声学研究：以韩国叙述者为主	徐美灵	庆熙大学	2003
关于汉语普通话边界调的研究：以声调和边界调的关系为中心	손남호	首尔大学	2003
关于汉语拼音正词法	李永兰	成均馆大学	2003
现代汉语音节长度与结构	李海雨	韩国中语言语学会	2003
乱世亡国之音论考察	李显雨	中国语文研究会	2003
韩汉声韵比较	임소영	华东师范大学	2003
汉语与韩语的声母对比研究	崔金丹	成均馆大学	2003

3. 语汇研究

文献名称	著/编/译者	发行处	发行年
《鸡林类事》研究：从汉语音韵论角度解读30余语汇	金喆宪	国语国文学会	1962
关于近世汉语借用语	李基文	高丽大学	1965
关于汉语借用语的有缘性获得与丧失	南豊铉	国语国文学会	1968
现代汉语外来词标记	이원식	韩国中国学会	1968
中世国语的汉语借用研究：以单音节体言为中心	南豊铉	汉阳大学	1972

文献名称	著/编/译者	发行处	发行年
汉语的拟声拟态词研究	卢东善	韩国外国语大学	1972
汉语中的外来语研究	노동선	成均馆大学	1974
汉语双音节词语研究	都景权	启明大学	1976
本土化的中国语词汇研究	崔在淑	晓星女子大学	1976
汉语外来语标记小考	许壁	延世大学	1977
韩中两国现用汉字词汇比较考：以汉语的特殊词汇为中心	成元庆	省谷学术文化财团	1977
汉语复音节词研究：尤以《诗经》为主	许壁	延世大学	1981
三国《史记》地名的解读法研究：韩国语、日语、汉语共同造词探索	辛容泰	东国大学	1984
四字成语浅析：以形态分类为中心	王忠仪	釜山外国语大学	1984
现代汉语外来新词小考	孟柱亿	中国学研究会	1984
汉语词汇结构研究	李荣奎	韩国外国语大学	1985
汉诗中的双声叠韵	강충희	高丽大学	1985
汉字词中的归化语研究：以15世纪以后用朝鲜汉字音与中国中原音书写的汉字音为中心	조세용	汉阳大学	1986
现代汉语的近义词研究：以"知道"类为主	金星坤	首尔大学	1986
多音字研究：以依据字义派生的破音现象为中心	李相度	韩国外国语大学	1986
《说文解字》递训初探	진광호	岭南中国语文学会	1986
关于《毛诗》的叠字	이재훈	高丽大学	1988
中国成语考察	정인숙	岭南中国语文学会	1989
探讨中文的衍声复词	许壁	延世大学	1989
现代汉语同义词小考	孙庆玉	中国语文研究会	1989
韩汉汉字现代读音比较研究：以异音别义字为主	이연림	淑明女子大学	1989
古代汉语类义语辨析试论	金星坤	韩国中国语文学会	1989
造词法与词汇规范化：中国的韩语规范化相关讨论1	성광수	二重言语学会	1990
汉韩语词汇比较研究	许壁	延世大学	1990

文献名称	著/编/译者	发行处	发行年
依据西欧化的中国外来语标记	洪寅杓	韩国中国语文学会	1991
中国谚语演变考	洪董植	韩国中语言语学会	1991
古代汉语的复音节词研究：以《论语》和《孟子》为中心	李炳官	延世大学	1991
早期韩语中的汉语借用词	金完缜	韩国阿尔泰学会	1991
《现代汉语词典》中的同字异调现象研究	강혜근	岭南中国语文学会	1991
现代汉语反义词小考：以意味与语法为中心	金星坤	中国人文学会	1991
现代汉语的接词（词缀）研究	金鎭浩	成均馆大学	1991
《老·朴谚解》中汉语的借用语及其沿革	리득춘	韩文学会	1992
汉语的词汇构造研究：以复音节词为中心	刘永基	成均馆大学	1992
关于汉语的单语族设定：以"水"为中心	金智衡	韩国语文教育研究会	1992
汉藏语同源词研究	전광진찬	台湾大学	1992
现代汉语接尾词"子、儿、头"研究	김진호	韩国中文学会	1992
现代汉语单音节依存形式小考	李荣奎	中国学研究会	1992
汉代文字训诂学的发展与中国古代学术的形成	金槿	韩国中国语文学会	1992
《左传》义例中"舍、信、次"的分析	李容诚	岭南中国语文学会	1993
谚语界说	洪董植	高丽大学	1993
汉语双音节自由形式小考	李荣奎	尚志大学	1993
以甲骨文形声字正体为对象的词汇意义论	李彰浩	高丽大学	1993
现代汉语同义词的概念与区分	孙庆玉	庆北大学	1993
现代汉语外来语小考	李根孝	庆星大学	1993
现代汉语形容词重叠形态研究	吴文义	韩国放送通信大学	1993
韩中日同形汉字词意味对比	黄慈仁	全北大学	1993
中国改革开放以来汉语词汇的变化	赵丽明	高丽大学	1994
现代汉语动词近义词的分析方法研究	박종한	首尔大学	1994
现代汉语外来词标记考	李根孝	大韩中国学会	1994
现代汉语同义词研究	孙庆玉	高丽大学	1994
韩国汉字与汉语对比中出现的结构、意义差异	이득춘	延世大学	1994
海峡两岸新词语差异的比较试探	周郁华	中国语言学研究会	1995

文献名称	著/编/译者	发行处	发行年
王力对汉语词汇研究的重要贡献	장쌍체	庆熙大学	1995
清代同源词研究考察	李妍周	岭南中国语文学会	1995
现代汉语近义词研究	김시연	梨花女子大学	1995
高本汉的汉语同源词论研究	李妍周	岭南中国语文学会	1996
语汇扩散理论	연금발	中国语文学研究会	1996
现代汉语色彩词研究	金福年	韩国外国语大学	1996
以汉字词为中心的汉语与韩语词汇比较研究	李长镐	三育大学	1996
韩中汉字成语比较研究：以四字成语为主	权익	京畿大学	1996
汉语新词语的产生与研究	刘士勤	中国语言研究会	1997
依据认知语法的现代汉语多义词研究	박종한	韩国中语言语学会	1997
汉语歇后语研究	姜秀燕	延世大学	1997
初探汉语词汇	박상령	湖南大学	1997
韩汉亲属称谓对比分析：汉语对韩语亲属称谓的影响	李厚一	韩国中语中文学会	1997
现代汉语新词研究	전성자	庆熙大学	1997
现代汉语外来词研究	孙庆玉	中国语文研究会	1997
形态学的强词汇论研究	徐正民	朝鲜大学	1997
英汉合成词研究	李宪京	昌原大学	1997
韩汉俗语比较研究：以与中国"歇后语"比较研究为中心	육흔	明知大学	1997
中韩拟态拟声语比较研究：以《呐喊》为主	裵宰奭	京畿大学	1997
敦煌变文附加式复音节词研究	李炳官	中国语文学研究会	1998
关于《说苑》中词汇结构的考察	林明花	韩国中语中文学会	1998
高本汉之后的汉语同源词论研究考察：以词典（或字典）形式的同源词为中心	李妍周	岭南中国语文学会	1998
多音汉字的中国音韵学分析	严翼相	中国语文学研究会	1998
谚语名称考——"言"字类	洪董植	韩瑞大学	1998
汉语外来词的相关回顾与展望	陈榴 著，崔仁爱 译	岭南中国语文学会	1998

文献名称	著/编/译者	发行处	发行年
现代汉语同义词的类型	손경옥	韩国中语言语学会	1998
现代汉语缩略语研究	孙庆玉	岭南中国语文学会	1998
关于中国文言文中是否存在复音词的考察	李永朱	首尔大学	1998
中韩谚语源流考	洪东식	南京大学	1998
关于"辣椒"的语源研究	栗田英二	大邱大学	1999
古典汉语的派生法	梁世旭	中国语文论译学会	1999
新时期汉语的新词研究	安俊杓	高丽大学	1999
汉语词汇结构研究：以高中中国语课本中的复合词为主	朴智远	京畿大学	1999
汉语语素与生词的意义关系	缙载泓	中国语文学研究会	1999
汉语歇后语与谚语研究	李炫淑	庆南大学	1999
中国谚语的分类	洪董植	中国语文研究会	1999
从"器械"到"机械"	宋敏	国立国语研究院	1999
现代汉语的3音节复合词研究：以语素的语义关系为中心	闵载泓	延世大学	1999
现代汉语同素词研究	金鎭浩	成均馆大学	1999
现代汉语同形词研究	金鎭浩	韩国中文学会	1999
现代汉语非同素词研究	金鎭浩	韩国中文学会	1999
现代标准汉语的方言词汇研究	崔胤京	成均馆大学	1999
现代标准汉语的常用四字成语研究	玄盛峻	成均馆大学	1999
《春秋》中出现的类义语研究：以"回来"类动词为中心	吴瑛植	韩国中国语文学会	1999
开化期国译圣书词汇的意义——统辞论研究	엄소연	淑明女子大学	1999
关于身体词多语结构的韩中对比研究	李相度	韩国外国语大学	1999
中韩汉字成语活用比较（1）	闵丙三	江南大学	1999
对汉语固有名词的韩文表示方法的一点见解	郑元基	岭南大学	1999
韩汉新词造词法比较小考	高卉	韩国语文教育研究会	1999
韩汉俗语与惯用词对比小考	赵岩	韩国语文教育研究会	1999
韩中同形异义词对比研究	이효숙	韩国外国语大学	1999

文献名称	著/编/译者	发行处	发行年
20 世纪语源学研究概况	金爱英	学古房	1999
汉语色彩词研究：以无色词的文化象征与造词构造为中心	许恩荣	梨花女子大学	2000
同源词系联举例	林明花	中国语文学研究会	2000
论汉字与汉语单音词的适应性	金炳旭	国际言语文学会	2000
略论汉语同义词聚合的发展演变	杨荣祥	中国语文研究会	2000
音韵变容与佛教系语汇形成	金智衡	庆熙大学	2000
汉语生词切分的统计证据结合	한단송	崇实大学	2000
汉语成语的特征	박상령	中国人文学会	2000
汉语新词与电脑用语研究	김일녀	江原大学	2000
通过汉语词汇的中国文化教育	白恩姬	韩国中国学会	2000
汉语与新词	강춘화	德成女子大学	2000
《孟子》中出现的成语	闵丙三	中国学研究会	2000
汉语同素词研究	缮载泓	中国语文学研究会	2000
标准汉语之外国词汇收容研究	김선아	梨花女子大学	2000
汉语口语中的"您们"用法	박상령	湖南大学	2000
歇后语所使用的谐音考察	赵纪贞	中国人文学会	2000
现代汉语异性同音词辨析	김수주	梨花女子大学	2000
现代汉语双音节复合词研究：以词素的意义关系为中心	闵载泓	延世大学	2000
现代汉语的黏着词根和黏着词根复合词	朴庸鎭	韩国中语言语学会	2000
关于汉语词语的层次因素问题	锺英华	中国语文论译学会	2000
从韩汉外来词借用现象来看的文化差异	李正子	中韩人文科学研究会	2000
汉语词汇和韩语汉字词词汇的关系	박상령	湖南大学	2000
韩汉词汇比较研究：尤以汉字词汇为中心	许璧	蔚山大学	2000
韩中日外来词研究	김혜순	岭南大学	2000
通过词缀 s- 的构词成分看上古汉语的形态论特征	李妍周	岭南中国语文学会	2000
论训诂学研究与儒家注疏之关系	张宝三	中国语文研究会	2000

文献名称	著 / 编 / 译者	发行处	发行年
现代汉语近义词研究	朴德俊、朴正九、吴文义	学古房	2001
汉语名词近义词研究：以"能力"类为中心	朴德俊	学古房	2001
《红楼梦》特色词语近亲探源	董文成	中国语文研究会	2001
《新集藏经音义隋函录》语汇初探	金爱英	中国语文学会	2001
新时期汉语缩略语研究	李贞姬	韩国外国语大学	2001
联合式动词性成语的语义语法功能研究	岳辉	建国大学	2001
园艺植物的学名及其韩语名语源研究	李壹炳	圆光大学	2001
《尔雅》中训语的重复出现现象研究	孙民政	韩国中国语文学会	2001
《祖堂集》韩语翻译中词汇相关的几个误谬	宋寅圣	岭南中国语文学会	2001
《竹简老子》《帛书老子》与《河上公注本老子》的"居"与"处"相关语言学考察	金俊宪	中国语文研究会	2001
甲骨文词义判断法	朴仁顺	中国语文论译学会	2001
韩国汉字与汉语词汇的关系	尹贤姬	檀国大学	2001
汉语缩略语初探	박상령	湖南大学	2001
现代汉语色彩语的形象色彩形成特征考察	김복년	韩国外国语大学	2001
现代汉语中的流行语考察	裵다니엘	中国学研究会	2001
现代汉语外来词的译音研究	高维珍	仁荷大学	2001
现代汉语同义词研究	李知延	东国大学	2001
开化期的新生汉字词研究 1	宋敏	国民大学	2001
韩中俗语比较研究	裵宰弘	京畿大学	2001
韩中实用汉字词汇比较研究	尹佑晋	庆星大学	2001
汉语词汇与韩语汉字词汇比较研究：以高中汉语教科书为中心	李妃雅	仁荷大学	2001
韩中日三国相似汉字词词汇样相及在字典中的处理	이상혁	延世大学	2001
汉语社会交际称谓语研究：兼及中韩称谓语比较	김현태	上海师范大学	2001
韩中俗语比较研究	배재홍	京畿大学	2001
汉语外来词研究杂谈	朱庆之	中国学研究会	2002

文献名称	著/编/译者	发行处	发行年
汉语交际中的禁忌语和委婉语的使用与其文化语义特征	金炫兑	永同大学	2002
《释大》探微	李科	中国语文学研究会	2002
南北韩与中国词汇比较	李贞姬	忠南大学	2002
俗语范畴与特点	임명화	中国人文学会	2002
饮食有关汉语词汇的含义研究：以文化背景为主	이승정	梨花女子大学	2002
从认知视角看新词的形成	최윤경	中国语文学研究会	2002
汉语惯用语研究	郭惠珉	庆熙大学	2002
汉语生词的语素分析	闵载泓	中国语文学研究会	2002
汉语网站词汇分析	李美善	韩国外国语大学	2002
汉语数字中的文化含义	李载胜	庆南大学	2002
汉语外来语研究	梁世烈	东国大学	2002
中国谚语考	우자영	公州大学	2002
浅论现代汉语合成词的理据	董爱国	中国语文学会	2002
汉语文化象征词语研究	주욱화	忠南大学	2002
汉语颜色词与社会文化心理	한용수조성용	中国语文学研究会	2002
关于汉语佛经的音译词考察	李显雨	中国语文学研究会	2002
现代汉语新词与流行词类型分析	宋之贤	中国语文学研究会	2002
现代汉语双音节语汇轻声特质	姜秀沃	成均馆大学	2002
现代汉语同音词研究	金鎭浩	韩国中文学会	2002
韩中常用双音节词汇对比分析	朴锺弼	蔚山大学	2002
韩汉同素逆序双音节词比较研究	문영희	梨花女子大学	2002
关于韩中同形汉字词汇的比较考察	범기혜	全南大学	2002
现代韩语与汉语的尊称对比研究	高陆洋	祥明大学	2002
韩语汉字词和汉语词汇在意义与形式间的对比研究	甘瑞瑷	忠南大学	2002
论"右文说"	金钟赞	中国学研究会	2002
关于汉语象征系统研究：以动植物词汇为中心	李受泫	仁荷大学	2003

文献名称	著 / 编 / 译者	发行处	发行年
韩中日借用语研究	宋之贤	中国语文学研究会	2003
古逸丛书本《论语集解》训诂中的联合式复合语	李宰硕	韩国中文学会	2003
国际会议惯用表达研究：以俗语与四字成语为中心	黄持渊	中国语文研究会	2003
"谚"字类中国谚语名称考	洪董植	中国语文研究会	2003
现代汉语颜色词的修辞造词法及其功用	金福年	韩国中国语言文学研究会	2003
近代汉语"家 / 价"研究：以元代杂剧为中心	文盛哉	中国语文研究会	2003
近代中国语同义词小考：以《老乞大》《朴通事》中常用动词为中心	刘性银	学古房	2003
汉语基础词汇研究	양오진	国立国语研究院	2003
论《尚书》"惟"字	张其昀	中国语文学研究会	2003
先秦文献的族名、地名中的"不"字小考	李成兰	中国语文研究会	2003
作为中间语的汉字词	유영기	中国人文学会	2003
汉语词汇的语义变化研究	이영래	天主教大学	2003
《尔雅》中的多义词研究	孙民政	韩国中国语文学会	2003
《战国策》词汇研究	황신애	北京大学出版社	2003
《西游见闻》中新的汉字词及其在晚近时期汉语词语研究中的价值	김병욱	中国语文学研究会	2003
近代汉语近义词小考	刘性银	学古房	2003
汉语俗语的性别语言研究：以与女性相关的俗语为主	박찬욱	延世大学	2003
韩中同形异义词对比研究	송지현	中国语文学研究会	2003
韩中日俗语比较研究	육흔	明知大学	2003
汉语颜色词的发展演变略论	曹成龙	岭南中国语文学会	2003
汉语歇后语探析	宋眞喜	中国人文学会	2003
歇后语的比喻结构	이승훈	南京大学	2003
现代汉语名词同义词研究	정다정	仁荷大学	2003

文献名称	著 / 编 / 译者	发行处	发行年
现代汉语新词研究：关于 1990 年后的社会现象	진주연	梨花女子大学	2003
现代汉语语素的名称、定义问题	李珠和	中国语文学研究会	2003
现代汉语新词研究	朴银淑	成均馆大学	2003
现代汉语派生词研究相关论著考察	박애양	韩国外国语大学	2003
现代汉语固定语的构造：音义和规范化	송상미	南开大学	2003
现代汉语新词汇分析小考	金泰完	中国语文学研究会	2003
现代汉语合成词的理据研究	장엽	梨花女子大学	2003
外语词汉化进程之引进方式研究	전금	釜山大学	2003
韩中俗语比较研究	尹锡规	大田大学	2003
韩语 "가다 / 오다" 与汉语 "去 / 来" 对比研究	赵文宇	全州大学	2003
韩中词汇比较研究	陈荣心	大邱天主教大学	2003
韩中俗语比较研究	윤석규	大田大学	2003
中国词的韩国流入与研究的考察	金贞熙	中国语文研究会	2004

4. 语法研究

文献名称	著 / 编 / 译者	发行处	发行年
汉语品词论	李奭九	成均馆大学	1962
十五世纪文献出现的汉语语法影响与呼应关系形成考察	南豊铉	汉阳大学	1971
"하다가" 考：汉语语法对韩国语的影响的一个类型	南豊铉	首尔大学	1971
甲骨文否定词考	孔在锡	韩国中国语文学会	1973
论汉语的处所表现副词前置词句	苏秉彦	首尔大学	1974
汉语实词中的助动词的用法	金英赞	顺天乡大学	1976
虚字专题研究之一	李立信	韩国中国语文学会	1977
"在" 的用法	공경신	岭南中国语文学会	1981
关于汉语的单位词	고후원	韩国中语中文学会	1981

文献名称	著/编/译者	发行处	发行年
助词"了"考察	李载胜	高丽大学	1981
关于"宾语"的概念	우정하	国民大学	1982
汉语的基本句型分析研究	殷富基、金在乘	全南大学	1982
处所关系实例与时间关系实例研究：以《韩非子》为中心	정인숙	岭南中国语文学会	1982
现代汉语语法的诸问题（1、2）	邓福南 著，宋龙准 译	岭南中国语文学会	1982
现代汉语语法与句子	林庆姬	檀国大学	1982
现代汉语"时"表现：以口语为主	金槿	岭南中国语文学会	1982
现代汉语动体研究	卢东善	成均馆大学	1982
汉语语法研究小考	고영근	韩国中国学会	1983
汉语助词考	金相姝	全南大学	1983
汉语语法研究的历史考察	许壁	汉阳大学亚太地区研究中心	1983
现代汉语量词研究	공경신	启明大学	1983
现代汉语语法的诸问题（3）	邓福南 著，宋龙准 译	岭南中国语文学会	1983
汉语补语发展：以元曲为主	梁会锡	中国人文科学研究会	1984
汉语词类问题	임경희	韩国中文学会	1984
汉语量词研究	李根孝	庆星大学	1984
汉语的否定与副词	许成道	韩国中国语文学会	1984
现代汉语语法的诸问题（4、5）	邓福南 著，宋龙准 译	岭南中国语文学会	1984
现代汉语结果补语小考	洪仁杓	高丽大学	1984
汉语比较句中的问题点与否定标记静态动词的存在可能性	许成道	首尔大学	1985
汉语动词考	김동진	韩国中语中文学会	1985
现代中国语法史的诸多问题	등복남	岭南中国语文学会	1985
现代汉语语法的诸问题（6、7）	邓福南 著，宋龙准 译	岭南中国语文学会	1985
现代汉语语序类型研究	李苑雨	檀国大学	1985
现代汉语量词小考	朴起用	高丽大学	1985
关于汉语中"说"类类义动词研究	许成道	首尔大学	1986

文献名称	著 / 编 / 译者	发行处	发行年
汉语介词研究	朴正九	台湾清华大学	1986
汉语语法原论：为了中国语文法新体系建立	张基槿	圣心女子大学	1986
虚词"而"的用法与程度副词修饰研究	朴锺汉	韩国中国语文学会	1986
现代汉语祈使句的统辞构造研究：以助词为中心	차순일	延世大学	1986
现代汉语介词研究	苗延昌	忠南大学	1986
论现代汉语方向补语	홍인표	岭南中国语文学会	1986
现代汉语语法的诸问题（8）	邓福南 著，宋龙准 译	岭南中国语文学会	1986
现代汉语否定标记静态动词研究	许成道	首尔大学	1986
语调理论与句法理论的统合不可能性研究	金在河	全南大学	1986
《重刊老乞大》中的汉语语法研究	许成道	首尔大学	1987
零代名词研究	蔡铣洙	汉阳大学	1987
量词考	卢东善	韩国外国语大学	1987
汉语文法用语小考	孟柱亿	韩国外国语大学	1987
汉语主语、宾语分析方法论研究	郑顺伊	檀国大学	1987
汉代乐府诗的句法研究：以五言乐府的境遇为中心	崔琴玉	韩国中国语文学会	1987
现代汉语否定标记静态动词与"很"的结合现象	许成道	韩国中语中文学会	1987
现代汉语介词相关研究：以与动词、连词、副词的区分为中心	李滢镐	成均馆大学	1987
现代汉语量词研究	许壁	延世大学	1987
虚词"跟"的用法与构文类型研究	朴惠锡	首尔大学	1987
汉语的连词"和"与英语"and"的比较	高厚源	启明大学	1987
"之"字小考	문종명	岭南中国语文学会	1988
《文心雕龙》虚词研究：以小品词为主	전용덕	庆熙大学	1988

文献名称	著/编/译者	发行处	发行年
否定词用例研究：以四书五经为主	金容汉	启明大学	1988
助词"了"的语法功能研究	장태원	岭南中国语文学会	1988
汉语介词"从"研究	韩相律	首尔大学	1988
汉语词类研究：关于日期词	이재승	韩国中语中文学会	1988
汉语内包构文研究	孙圣求	庆熙大学	1988
出现于存现句中的动词特点研究	朴正九	汉城大学会	1988
现代汉语中表示起点的介词研究	许成道	首尔大学	1988
现代汉语语气助词研究	金琮镐	韩国外国语大学	1988
现代汉语的叙述文与语气助词	金琮镐	韩国外国语大学	1988
关于《孟子》中的虚词"以"的研究	任炳权	成均馆大学	1988
《论语》大名词研究	张祐诚	庆熙大学	1988
反复义副词研究：以"又、再、也"为主	金垠希	首尔大学	1988
现代汉语副词研究	全锺洙	全南大学	1988
韩中语法比较考：以副词为主	成元庆	建国大学	1988
《论语》中"之"的用法考	申美子	韩国中国语文学会	1989
关于《红楼梦》的语法特征考察	丁一、李光步	岭南中国语文学会	1989
《荀子》语法研究	金大焕	台湾师范大学	1989
汉语品词研究	李载胜	古代中国语文研究会	1989
汉语词类研究	李载胜	韩国中语中文学会	1989
现代汉语"在+名词句"研究：状语"在+名词句"与补语"在+名词句"的比较分析	최영하	首尔大学	1989
现代汉语补语研究	金炅南	韩国外国语大学	1989
动词"进行"的语法特性和功能	박종한	韩国中国语文学会	1990
名词句的限定性与汉语的主题	朴锺汉	圣心女子大学	1990
使动意义的一些同义词对比分析	苗廷昌	岭南中国语文学会	1990
量词考	李根孝	庆星大学	1990
汉语语法学的兴起及其发展	田智璟	梨花女子大学	1990

文献名称	著 / 编 / 译者	发行处	发行年
汉语语法研究的时代区分考	许璧	延世大学	1990
汉语形容词的重叠小考	李荣奎	尚志大学	1990
汉语连续态研究	장태원	岭南中国语文学会	1990
汉语助词"的"研究	조영임	全南大学	1990
现代汉语量词研究	송대규	清州大学	1990
现代汉语"非谓形容词"特点考察	吴文义	韩国中国语文学会	1990
现代汉语的"动＋补"关系 1：以现行大学教材中出现的文章（语文）为中心	高厚源	岭南中国语文学会	1990
现代汉语表示结果补语的可能式否定形式研究：以"到、上、着"为中心	朴德俊	延世大学	1990
常用文言虚字用例注释 2：以"其、孰、与、为、虽、然"等语法功能为中心	宋昌基	国民大学	1991
汉语品词体系研究：以历史考察为主	이재승	高丽大学	1991
汉语复合词构造研究	李荣奎	尚志大学	1991
清末民初的汉语语法学创立期研究	박건영	中国语文学研究会	1991
被动句小考	안재철	中国语文学研究会	1991
现代汉语"被字句"小考	朴起用	成均馆大学	1991
现代汉语"是"小考	尹瑛珠	高丽大学	1991
现代汉语双宾语句的几个问题	林明花	韩国中文学会	1991
现代汉语主题说的几个问题	박영록	韩国中文学会	1991
现代汉语的"二重主语句"研究	朴英绿	成均馆大学	1991
现代汉语双宾语句研究	林明花	成均馆大学	1991
汉语的副词是虚词还是实词：以学者的见解为中心	金琮镐	延世大学	1992
"无主语句"与人称	윤우열	中央大学	1992
《马氏文通》以前的中国语法研究：以主要研究成果为中心	许璧	延世大学	1992
"给"结构句相关研究	崔炳惪	高丽大学	1992

文献名称	著/编/译者	发行处	发行年
上古汉语第一人称代词"予"的出现条件问题	西山猛	韩国中国语文学会	1992
《世说新语》被动句研究	李炳官	中国语文学研究会	1992
欧洲的中国语法研究	许璧	延世大学	1992
汉语补语发展	林庆姬	中斋张忠植博士《华甲记念论丛》刊行委员会	1992
汉语的句型相关考察	이형호	韩国中文学会	1992
现代汉语被动句研究	南昶铉	延世大学	1992
现代汉语使动句的直接使动与间接使动	金德圭	朝鲜大学	1992
现代汉语否定副词小考	朴起用	成均馆大学	1992
现代汉语语法研究	许成道	首尔	1992
现代汉语语法	孟柱亿	青年社	1992
韩汉对比分析：以动作动词为中心	许成道	二重言语学会	1992
"有所"的词汇化研究	柳东春	韩国中国语文学会	1993
汉语动词分类研究史小考	朴锺汉	学古房	1993
关于现代汉语程度补语的解析	李相度	学古房	1993
现代汉语形容词与论项	吴文义	学古房	1993
《论语》《孟子》的"为"结构句研究	郑寓仁	成均馆大学	1993
《左传》祈使句中否定词用法考察	白恩姬	韩国中国语文学会	1993
《马氏文通》以后的中国语法研究：尤以 1898—1937 年间的论著为中心	许璧	延世大学	1993
古代汉语的被动句研究	任炳权	成均馆大学	1993
古代汉语比较句的句型分类试论	임병권	韩国中文学会	1993
古代汉语被动句的目的语	任炳权	韩国中语言语学会	1993
古汉语否定语"不"的否定样相	韩学重	忠清中国学会	1993
关于古汉语的否定语"无"及其同义词的词性及概念相关考察：对于"无指代词"意见的再检讨	韩学重	岭南中国语文学会	1993
汉语类义动词研究：以"想、以为、认为、觉得"为主	李垣暻	淑明女子大学	1993

文献名称	著 / 编 / 译者	发行处	发行年
关于汉语词类的划分	陆俭明 著，김현철 译	延世大学	1993
汉语句群内部的组合方式研究	郑国富	大邱大学	1993
现代汉语"把字句"研究	朴建荣	中国语文学研究会	1993
现代汉语"不""没（有）"的否定范围小考	朴起用	成均馆大学	1993
现代汉语情貌助词"着"和"了"的纠缠	李小凡	中国人文学会	1993
汉语动补结构复合动词在韩语中的吸收与演变	정일	木浦大学	1993
中日两国语言助动词比较	임숙주	顺天乡大学	1993
关于汉语助动词的考察：中日两国语言的助动词比较	林淑珠	京畿大学	1993
《左传》的否定词"莫"字考	白恩姬	韩国中国语文学会	1994
古代汉语中名词的特殊用法	许璧	延世大学	1994
"给"字的使动用法	苗延昌	大邱大学	1994
"上、下"和"위，아래"的对比	崔健	大邱大学	1994
先秦汉语中表示起点的介词研究	吴瑛植	岭南中国语文学会	1994
中国大陆的现代汉语语法发展	郑仁淑	岭南中国语文学会	1994
汉语动词谓语句的主语辨别	林庆姬	檀国大学	1994
中国语文学研究史长编（23）：中国大陆的现代汉语语法学的发展	정인숙	岭南中国语文学会	1994
汉语把字句研究	朴建荣	延世大学	1994
汉语动貌体系研究	장태원	台湾大学	1994
汉语零照应研究	白水振	岭南中国语文学会	1994
汉语词类活用述评	郭成韬	中国语文学研究会	1994
由汉字词语源与固有词派生标记构成的国语词干形成研究	이현주	韩国精神文化研究院	1994
现代汉语"把"字句与兼语句的对称性研究	박건영	延世大学 / 中国语文学研究会	1994
现代汉语动词的使动用法	苗延昌	岭南中国语文学会	1994

文献名称	著/编/译者	发行处	发行年
现代汉语方向介词研究	최병덕	高丽大学	1994
现代汉语重叠形式的语法功能研究	金椿姬	延世大学	1994
现代汉语形容词研究	吴文义	首尔大学	1994
现代汉语兼词研究	徐明济	延世大学	1994
现代汉语趋向补语研究：以"起"类、"上"类、"下"类为主	卞贵南	岭南大学	1994
《左传》与《国语》中出现的"为"的用法研究	刘性银	延世大学	1994
"不+能+没（有）+Vp1+就+Vp2"构式研究	全炯俊	韩国中国语文学会	1995
汉语宾语研究 1	金铉哲	中国语文学研究会	1995
关于普通话"给"的用法及其统辞特征考察	朴正九	学古房	1995
《睡虎地秦简》的兼语句研究	崔南圭	岭南中国语文学会	1995
甲骨文的结构研究：以（S）OV句为中心	신근화	淑明女子大学	1995
结果补语的表述对象	崔圭钵	圆光大学	1995
跟序数词相关的几个句式	崔健	韩国中国语文学会	1995
先秦汉语并列连词"及"字的用法考察	吴瑛植	韩国中国语文学会	1995
述补构文的偏正关系与"向"概念	崔圭钵	高丽大学	1995
语法研究与三个平面理论	韩学重	岭南中国语文学会	1995
疑问句句末语气词功能与特性研究：以《论语》为主	李康齐	韩国中国语文学会	1995
汉语复合词与最少语法单位	李荣奎	韩国中语言语学会	1995
汉语中前提的否定及否定的焦点	朴德俊	韩国中国语文学会	1995
汉语祈使句研究	闵载泓	延世大学	1995
现代汉语句子修饰副词的描述性考	김종호	韩国中语中文学会	1995
现代汉语中的"前提"	朴锺汉	加图立大学	1995
现代汉语中的约束及语义解析	朴锺汉	韩国中国语文学会	1995
现代汉语否定副词研究	박기용	成均馆大学	1995

文献名称	著 / 编 / 译者	发行处	发行年
现代汉语 ABB 式重叠形容词小考	吴文义	韩国中国语文学会	1995
现代汉语疑问句研究	배제영	韩国外国语大学	1995
现代汉语 "V-（NP）-P-NP" 结构的分析	朴正九	韩国中国语文学会	1995
现代汉语介词词组与否定词 "不" 的分布关系	朴正九	韩国中国语文学会	1995
现代汉语受事主语句的句法与语义功能	周翠兰	檀国大学	1995
韩汉空间方位词的隐喻散论	崔健	首尔大学	1995
《左传》句末虚词 "矣" 用法考察	白恩姬	韩国中国语文学会	1996
"个个" "一个个" "一个一个" 的句法特征与语义特征分析	权应相	韩国中国语文学会	1996
宾语的漂移	陈妹金	学古房	1996
兼语结构与介词结构之间	朴正九	韩国中国语文学会	1996
古代汉语 "有以" "无以" 句分析	吴瑛植	韩国中国语文学会	1996
古代汉语动宾关系研究：以《淮南子》为中心	朴赞京	首尔大学	1996
关于 "动词+趋向补语" 方向价的类型及位移句句型的建立	齐沪扬	中国语文研究会	1996
"有" 字句与存现句的篇章比较	周翠兰	韩国外国语大学	1996
疑问词特征吸收的方法	李斗源	忠州大学	1996
汉语内嵌句的不确定性	朴英绿	韩国中文学会	1996
王念孙《广雅疏证》的叠语研究	崔南奎	岭南中国语文学会	1996
汉语主题与句首	이장호	高丽大学	1996
汉语的助动词	朴正九	韩国中国语文学会	1996
汉语被动句的分类与其特点	金允经	忠清中国学会	1996
现代汉语 "兼语句" 的类型研究：关于类型的扩张	朴建荣	中国语文学研究会	1996
关于现代汉语程度副词与谓语的共现关系	金琮镐	韩国外国语大学	1996
现代汉语存现句研究	황선복	釜山大学	1996

文献名称	著 / 编 / 译者	发行处	发行年
现代汉语欧化语法	罗敏球	韩国外国语大学	1996
关于现代汉语"副词连用"	金琮镐	中国语文学研究会	1996
现代汉语补语研究	전숙경	京畿大学	1996
现代汉语单音节形容词与动词的结合样相研究	林娅炫	首尔大学	1996
现代汉语方向补语研究	金景儿	公州大学	1996
现代汉语量词考察	한윤정	京畿大学	1996
现代汉语的语气助词研究	李厚一	京畿大学	1996
20 世纪中国语法学的继承与发展样相小考：以主要语法书籍及其中的词类划分为中心	金铉哲	中国语文学研究会	1996
论汉语主谓谓语句：兼与韩语一般主谓句式对比	张旭	忠清中国学会	1996
中韩语法中虚词比较试论：以"对、对于、关于、至于"为中心	강충희	高丽大学	1996
韩中语序对比与作文分析	宇仁浩	韩国外国语大学	1996
关于通时的韩中对比研究的考察	李相度	韩国外国语大学	1996
汉语名词句的（非）限定性表达与主题	李彰浩	中国语文研究会	1997
"向"介词构造研究	崔炳愿	中国语文研究会	1997
现代汉语单词与句区分	金镇浩	中国文化研究会	1997
"把"字歧义句及其相关句式	萧奚强	中国语文学会	1997
《红楼梦》中"vp-neg-vp、可 vp 与 vp 吗"问句的多角度考察	萧奚强	学古房	1997
甲骨对贞卜辞的省略句型探究	孙叡彻	岭南中国语文学会	1997
古代汉语的双重目的句研究	李滢镐	济州大学	1997
句法的象似性：处所状语和处所宾语	崔健	首尔大学	1997
近代中国语的语法现象：《百喻经》中"谓"类动词用法	유영기	国际禅武学会	1997
论语"于"字研究：以前十篇为主	김혜경	忠清专门大学	1997
论汉语词语选择搭配的若干动态趋向	한려화	岭南中国语文学会	1997

文献名称	著/编/译者	发行处	发行年
状语问题研究	郑仁淑	上海师范大学	1997
试论"意义上的被动句"构成成分的特性	周翠兰	庆熙大学	1997
汉语"到-名词句-来/去"句式的分析	朴正九	韩国中语言语学会	1997
"太+形容词"及相关格式	朱景松	岭南中国语文学会	1997
句法制约界限问题考察	박강희	新英语会话研究社	1997
"把"字句的结构与意义特征考察	林淑珠	京畿大学	1997
现代汉语"动词+动词+看"句研究	金琮镐	韩国中语中文学会	1997
现代汉语中"给"相关研究	权敬惠	东国大学	1997
现代汉语样相副词"大概"与"也许"比较研究	姜柄圭	首尔大学	1997
现代汉语目的格研究	金铉哲	忠清中国学会	1997
现代汉语动作类二价动词探索	戴耀晶	韩国中语言语学会	1997
现代汉语使动句研究	金允经	韩国中语言语学会	1997
韩语定语与汉语定语的对比及韩语长定语的汉译法	许维翰	中韩人文科学研究会	1997
汉语助词"了"与韩语过去时态词尾对应关系比较研究	강충희	高丽大学	1997
甲骨文否定词探究	孙叡彻	韩国中国语文学会	1998
关于现代汉语重义现象：以语法重义现象为中心	金琮镐	学古房	1998
关于《翻译老乞大》的助词"了""来""也"的意义与语法功能	金光照	韩国中国语文学会	1998
"使"的词性特征	苗延昌	大邱大学	1998
从《训世评话》看汉语的语序问题：以"把"字句为中心	李义活，박종연	大邱晓星加国立大学	1998
粘宾动词考	金昌吉	岭南中国语文学会	1998
古代汉语语气词连用研究	李康齐	韩国中国语文学会	1998
关于古代汉语"何（以）XP为"研究	이강재	韩国中语言语学会	1998

文献名称	著 / 编 / 译者	发行处	发行年
"态"与汉语的结果补语: 以情况"态"为中心	李彰浩	韩国中语中文学会	1998
状语选择制约	郑仁淑	中国语文研究会	1998
宋、元、明、清时期"把/将"字句研究	이성란	北京大学出版社	1998
依语法意义的现代汉语目的语分类样相研究：以施事、受事目的语为中心	金铉哲	韩国中语中文学会	1998
引称谚语的冠词考察	洪董植	中国语文研究会	1998
汉语"教学语法"体系比较研究	류기수	韩神大学	1998
汉语"动补结构"的历时性研究	刘永基	韩国语言学会	1998
汉语动补复合词的内部结构与外部功能	朴正九	中国人文学会	1998
汉语句子分析方法的初步考察	朴庆姬	韩国中国学会	1998
汉语前置词研究	朴正九	中国语文学会	1998
管辖与约束理论及北京话的主语问题	김광조	韩国中语言语学会	1998
把字句及其历史演变研究	모혜연	梨花女子大学	1998
汉语中处置句变迁考（2）：以"将"字句为主	李鎭英	中国语文学研究会	1998
汉语中处置句的语序研究	李鎭英	岭南中国语文学会	1998
现代汉语"使"字句的统辞特征	苗延昌	岭南中国语文学会	1998
现代汉语宾语的定义及区分界线问题	金铉哲	中国语文研究会	1998
现代汉语"把字句"动词前后成分相关考察	愼俊浩	高丽大学	1998
现代汉语与现用韩国汉字词动词的对比研究：以韩国小学教育用汉字词动词为中心	崔金丹	成均馆大学	1998
现代汉语方言词的收容样相	孙庆玉	中国学研究会	1998
现代汉语时制研究	郑素英	梨花女子大学	1998
现代汉语量词研究	表长民	庆星大学	1998
现代汉语助词研究	李根孝	庆星大学	1998

文献名称	著/编/译者	发行处	发行年
现代汉语"给"字句的否定句研究：以否定的范围为中心	김덕균	朝鲜大学	1998
现代汉语"不"的统辞、意味、语用特征研究	장영희	成均馆大学	1998
现代汉语"使"字句研究	苗延昌	首尔大学	1998
现代汉语补语分类再考	朴正九	韩国中语言语学会	1998
现代汉语"使"句法结构研究	苗延昌	首尔大学	1998
现代汉语双宾语句研究	金铉哲	中国语文学研究会	1998
现代汉语表示终点的介词研究：以"朝、到、往、向"为主	朴德俊	首尔大学	1998
现代汉语"比"字句研究	사은영	延世大学	1998
互向动词及其构成的句式	김진아	复旦大学	1998
现代汉语西欧化语法概论（Ⅱ）	박기현	韩国外国语大学	1998
韩汉动词语汇与统辞现象比较	李英兰	京畿大学	1998
汉语与韩语的语法特征对比研究	박종한	韩国外国语教育学会	1998
汉语"给"与韩语"에게"的比较研究	李和泳	韩国中国文化学会	1998
先秦汉语"γ"系疑问词研究	白恩姬	韩国中国语文学会	1999
现代汉语双音节形容词"AABB"式重叠条件	吴文义	韩国中国语文学会	1999
试论"怎么"疑问句：以原因质问和方法质问为中心	이창호	中国语文研究会	1999
关于"有NP"结构的词汇化考察	박종한	韩国中语中文学会	1999
《论语》介词研究	边滢雨	韩国中文学会	1999
《荀子》代词研究	金大焕	复旦大学	1999
《祖堂集》否定词之逻辑与语义研究	张皓得	国立政治大学	1999
论《老乞大》与《朴通事》的名词	刘性银	中国语文学研究会	1999
概说现代汉语的动词	林淑珠	京畿大学	1999
关于共范畴分类	공동기	汉阳女子大学	1999
关于动宾式"离合词"的句法功能	周翠兰	韩国中语言语学会	1999
谈谈疑问代词"哪里（哪儿）"	金兰美	韩国外国语大学	1999

文献名称	著/编/译者	发行处	发行年
唐宋禅宗语录中的几个语气助词	송인성	岭南中国语文学会	1999
动词和"不""没"的选择关系	金惠林	中国语文学会	1999
矛盾、反对以及"确定反对"与"不确定反对"：现代汉语否定词的语法理论	张皓得	韩国中语中文学会	1999
从病句来看现代汉语虚词的重要性	김진아	韩国外国语大学	1999
首尔地名的汉语标记小论	김종범	大韩地方行政共济会	1999
禅宗语录《祖堂集》中否定词"未"的用法研究	张皓得	东义大学	1999
连续貌"着"的历史演变研究	张泰源	岭南中国语文学会	1999
汉语结果补语结构中的补语位置变动和宾语问题	崔圭鉢	高丽大学	1999
关于汉语完句成立要素的层次性考察	金廷恩	韩国中语言语学会	1999
汉语语法学100年史述评（下）	李炳官	中国语文学研究会	1999
汉语基本语序考察	강병규	空军士官学校	1999
汉语的省略现象研究：以动词谓语句为中心	郑润哲	韩国外国语大学	1999
现代汉语方位词的空间系统研究：以"上"型和"里"型为中心	朴奇淑	中国语文论译学会	1999
现代汉语词序决定要因考察	南宫良锡	中国语文研究会	1999
现代汉语连词研究	李廷元	东国大学	1999
现代汉语反身代词"自己"相关考察	李恩洙	高丽大学	1999
关于现代汉语的介词句与否定词之间的顺序关系相关研究	金玧廷	韩国外国语大学	1999
现代汉语介词"对"研究	孙多玉	全北大学	1999
现代汉语句法重义现象研究	安敬恩	诚信女子大学	1999
现代汉语外来语法分析：以王蒙《春之声》为主	罗敏球	韩国外国语大学	1999
现代汉语主语、宾语同一句型研究	金铉哲	中国语文学研究会	1999
现代汉语方位词的空间系统研究	박기숙	中国语文论译学会	1999

文献名称	著 / 编 / 译者	发行处	发行年
现代汉语的宾语问题再认识	金铉哲	韩国中语言学会	1999
现代汉语宾语研究	金铉哲	延世大学	1999
现代汉语"们"字的用法	宋眞喜	中国语文研究会	1999
现代汉语短语研究	김진우	上海师范大学	1999
现代汉语无标时制句的分类及其时制隐含	李铁根	韩国中国言语学会	1999
现代汉语完句成分研究	김정은	复旦大学	1999
现代汉语的时制系统与"了、着、过"的表时功能	李铁根	首尔大学	1999
汉语量词研究：从字义考察量词的类型研究	박현선	京畿大学	1999
现代汉语介词"对"研究	孙多玉	全北大学	1999
现代汉语离合词相关研究：以动宾关系离合词的相关造词与统辞分析为中心	李玹埙	韩国外国语大学	1999
汉语结果补语研究：与韩语语尾的对比	尹芳烈	中国语文学会	1999
现代韩中两种语言的主观性程度表达副词的用法对比分析	金琮镐	中国语文学研究会	1999
现代韩汉两种语言的主观性程度	金琮镐	中国语文学研究会	1999
汉语语法学 100 年史述评（上）	李炳官	中国语文学研究会	1999
矛盾、反对、时间：空间的汉语不定词具现样相	张皓得	大韩中国学会	2000
敦煌变文代词研究	李炳官	中国语文学研究会	2000
现代汉语祈使句的量范畴：以祈求、祈使句为主	이선희	中国语文学会	2000
汉语的语气及其类型相关研究	이강재	中国语文学会	2000
汉语方位词研究	尹芳烈	中国语文学会	2000
现代汉语"ABAB"型动词重叠式研究	金铉哲	中国语文学会	2000
关于"（很）VP"结构的词汇特征实证研究	朴锺汉	韩国中国语文学会	2000

文献名称	著 / 编 / 译者	发行处	发行年
《论语》的语法理解	이세동	岭南中国语文学会	2000
《礼记》句子及主语研究	이우철	北京师范大学	2000
"有 –NP–VP" 结构	朴正九	中国语文研究会	2000
《老乞大》《朴通事》语法研究	류성은	延世大学	2000
《史记》与《三国史记》的量词比较研究	허성무	延世大学	2000
《训世评话》中的被动句研究	禹在镐、朴锺渊	岭南大学	2000
"NP1 + 被（+NP2）+ VP + NP3" 研究	金允经	岭南中国语文学会	2000
古代汉语造词法研究	梁世旭	首尔大学	2000
"给" 字句类型分析	崔圭钵	中国人文学会	2000
论 "介宾结构作补语说"	金钟赞	岭南中国语文学会	2000
论出土文献中的介词 "于"：从春秋到前汉时期	姜允玉	韩国中语中文学会	2000
对结果宾语的初步分析探讨	王秀珍	天安大学	2000
分类词语言与分类词的类型	우형식	釜山外国语大学	2000
"使" 和目的复句	苗延昌	中国语文研究会	2000
常用文言虚字用例注释 7：以 "凡、卒、即、耶、更、宁、奚、岂" 字的语法功能为中心	宋昌基	国民大学	2000
西学东渐与中韩语法学的建立：以《马氏文通》和《大韩文典》为中心	陈榴	岭南中国语文学会	2000
宋代文献的 "把" 字句	李成兰	釜山大学	2000
情态与时态	朴宰承	韩国外国语大学	2000
汉语 "了" 的语法机能与用法考察	金智媛	檀国大学	2000
汉语 "V+ 结果补语" 的特性：通过 "V+ORV C" 句法结构的翻译样式	李彰浩	中国语文研究会	2000
汉语虚化的原理与条件	朴正九	韩国中语言语学会	2000
汉语 "相" 体系考察	郑惠婉	梨花女子大学	2000
统制理论下的复合谓语 1	黄正德 著，李彰浩 译	中国语文论译学会	2000

文献名称	著/编/译者	发行处	发行年
"把"字句历史演变研究	张泰源	韩国中语中文学会	2000
汉语趋向动词系统及系统中某些问题的考察	신승희	华中师范大学	2000
汉语和韩国语动词定语时制的比较	李铁根	岭南中国语文学会	2000
现代汉语"V得/不C"结构研究	이우철	韩国中语中文学会	2000
现代汉语"得"字的用法研究：以结构助词"得"字为中心	金恩玲	庆熙大学	2000
现代汉语动介词结构的宾语出现制约研究	李东美	高丽大学	2000
现代汉语比较句考察	洪哲晙	东国大学	2000
现代汉语的使动表现研究	朴美贞	中国语文学研究会	2000
现代汉语结果补语句的格交换现象	김덕균	韩国中语中文学会	2000
现代汉语"AA"型动词重叠研究	金铉哲	中国语文学研究会	2000
现代汉语的"没""有"与相	张皓得	岭南中国语文学会	2000
关于现代汉语主语与主题研究	이민숙	梨花女子大学	2000
现代汉语"是"字句研究	서희명	复旦大学	2000
现代汉语简单动结式述补结构研究	闵松	釜山大学	2000
现代汉语研究	曹喜武	朝鲜大学	2000
现代汉语连动句研究	송공희	复旦大学	2000
伴随现代汉语宾语的自动词研究	李南京	延世大学	2000
现代汉语时态研究	김소현	延世大学	2000
现代汉语"得"字用法研究：以结句助词"得"字为中心	김은영	庆熙大学	2000
韩汉比较程度副词"더"类与"更"类的统辞对比分析	金综镐	韩国中语言语学会	2000
现代汉语量词与韩语单位名词的对比研究：以常用汉语量词为中心	宋文丽	成均馆大学	2000
汉语量词研究：以与韩语的比较为中心	李恩敬	梨花女子大学	2000
汉语光杆动词考察：从中英文比较的角度	金映奭	东国大学	2000

文献名称	著 / 编 / 译者	发行处	发行年
"使"和目的复句	金垠希	韩国中国语文学会	2001
"形容词 + 点儿 / 些"句的结构研究	吴锺林	韩国中国语文学会	2001
用作程度补语的双音节动词	沈南淑	韩国中国语文学会	2001
《论语》疑问句研究	李宗澈	延世大学	2001
《论语·学而》语法分析	한학중	岭南中国语文学会	2001
《祖堂集》代词"他"的通格结构研究	任炳权	韩国中文学会	2001
《祖堂集》"把"字句分析	尹锺极	高丽大学	2001
《训世评话》语法研究	朴锺渊	岭南大学	2001
介词"到"的研究	金钟赞	韩国中文学会	2001
《老乞大》《朴通事》语法研究	유성은	延世大学	2001
"有 –NP–VP"结构研究	朴正九	韩国中国语文学会	2001
《说苑》中动词"问"的用法	임명화	韩国中语中文学会	2001
从《祖堂集》看中国语被动句的变迁机制	张皓得	檀国大学	2001
A 是 A 格式	徐希明	韩国中语言语学会	2001
"看起来""看上去"比较分析	李英姬	韩国中语言语学会	2001
甲骨文副词研究	元信媛	淑明女子大学	2001
兼语句 V_2 的意义特征	苗延昌	大邱大学	2001
唐宋时期新兴被动句	崔宰荣	韩国中语言语学会	2001
《碧岩集》疑问句研究	안연주	釜山大学	2001
试探析动宾离合词的扩展因素	周翠兰	中国语文学研究会	2001
双宾动词的确定与再分类	金兰美	中国语文学研究会	2001
魏晋南北朝小说句类研究	이화범	南京大学	2001
"一点儿"与"有点儿"用法比较	李炳官	中国语文学研究会	2001
情态助动词"会""应该"的否定式研究	宋永圭	中国语文论译学会	2001
汉语再归词研究	朴炫俊	延世大学	2001
陈述、指称类现代汉语"得"字补语句研究	金允经	韩国中语言语学会	2001

文献名称	著 / 编 / 译者	发行处	发行年
统制理论下的复合谓语 2	黄正德 著，李彰浩 译	中国语文论译学会	2001
"把"与"把"字句：关于"把"字句的形成因素与类型	林毓萍	同德女子大学	2001
被字句中"被"后 NP 的隐现	金允经	韩国中国文化学会	2001
韩语时间副词在汉语中的两种性质的分析	이영희	韩国中语中文学会	2001
韩语"比"字句和汉语"比"字句的差异	金恩姬	韩国中语中文学会	2001
汉语"词类多功能说"质疑	李厚一	中国语文学研究会	2001
汉语词类与语法功能探讨	李荣奎	韩国中语言语学会	2001
现代汉语三价动词小考	全其廷	中国语文研究会	2001
现代汉语副词研究：以副词间共现时的语序关系为中心	梁美淑	釜山大学	2001
现代汉语被动表现研究	이기영	庆熙大学	2001
现代汉语使动句研究	朴美贞	中国语文学研究会	2001
现代汉语的修饰结构双音节复合词研究	闵载泓	中国语文学研究会	2001
现代汉语程度表现类型研究	정은영	圆光大学	2001
关于现代汉语形式动词"加以"	金善雅	中国语文学研究会	2001
现代汉语的介词研究	崔爱正	庆星大学	2001
现代汉语短语与句子的差异小考：以各种语气为中心	金鎭宇	中国语文研究会	2001
现代汉语复合趋向补语"起来"	崔炳德	忠北大学	2001
现代汉语时相标志"了"考察	李恩洙	中国语文研究会	2001
现代汉语程度副词比较研究：以"很、太、挺、非常"为主	金铉哲	中国语文学研究会	2001
现代汉语他动词、自动词区分问题试论	金铉哲	中国语文学研究会	2001
现代汉语的补语问题	李彰浩	中国语文学研究会	2001
现代汉语双音节形容词重叠形式研究	李荣奎	韩国中语中文学会	2001
现代汉语"把"字句分析中诸问题	朴建荣	清州大学	2001

文献名称	著 / 编 / 译者	发行处	发行年
现代汉语"了"在韩国语中的对应：以时态语法范畴为中心	罗远惠	中韩人文科学研究会	2001
现代汉语"谁"用法的统计分析	李厚一	中国语文学研究会	2001
现代汉语时体标记"了"的语义分析	戴耀晶	韩国中国语文学会	2001
现代汉语语序研究：以信息与焦点结构为中心	南宫良锡	高丽大学	2001
现代汉语连动句研究	김이경	成均馆大学	2001
汉语语法的分析型理解	白恩姬	岭南中国语文学会	2001
现代汉语方向补语研究：以"上"和"下"的语义为中心	곡효운	延世大学	2001
现代汉语结果补语的宾语出现限制要素考察	조정훈	圆光大学	2001
程度补语句的双音节谓语动词研究	沈南淑	首尔大学	2001
"的"字句意义解释：以韩汉对比为中心	金琮镐	中国语文学研究会	2001
韩国语副词的汉语表现方式研究	南珠景	首尔大学	2001
"被"的语法化研究	김윤정	语篇认知语言学会	2002
《论语》使动句研究	李滢镐	韩国中文学会	2002
《孟子》的主语研究	金靖雅	成均馆大学	2002
50 年代中国大陆的语法研究	许璧	延世大学	2002
"A 里 AB 式"词语结构功能刍议	이국혜	龙仁大学	2002
甲骨文数词、量词研究	高恩淑	淑明女子大学	2002
客观的时间、时间的表达及汉语的时制特点	李铁根	中国语文学会	2002
表示经验的"过"的语法意义研究	张泰源	岭南中国语文学会	2002
关于动词后面成分问题的思考	金铉哲	中国语文学研究会	2002
唐宋禅宗语录的几种口语助词	宋寅圣	中国语文研究会	2002
从对比语言学的层面看朝鲜汉字词的结构特征	태평무	国立国语研究院	2002
与"对"字句共现的二价名词研究	李英雨	高丽大学	2002

文献名称	著/编/译者	发行处	发行年
动宾复合词的词性与句法研究	주취란	檀国大学	2002
"了"用法研究	林庆姬	中国学研究会	2002
模态副词句法语义分析	肖奚强	中国语文学会	2002
范围副词各小类的研究	韩容洙	韩国中语言语学会	2002
副词"都"的产生和发展	武振玉	岭南中国语文学会	2002
"不""没（有）"的时间性考察	李铁根	中国语文学研究会	2002
具有"不可能"意义的"不"考察	이우철	岭南中国语文学会	2002
"渐渐""逐渐"和"逐步"的用法比较浅谈	柳多利	岭南中国语文学会	2002
汉语"来"和"去"的意义扩张现象考察	정윤철	中国学研究会	2002
减少汉语"V+NP1+的+NP2"结构模式的暧昧性	최정	韩国信息科学会	2002
汉语单词结合问题	宋美铃	中国语文学研究会	2002
汉语动词结果句中结果补语与宾语的关系	文盛哉	韩国中国语文学会	2002
汉语介词句的分布特征	朴正九	韩国中文学会	2002
汉语语法著作的翻译一考	이창호	中国语文论译学会	2002
汉语的主语与主题：主语研究与主题接近	李昌浩	中国语文研究会	2002
基于统计的汉语语块分析	刘芳	韩国语信息学会	2002
韩中汉语使用者在"这一""那一"使用上的异同点	梁敬美	韩国外国语大学	2002
汉语补语考察	朴贤美	京畿大学	2002
汉语"N+们"句的几点考察	박상령	韩国中文学会	2002
汉语句法在春秋战国时代的若干发展：以出土文献为主	강윤옥	中国语文学研究会	2002
汉语数量补语构造研究	尹芳烈	首尔女子大学	2002
现代汉语动词形容词的重叠现象研究	崔玉京	成均馆大学	2002
现代汉语"了1""了2"关联性研究：以体貌的同一性为中心	白知永	韩国外国语大学	2002

文献名称	著 / 编 / 译者	发行处	发行年
现代汉语述补句的配价研究	郑僖廷	高丽大学	2002
现代汉语时制结构与语义	宋和妍	韩国中国文化学会	2002
现代汉语量词研究	金和贞	圆光大学	2002
现代汉语助动词的范围设定研究	张爱京	成均馆大学	2002
现代汉语无标志目的关系句研究	金儿英	韩国中国语文学会	2002
关于现代汉语的区别性特征的探讨	李海雨	中国语文学研究会	2002
现代汉语的连词省略复句研究	이수진	釜山大学	2002
现代汉语的主谓谓语句研究	申美燮	岭南大学	2002
现代汉语"V+给"结构研究	이진희	公州大学	2002
现代汉语兼语句研究	최에스터	成均馆大学	2002
现代汉语语气副词研究	洪恩善	成均馆大学	2002
关于现代汉语冠形词后置小考	李禾范	韩国中语言语学会	2002
现代汉语动词重叠研究：以统辞、意味、活用特征为主	姜景美	成均馆大学	2002
现代汉语同形词的语法差异分析	金鎭浩	韩国中文学会	2002
现代汉语祈使句研究：以主语和呼语为主	朴恩石	首尔大学	2002
现代汉语复合趋向补语"下来"	崔炳德	忠北大学人文学研究所	2002
现代汉语副词研究：以否定副词"不""没（有）"为主	장현숙	大邱大学	2002
现代汉语使动句研究：以有标识使动句为主	朴珉秀	庆熙大学	2002
现代汉语"相"之诸问题考察	崔圭鉢	高丽大学	2002
现代汉语语气助词"了"活用的研究	孙美莉	清州大学	2002
关于现代汉语支配式离合单位的语法特征考察	金芝英	中国语文研究会	2002
现代汉语形式动词研究	金善雅	延世大学	2002
现代汉语形容词重叠研究	尹相姬	成均馆大学	2002
现代汉语使动表现研究	朴美贞	延世大学	2002
现代汉语省略连词的复句研究	이수진	釜山大学	2002

文献名称	著/编/译者	发行处	发行年
现代汉语程度副词研究	赵吉	延世大学	2002
现代汉语"给"字研究	孟柱姬	公州大学	2002
现代汉语介词与连词的界线区分研究：以"跟、和、同、与"为主	朴美英	成均馆大学	2002
现代汉语趋向补语研究：以"上"组"下"组"起"组为主	金志宣	成均馆大学	2002
现代汉语动词分类研究	곽동순	庆星大学	2002
现代汉语中常用的表示比较的词语	김은희	中国语文学研究会	2002
汉语"形容词/心理动词+得+补语"的韩语对应语法分析	姜春华	中国语文学研究会	2002
韩中否定词的统辞、意味论模式比较研究	张皓得	岭南中国语文学会	2002
韩汉功能动词概观	朴起贤	韩国外国语大学	2002
韩汉关系词研究	장훠녀	上海师范大学	2002
结果补语与其对应的韩语成分研究	金记范	韩国外国语大学	2002
《翻译老乞大》中出现的汉语标记法的历时理解	이정일	韩国语文化研究学会	2003
汉语补语相对应汉语成分的位置问题	金琮镐	中国语文学研究会	2003
现代汉语"得"字句研究	金允经	中国语文学研究会	2003
现代汉语动作动词研究	金善雅	中国语文学研究会	2003
"给"字句的语义与句法特征研究	林庆姬	中国学研究会	2003
"有"是形式动词吗?	孙庆玉	中国语文研究会	2003
试论汉语 X-bar 形态论	李珠和	中国语文学研究会	2003
现代汉语句中副词与句末助词"了"的相关关系考察	柳己洙	韩国外国语教育学会	2003
现代汉语介音的特征与标记相关考察	李海雨	中国语文学研究会	2003
《荀子》中第一人称代词的比较分析	金大焕	中国语文学会	2003
"不+能+没（有）+Vp1+就+Vp2"构式研究	彭利贞、宋永圭	中国语文研究会	2003
离合词 AB 离析后后项成分 B 的句法性质	王海峰、王铁利	中国语文学会	2003

文献名称	著／编／译者	发行处	发行年
现代汉语"看"类动词的选择与活用	朴胤朝	中国语文学会	2003
关于形式动词的宾语选择相关分析：以韩中问卷调查为中心	金善雅	中国语文学会	2003
二重目的语构文述语动词考察	全基廷	岭南中国语文学会	2003
没有连词的汉语对等并列句认识	김미훈	韩国信息科学会	2003
"有"字比较句及其配价分析	김은희	中国语文学研究会	2003
关于《老乞大》中后置词	慎镛权	岭南中国语文学会	2003
通过《老乞大》的再版看中国语的语法变化样相：以《旧本老乞大》与《翻译老乞大》为中心	량홍매	首尔大学	2003
《老乞大》和《朴通事》存在句的对比研究	王建军	大邱大学	2003
《荀子》"以"字用法研究	여병창	中国语文学研究会	2003
《荀子》中第一人称代词的比较分析	金大焕	中国语文学会	2003
关于《论语·为政》存现句解析的研究	姜信硕	中国语文学研究会	2003
《论语》《孟子》中出现的先秦时期疑问词小考	이종철	中国语文学研究会	2003
关于《论语·学而》存现句解析的研究	姜信硕	中国语文学研究会	2003
《缁门警训》中出现的"其"的用法考察	안재철	中国语文学研究会	2003
《古事记》中"非、不"的用字法研究	안희정	韩国日语语文学会	2003
甲骨文动词的生成原理研究	신하경	淑明女子大学	2003
介词"给"的用法考察	毛海燕	中国语文学研究会	2003
利用决策树的汉语复合名词认识	최정	韩国信息科学会	2003
古代汉语范围副词研究	李诚浩	首尔大学	2003
空间概念词"上"的语法化研究	白枝勋	韩国外国语大学	2003
关于动词终结点成分的小考	车英兰	韩国中国文化学会	2003
关于汉语的词序问题	范晓	岭南中国语文学会	2003
给予句的句法和语义分析	毛海燕	中国语文学会	2003

文献名称	著 / 编 / 译者	发行处	发行年
通过对比分析方式的汉语副词"才"的语法点研究：从母语为韩国语的汉语学习者的观点出发	朴庸鎮	中国语文学研究会	2003
动名词和兼类词的区别特征	朴重奎	中国人文学会	2003
"动宾式动词 + 宾语"现象的语汇统辞研究	곽민정	成均馆大学	2003
论基于表述组配的句模研究	서창화	中国语文学研究会	2003
关于几个中国语法用语的定义问题	김현철	中国语文学研究会	2003
方向补语"出来"句的宾语分布研究	金海庆	成均馆大学	2003
不用"得"连接的程度补语分析	강춘화	韩国中语中文学会	2003
"谁"字遍指用法初探	李厚一	中国语文学研究会	2003
基于意义分析的"把"字句再考	신지언	中国语文学研究会	2003
二重目的语构文宾语分析	전기정	中国语文学研究会	2003
助词"得"考察	李和暎	庆南大学	2003
减少汉语 "V+NP$_1$+ 的 +NP$_2$"结构模式构造上的暧昧性	최정	浦项工科大学	2003
汉语教学用语法用语研究	강영란	庆熙大学	2003
"把"字句和"被"字句中助词"给"用法小考	毛海燕	中国语文学会	2003
标准汉语语气助词考察	白恩熙	成均馆大学	2003
汉语"主观量"的表达研究	이선희	中国社会科学院	2003
汉语单动句时体表现法	朴重奎	中国语文学会	2003
汉语反身代词之功能与其演变研究	곽효운	中国语文学研究会	2003
汉语趋向动词研究的最新进展	宋眞喜	中国语文学研究会	2003
汉语判断表达方式简述	房永寅	庆南情报大学	2003
汉语形容词的语义属性与句法功能之相关性	林姃炫	韩国中国语文学会	2003
现代汉语"搞"类动词研究	赵恩琼	延世大学	2003
现代汉语 "V+N"连词分析	金世英	高丽大学	2003
现代汉语结果补语句的宾语出现制约	崔圭鉢	中国语文研究会	2003

文献名称	著/编/译者	发行处	发行年
现代汉语补语分类再考	정다정	仁荷大学	2003
现代汉语常用量词研究	徐永振	蔚山大学	2003
现代汉语"时态"的"普遍性"和"特殊性"研究	徐丙薰	忠南大学	2003
现代汉语量词研究	白海顺	京畿大学	2003
现代汉语的"汉语式主题句"研究	김세미	延世大学	2003
现代汉语补语研究	李珍	圆光大学	2003
现代汉语"有"字比较句研究	尹惠静	大邱大学	2003
现代汉语"给"的用法考察	全基廷	中国语文学会	2003
现代汉语动词的补语再考	이창호	韩国中国学会	2003
现代汉语复合趋向补语"下去"	崔炳德	忠北大学人文学研究所	2003
现代汉语副词研究：以"再、还、又"为主	权顺阳	大邱大学	2003
现代汉语先时性标志"了"	李恩洙	中国语文研究会	2003
现代汉语双宾语句研究	全基廷	高丽大学	2003
现代汉语动态存在句研究	李太允	成均馆大学	2003
现代汉语的主观量的逆转现象和语序变化	이선희	韩国中语言语学会	2003
现代汉语"看"类动词研究	박윤조	南京大学	2003
现代汉语"差比句"研究	사은영	中国社会科学院	2003
现代汉语"过去已然"标记	李铁根	中国语文学会	2003
现代汉语同义实词研究	이유만	天主教大学	2003
现代汉语补语研究	이금희	复旦大学	2003
现代汉语中"自己"位于主宾语位置上的照应关系研究	김종호	北京大学	2003
现代汉语"来"与"去"的虚化研究	윤유정	延世大学	2003
现代汉语名词同义语相关考察	정다정	仁荷大学	2003
汉语形容词的语法特征与功能：韩国的汉语形容词研究	卢顺点	顺天乡大学	2003

文献名称	著/编/译者	发行处	发行年
关于韩中口译笔译中复合句运用的偏误分析：以韩语连接句与汉语复合句比较为中心	金珍我	中国语文学研究会	2003
韩中两国语言否定结构对比研究	김영순	蔚山大学	2003
韩中两国《论语》中关于"之"字解释的比较研究	李锺汉	岭南中国语文学会	2003
现代韩语与现代汉语的时制对比研究	조영화	祥明大学	2003
汉语动宾式离合词的特征与用法研究：以与韩语的对应形式为中心	申铉子	东国大学	2003

5. 语义研究

文献名称	著/编/译者	发行处	发行年
汉语重义结构研究	朴德俊	学古房	1991
功能动词句的逻辑意义表现	이점출	中央大学	1992
现代汉语动词"来"与"去"的语法特征：以语义为中心	朴锺汉	圣心女子大学	1992
汉语兼语句式的语义分析	周翠兰	庆熙大学	1993
现代汉语方向动词"上、下"的统辞语义论研究	박종한	韩国中国语文学会	1993
影响汉语句子意思的因素	陆俭明	大邱大学	1994
现代汉语动词类义语的分析方法研究	朴锺汉	首尔大学	1994
现代汉语副词相关统辞、语义论的研究：以和谓语的共现关系为中心	金琮镐	延世大学	1994
状语语义平面考察	郑仁淑	岭南中国语文学会	1995
现代汉语动词类义语研究：以"希望"类动词为中心	金始衍	梨花女子大学	1995
谈双音节（V+N）结构的语义分类	제호양	高丽大学	1996
"把+NP"活用的意义：以"把"的主题标识功能为中心	张泰源	岭南中国语文学会	1996
汉语语义结构中的受事研究	김정은	复旦大学	1996

文献名称	著/编/译者	发行处	发行年
汉语话语中的转折	黄国营	庆尚大学	1996
韩汉动词与宾语的意义关系对比研究	朴德俊、朴锺汉	学古房	1996
关于模糊理论的几个基本问题	萧奚强	中国语文研究会	1997
古代汉语同义句变形考察	林明花	韩国中语中文学会	1997
现代汉语的工具格研究	金铉哲	中国语文学研究会	1997
补语表示"完结"的语义功能研究：以"好、完、到、着、上、下"为中心	李玟雨	首尔大学	1997
关于韩汉重义的小考	南宫良锡	中国语文研究会	1997
现代汉语结果补语的语义指向	崔圭钵	岭南中国语文学会	1998
现代汉语"OV"句型中"O"的语义角色研究	김현철	韩国中语中文学会	1998
汉语句子的歧义现象	임경희	韩国中语中文学会	1999
汉语语序转换的语义分析	임경희	檀国大学	1999
趋向动词"上"的语义探讨	신승희	中国语文学会	2000
古代汉语被动义传达体系及关联词的词性	安奇燮	中国语文学研究会	2000
汉语否定表达的语义分析	戴耀晶	中国学研究会	2000
汉语疑问句的语义分析	戴耀晶	中国语文研究会	2000
现代汉语形容词类义语研究：以"美"类形容词为中心	石敬喜	大邱大学	2000
"心理兼语句"的语义分析	金正必	岭南中国语文学会	2001
"把"字句类别意义分析	朴建荣	韩国中国文化学会	2001
汉语语义表达与重音	朴敬瑞	中国语文学研究会	2001
现代汉语方向补语研究：以"上"与"下"的语义为主	曲晓云	延世大学	2001
现代汉语"有/没有"的存在意念及相关问题	王玮	中国语文论译学会	2001
"好（不）容易"意义变化研究	김아영	中国语文学会	2001
现代汉语重义类型研究	金明子	学古房	2002
现代汉语被动句研究：以语义上的被动句为中心	노명주	韩国外国语大学	2002
现代汉语形式动词的语义相关试论：以"汉字词＋하다"等的对应样相为中心	金善雅	中国语文学研究会	2002
"就""才"句意义考察	李恩洙	中国语文研究会	2003

文献名称	著 / 编 / 译者	发行处	发行年
对"'V/A'＋'上来 / 上去'"结构的语义研究	陈明舒	首尔女子大学	2003
关于汉语表现连续的研究	임소연	庆北大学	2003
现代汉语色彩表达研究	김성우	圆光大学	2003
关于现代汉语使动用法的语义：以"给"为中心	朴美贞	中国语文学研究会	2003

6. 语用研究

文献名称	著 / 编 / 译者	发行处	发行年
汉语主题句研究	李炳官	韩国外国语大学	1987
汉语语序的制约原理："焦点"与"信息"	오종림	中国人文学会	1992
宋以前说话艺术探索：以唐代民间职业说话为主	金映植	韩国中国语文学会	1994
关于汉语与韩语的尊敬表现的比较研究：以称呼语和指称语为中心	梁伍鎮	韩国社会语言学会	1995
意义上的被动句在话语中的功能	周翠兰	中国现代文学研究会	1997
汉语谈话分析与"Thema-Rhema"的设定	张泰源	岭南中国语文学会	1997
韩日英汉的问候语比较研究	서정수	国际比较韩国学会	1998
汉语交际语的文化语义及其构成特征分析	金炫兑	中国人民大学	1998
韩语、日语、英语及汉语的问候语比较研究	서정수	国际比较韩国学会	1998
塞尔的指向性理论	서연주	东国大学	1999
汉语焦点研究	南宫良锡	中国学研究会	2000
言语交际的五项基本原则	金立鑫、康寔鎮	釜山大学	2001
古典汉语的话题化及借用语	梁世旭	韩国中国语文学会	2002
受事倒置句的统辞及语用考察	김정은	中国语文学研究会	2002
自然口语中话语标记"什么"的篇章功能	王海峰	韩国外国语大学	2002

文献名称	著/编/译者	发行处	发行年
韩语与汉语的语言行为对比分析：以赞扬及其反应为中心	郑茶韵	高丽大学	2002
现代汉语的话题的相关语用论研究	金琮镐	中国学研究会	2003
汉语的交际语言及文化观念相关考察	최성일	中部大学人文社会科学研究所	2003
汉语委婉语研究	崔惠眞	东国大学	2003
汉语中含蓄现象研究	이민우	韩国中国学会	2003
汉语依据语言行为的尊敬表达研究	강소영	梨花女子大学	2003
中文相近礼貌用语辨析	陈一	中国人文学会	2003
韩中谈话中的省略现象对比研究	윤경애	高丽大学	2003

7. 修辞研究

文献名称	著/编/译者	发行处	发行年
汉语听觉效果与作诗的基础	刘若愚 著，李章佑 译	现代诗学社	1975
《孟子》譬喻考	安秉均	韩国中国语文学会	1983
《文镜秘府论》的对偶论研究	权镐钟	岭南中国语文学会	1989
《赤壁之战》中的双关	金正起	高丽大学	1991
论现代汉语副词的文章修饰功能	金琮镐	学古房	1993
试谈《三国演义·三顾草庐》之修辞技巧	金正起	高丽大学	1993
汉语篇章衔接研究	백수진	远东学院	1994
论体文	金钟赞	安东大学	1994
韩语与汉语文章结构比较研究	郭秋雯	成均馆大学	1994
《三国演义》中三绝之夸饰研究	金正起	高丽大学	1996
《诗集传》赋比兴标记研究	李再薰	中国语文研究会	1996
唐诗修辞研究	李东郷	韩国中国语文学会	1996
李冶诗修辞技巧	柳喜在	岭南中国语文学会	1996
《水浒传》语言的形象美	金正起	中国语文研究会	1999
汉语修辞学研究近况（上）	高辛勇 著，李政林 译	中国语文论译学会	1999

文献名称	著 / 编 / 译者	发行处	发行年
关于汉语谐音使用小考	李载胜	庆南大学	2000
关于中国广告语言的修辞学考察及教学活用相关研究	문회선	梨花女子大学	2001
汉语语序修辞的表现	南宫良锡	中国语文研究会	2001
汉语口误研究	강미옥	中国社会科学院	2001
修辞学与中国语教育	罗敏球	中国学研究会	2001
中国文化中出现的谐音现象研究	李政玥	东国大学	2001
关于回归韩语的白话语研究	왕기맹	首尔大学	2001
难堪与挣脱：清乾嘉时期义理、考据、词章之争中的词章之学	漆永祥	中国语文论译学会	2001
古白话书面语体系的形成	郑莲实	韩国敦煌学会	2002
关于中文网络广告文案相关修辞学考察	金礼善	中国文化研究学会	2002
汉语和韩国语常见学校用语比较	张进军、陈一	中国语文学会	2002
现代汉语口语表现研究	赵阳眞	东国大学	2002
汉语修辞与语文教育	罗敏球、李济雨	中国语文论译学会	2002
《文心雕龙》中语言文字的艺术性活用论：以文艺语言的美感追求为中心	金民那	中国语文学会	2003
中国修辞学的比喻理论	李升薰	韩国中国语文学会	2003
现代汉语比喻体系与性质问题	宋美铃	中国语文学研究会	2003

8. 汉字研究

文献名称	著 / 编 / 译者	发行处	发行年
中国文字改革运动六十年史略	여동善	韩国外国语大学	1962
中国文字构成论	孔在锡	首尔大学	1966
中国文字的本义分化现象相关研究	卢东善	韩国外国语大学	1975
汉字的理解	孔在锡	檀国大学	1975
从文字政策来看汉字的特征	박종수	晋州教育大学	1976
中国文字学研究的三代基本论	金载雨	檀国大学	1976
汉字的理解 2	孔在锡	檀国大学	1976

文献名称	著/编/译者	发行处	发行年
"六书"效用考	崔完植	韩国中国语文学会	1978
韩日汉字音比较研究（1）：以更容易阅读日韩字音的方法为主	申容泰	西江大学	1980
汉字的理解 4：以字义和词义为主	孔在锡	岭南中国语文学会	1980
中国古代纪数文字考	金槿	韩国中国语文学会	1981
秦始皇的汉字统一及刻石	孔在锡	韩国中国语文学会	1981
汉字义符通变研究之三	韩耀隆	岭南中国语文学会	1981
俗字探源	董俊彦	岭南中国语文学会	1982
汉字的音训研究：以千字文为主	이대주	高丽大学	1982
汉字义符通变研究之四：竹部	韩耀隆	檀国大学	1982
汉字的特质	郑良树	岭南中国语文学会	1982
《说文解字》形声字结构考	윤석례	台湾大学	1983
甲骨研究概况	손예철	岭南中国语文学会	1983
汉字义符"彳"之通变研究	韩辉隆	岭南中国语文学会	1984
汉字义符"广"之通变研究	韩辉隆	岭南中国语文学会	1985
汉字义符"目"之通变研究	韩辉隆	岭南中国语文学会	1985
小篆略论	李义活	岭南中国语文学会	1986
汉字义符"阜"之通变研究	韩辉隆	岭南中国语文学会	1986
汉字义符"刀"之通变研究	韩耀隆	岭南中国语文学会	1986
《说文解字》通论	이치수	岭南中国语文学会	1986
汉字义符"衣"之通变研究	韩耀隆	岭南中国语文学会	1987
《孟子》中通假字研究	李宰硕	成均馆大学	1988
关于甲骨文形声字的发生发展过程小考	金庆天	高丽大学	1988
象形文中字形取象同源字考（1）	李圭甲	中国语文学研究会	1989
许慎"转注说"探讨	李炳官	中国语文学研究会	1989
《龙龛手鉴》部首研究	金爱英	延世大学	1989
中国殷代甲骨文形声字研究	金庆天	高丽大学	1989
指事研究	许文瑄	淑明女子大学	1989
西周甲骨文考察	양동숙	岭南中国语文学会	1990

文献名称	著/编/译者	发行处	发行年
韩国的汉字吸收历史及方法	金相根	岭南中国语文学会	1990
甲骨文形符变迁过程研究：以"ㅂ，一，ㅇ，"4个形符为中心	박은미	延世大学	1991
中国文字起源（3）	李圭甲	中国语文学研究会	1991
大徐本《说文解字》省声字考辨	崔南圭	岭南中国语文学会	1992
象形文中字形取象同源字考（2）	李圭甲	中国语文学研究会	1992
周原陶文研究	李圭甲	中国语文学研究会	1993
为韩国学习者简体字学习的研究	李荣铉	京畿大学	1993
敦煌变文通假字研究	李炳官	中国语文学研究会	1993
汉字的言语构造与主体观念的相关性	金日焕	公州大学	1994
形声异体字样相考	李圭甲	中国语文学研究会	1994
《甲骨文合集》中关于牧畜的主要卜辞考释	李义活	岭南中国语文学会	1995
《说文解字》"省形"考	孙叡彻	韩国中国语文学会	1995
《高丽大藏经》异体字研究	李圭甲	中国语文学研究会	1995
重探小屯南地记事刻辞	柳东春	韩国中国语文学会	1995
甲骨学研究：以发掘为中心	金得洙	韩国中国语文学会	1995
《说文》部首"辟"与"勹"是以音相次吗	金钟赞	安东大学	1996
《三国史记》异体字研究	李圭甲	中国语文学研究会	1996
20世纪甲骨文研究概况	金爱英	中国语文学研究会	1996
"六书互兼说"考察	康惠根	岭南中国语文学会	1996
朝鲜后期民间俗字研究	河永三	岭南中国语文学会	1996
郭沫若的甲骨学研究方法述评	白恩姬	中国语文学会	1996
《甲骨文合集》关于官职的主要卜辞考释	李义活	岭南中国语文学会	1997
《甲骨文合集》关于祭祀的主要卜辞考释	李义活	岭南中国语文学会	1997
《秦简》文字与《说文》小篆字形比较研究	송민영	北京师范大学	1997
唐代字样著作中的正字观及其理论根据：颜之推《颜氏家训·书证篇》文字观	李景远	中国语文研究会	1997
同一字族研究	李圭甲	中国语文学研究会	1997
明代在北方民间所写的俗字：以《老乞大》《朴通事》翻译本、谚解本为主	李锺九	岭南中国语文学会	1997

文献名称	著/编/译者	发行处	发行年
汉字——神话的源泉 1	金槿	韩国中国语文学会	1997
《说文解字》中的古文省形、省声考	孙叡彻	岭南中国语文学会	1998
甲骨文同源关系研究	金爱英	中国语文学研究会	1998
唐兰的文字改革理论	南基琬	中国语文学研究会	1998
文字分类的界限及其原因相关研究：以简单的字形结构为中心	康惠根	岭南中国语文学会	1998
正字与异体字考察	李景远	韩国中语中文学会	1998
朱骏声《说文》学成就	朴兴洙	中国语文学会	1998
统一新罗以前汉字研究	林东锡、李圭甲、康惠根	中国语文学研究会	1998
汉字为什么没成为音素文字	吴文义	岭南中国语文学会	1998
汉字的义素研究：以"朋""卢""枭"为中心	许成道	岭南中国语文学会	1998
汉字异体字表的编纂体例试探：大型异体字表的编纂体例与格式	李景远	中国语文学研究会	1998
朱骏声的"转注、假借说"研究	朴兴洙	学古房	1998
韩中汉字的异质化研究：以意义与形态为中心	정은혜	梨花女子大学	1998
《甲骨文合集》关于疾病的主要卜辞考释	李义活	岭南中国语文学会	1999
《说文解字》中的形声字义符省形考	孙叡彻	韩国中国语文学会	1999
《汉字如何统治了中国》：现代经学的解剖	이세동	岭南中国语文学会	1999
《石鼓文》的刻石年代及字形特征考	李相机	韩国外国语大学	1999
《高丽大藏经》异体字整理方案	李圭甲、金爱英	中国语文学研究会	1999
郭沫若与古文字研究：为纪念郭沫若逝世二十周年而作	강보창	成均馆大学	1999
关于隋唐字样学及其主要著作	李景远	中国语文学研究会	1999
田猎卜辞考：以田猎方法为中心	金爱英	中国语文学研究会	1999
韩国固有汉字比较研究	河永三	岭南中国语文学会	1999
汉字笔画形体的变迁研究	李圭甲	中国语文学研究会	1999
关于甲骨文同形字与分化现象考察	康惠根	学古房	1999

文献名称	著/编/译者	发行处	发行年
《甲骨文合集》关于方国地理的主要卜辞考释	李义活	岭南中国语文学会	2000
汉字字义论	李圭甲	岭南中国语文学会	2000
《原本玉篇残卷》浅探：以异体字为中心	金爱英、金始研	中国语文学研究会	2000
关于甲骨文断代标准小考：以董作宾的研究为主	김시연	中国语文学研究会	2000
颜之推一家对楷书标准化的贡献	李景远	中国语文学研究会	2000
异体字的定义、分类与考释方法	金始研	中国语文学研究会	2000
从意义关系看《说文》亦声字	金钟赞	安东大学	2000
中国文字在分类上发生混乱的原因：以文字学课本为中心	康惠根	中国语文研究会	2000
汉字所反映的中国文化	朴兴洙	岭南中国语文学会	2000
汉字因特网	张卫东	庆熙大学	2000
汉字构造分析——以汉字电算化为目的	李圭甲	中国语文学研究会	2000
现存最早的字样创作颜愍楚《俗书证误》：《俗书证误》的作者与范本	李景远	中国语文论译学会	2000
《说文解字》籀文研究	金瑢渊	汉阳大学	2001
《说文解字》小篆体重复字研究	孙叡彻	韩国中国语文学会	2001
《原本玉篇残卷·欠部》考	李圭甲、金始研	中国语文学会	2001
《高丽大藏经》与《新修大藏经》的字形比较：以异体字解读问题为中心	李圭甲	中国语文学研究会	2001
《原本玉篇残卷·言部》异体偏旁考：以214个部首字为中心	金始研	中国语文学研究会	2001
甲骨文"阜"字探源	李炳官	中国语文学研究会	2001
关于高丽时代汉字的研究	裴宰奭、李圭甲、康惠根	中国语文学研究会	2001
朴瑄寿《说文解字翼征》文字理论与解释体系特征	河永三	岭南中国语文学会	2001
王仁煦《刊谬补缺切韵》收录的异体字研究：以形符改换字例为主	李景远	中国语文学研究会	2001
从《六书》角度来看的简体字	박흥수	韩国中文学会	2001

文献名称	著/编/译者	发行处	发行年
异体字是什么：以与正字相反概念为中心	康惠根	韩国中国文化学会	2001
中国文字改革的检讨	朴惠淑	成均馆大学	2001
韩国汉字与汉语的对比研究	李海慈	京畿大学	2001
韩国的汉字俗解研究	柳东春	韩国中国语文学会	2001
韩中两国基础常用汉字比较研究：以韩国初中教学用基础汉字及 HSK 甲级字为中心	정미경	韩神大学	2001
《玉篇》残卷难字考释	金始研	中国语文学会	2002
《原本玉篇残卷》中的异体字类型考	金始研	中国语文学研究会	2002
《原本玉篇残卷·糸部》标题字字形考	金始研	中国语文学研究会	2002
庐山之外看庐山：韩国的汉学研究与汉语教学	장덕희	岭南中国语文学会	2002
《藏经音义随函录》的标题字字形浅探	李圭甲	中国语文学研究会	2002
中国传统刑法与汉字的含义	朴兴洙、南钟镐	中国语文论译学会	2002
特殊异体字研究	金爱英、金始衍	中国语文学会	2002
在包山所发掘的楚卜筮简文研究	李义活	岭南中国语文学会	2002
关于汉字文化圈内的教育用汉字比较研究	김태한	忠南大学	2002
甲骨文研究方法试论：通过汉字文化学的分析	尹彰俊	中国语文学研究会	2002
汉字的用字艺术：避讳	정석원	高丽大学	2002
《华严石经》《房山石经》的异体字形比较	李圭甲	中国语文学研究会	2002
会意兼形声字研究	고은주	成均馆大学	2002
韩中日常用汉字比较研究：以字数、字义为中心	권선옥	庆熙大学	2002
《甲骨文合集》中关于狩猎的主要卜辞考释	李义活	岭南中国语文学会	2003
《玉篇》残卷中古文字形的由来考察	金始衍	中国语文学会	2003
《说文解字》重文中或体类型考	尹彰浚	中国语文学研究会	2003
唐代碑帖字形研究	남정순	延世大学	2003
三国时期金石文字研究	金爱英	中国语文学研究会	2003
吴越文字构形简化探究	徐再仙	岭南中国语文学会	2003
异体字等级属性研究的主要事项及其方法论	李景远	中国语文学研究会	2003

文献名称	著/编/译者	发行处	发行年
汉字书写教育的现况与改善方案研究	송기숙	忠南大学	2003
活用汉字字形的考古资料误释例子考察	李圭甲	中国语文学研究会	2003
《说文解字注》部首字译解	廉丁三	首尔大学	2003
形符的位置与字义关系	秦光豪	岭南中国语文学会	2003
汉语与韩国汉字比较分析：以词汇为主	郑有眞	东国大学	2003

9. 普通话与语言规范

文献名称	著/编/译者	发行处	发行年
新时期文字规范化运动	洪仁杓	高丽大学	1992
论西洋教师和明代官话	金薰镐	顺天大学	1998
普通话教学方法	姜啓哲	韩国外国语大学	1998
影响汉语普通话的清代官话	金薰镐	韩国中语中文学会	2000
《官话指南》中清末官话的模样	이종구	中国学研究会	2000
明代官话性质与基础方言小考	朱星一	韩国中文学会	2001
固定语规范化问题	宋尚美	韩国中文学会	2003

10. 方言研究

文献名称	著/编/译者	发行处	发行年
汉语方言与东方汉字音的比较研究：以韩国和南中国的音韵为中心	金永基	成均馆大学	1962
汉语方言考察	殷富基	全南大学	1965
汉语方言在音韵体系上的比较研究：以北京话与其他方言的语音对应关系为主	金永基	成均馆大学	1965
汉语官话与方言考察	殷富基	韩国中国学会	1970
从闽南语看广韵的声类	양인종	建国大学	1980
北京口语中"给"的属性及用例	金英淑	岭南中国语文学会	1984
北京官话中的"把"结构	金光照	岭南中国语文学会	1986
北京官话研究	尹芳烈	首尔女子大学	1991
粤方言连读转调类型分类	吴锺林	学古房	1991

文献名称	著/编/译者	发行处	发行年
厦门韵母与山·咸摄的对应关系研究	丁玟声	诚信女子大学	1995
北京汉语的存现句与能格假说	金光照	岭南中国语文学会	1996
北京汉语卷舌音化与音节结构	严翼相	中国语文学研究会	1997
现代中国方言学研究概况	李炳官	中国语文学研究会	1997
粤方言语音考察	李荣奎	学古房	1997
南京方言中的"F-V（O）"与"V-neg-V（O）"	萧奚强	中国语文学会	1998
北京汉语的结果补语构文研究	金光照	岭南中国语文学会	1998
通泰方言声调系统研究	顾黔	学古房	1998
现代北京话的文白异读现象研究	李在敦	韩国中国语文学会	1998
仁川华侨的汉语音韵体系分析：以来自中国山东荣成地域的人为中心	양춘기	江原大学	1999
中国方言中出现的处置句样态	李鎭英	中国人文学会	1999
韩国华侨方言：以调查和研究为目的提议	严翼相	中国语文学研究会	1999
北京话结果动词合成词的使役性研究	金光照	韩国中语中文学会	2000
汉语域外方言在韩语中的活用与变化研究：以韩国小学教育用汉字词的动词为中心	崔金丹	韩国中语言语学会	2000
汉语方言的发展与吴越语的形成：以春秋时期为中心	오길용	中国人文学会	2000
现代粤方言研究：以广州语为主	조연정	庆熙大学	2000
元代北京音与明代北京音比较	李钟九	中国学研究会	2001
标准汉语和北京话对比研究	이승희	梨花女子大学	2001
汉语中的文白异读简论	陈爲蓬	国际言语文学会	2001
中国延边方言的音韵论研究	이영옥	江原大学	2001
北京汉语的被动句及管辖与约束理论	金光照	韩国中国语文学会	2001
北京话特征	崔宰荣	中国学研究会	2002
儿化韵与威海方言语法草探	张晓曼	韩国中语中文学会	2002
中国东北地区的语言特殊性研究	沈小喜	中国语文学会	2002
汉语方言字的整理与规范	常庆丰	蔚山大学	2002
汉语方言地域渗透的两种途径	姜英子	中国语文论译学会	2002

文献名称	著/编/译者	发行处	发行年
儿化在汉语方言中的表现及其发展趋向	崔胤京	中国语文学研究会	2002
台湾闽南语轻声的语法及语意相关规则	李海雨	韩国中国文化学会	2003
粤北土话和湘南土话古浊声母上声的演变	牟廷烈	中国语文学研究会	2003
关于汉语方言分类的几个问题	牟廷烈	中国语文学研究会	2003
汉语闽西北方言"1-》s-"现象再论	곡효운	中国语文学研究会	2003
从疑母的变化来看赣州方言地位	卞志源	韩国中国语文学会	2003

11. 文献研究

文献名称	著/编/译者	发行处	发行年
汉语朝鲜语图书速报		首尔大学	1967
钟嵘《诗品·下品》"张融—孔稚珪"条疏释	李徽教	韩国中国语文学会	1973
汉书《司马迁传》考释	李章佑	檀国大学	1974
朝刊本《朱文公校昌黎先生集》研究	李章佑	韩国中国语文学会	1980
韩国历史学者的文献利用实态:引用分析	정춘화	梨花女子大学	1980
资料介绍:敦煌写本《大般涅槃经卷第三》《大般涅槃经金刚身品第二》	학회자료	岭南中国语文学会	1981
《颜氏家训》考	姜信雄	韩国中国语文学会	1983
《文选》特集:《文选》通行本8种与报告17种简概	송영정	岭南中国语文学会	1984
《汉志》小注作者解	정양수	岭南中国语文学会	1984
韩国古活字本《文选》研究	金学主	岭南中国语文学会	1984
宋版《韩愈文集》的书志学研究	Hartman、Charles	岭南中国语文学会	1985
韩愈文集历代刊刻情形	朴永珠	岭南中国语文学会	1985
《龙龛手鉴》小考	金经一	岭南中国语文学会	1987
宋代官撰韵书及其盗用使用例子	박추현	岭南中国语文学会	1988
王念孙《读书杂志》的《文选》考证	吴锺林	韩国中国语文学会	1988
朝鲜刊《朱文公校昌黎先生集》略考:朝鲜时代刊行中国文学关系书调查研究	金学主	韩国中国语文学会	1989

文献名称	著/编/译者	发行处	发行年
近刊中关于韩愈的数种研究：《景印宋本昌黎先生集》《韩愈述评》	이장우	岭南中国语文学会	1990
近刊中关于韩愈的数种研究：《韩愈》《唐宋八家文》《韩愈柳宗元》	鲁长时	岭南中国语文学会	1990
实学时代语汇资料集刊行历史	洪允杓	国语研究所	1990
《南冥集》版本系统考	김윤수	岭南中国语文学会	1992
类书小考	柳东春	韩国中国语文学会	1993
宋代《周易》古本复原编纂及其意义	李世东	岭南中国语文学会	1994
朱熹《周易本义》的成书时期与版本	李世东	韩国中国语文学会	1994
朱骏声说文学的创见	朴兴洙	岭南中国语文学会	1995
《玄怪录》的文献史考察	박민웅	中国语文学研究会	1995
中国六朝再生故事形态研究：关于其变化样态	金元东	韩国中国语文学会	1996
朱子《大学》改本考察	이세동	岭南中国语文学会	1997
顾炎武考证学的特征及意义	金庆天	中国语文研究会	1998
奎章阁本《五伦全备记》研究2	吴秀卿	韩国中国语文学会	1998
《新罗殊异传》崔致远本考	李剑国、崔桓	岭南中国语文学会	1999
蒋骥《山台阁注楚辞》考	孙正一	岭南中国语文学会	1999
《论语集解》高丽本是日本的正平本吗？	李康斋	韩国中国语文学会	2000
居延汉简校释4	韩延锡	中国语文研究会	2000
从目录来看《尔雅》的多重性研究：十三经与小学书之间	孙民政	岭南中国语文学会	2000
文献考证与解析以及现实中的媒介参与	심경호	中国语文学会	2000
原刊《老乞大》与《直解孝经》的语言	郑丞惠、南权熙、梁伍鎭	国语史资料学会	2001
《春秋》与《左传》的成书问题：以杨伯峻《春秋左传注》前言为中心	朴晟鎭	中国语文论译学会	2001
居延汉简校释6	韩延锡	中国语文研究会	2001
中国西安出土的新罗人金可记史绩碑研究	闵庚三	中国语文研究会	2001
现代中国的古籍整理概况	徐元南	中国语文学研究会	2001

文献名称	著 / 编 / 译者	发行处	发行年
《观世音应验记》小考	변귀남	岭南中国语文学会	2001
《原本玉篇残卷·欠部》考	김시연	中国语文学会	2001
《高丽史》《唐乐》原文校勘时版本选择的重要性：以车柱环及唐圭璋的校勘记录为中心	朴现圭	中国语文研究会	2002
《琵琶记》版本流变及中国戏曲史研究上的意义	金英淑	岭南中国语文学会	2002
战国时期铜器铭文中的复音词：以中山王铜器铭文为主	姜允玉	中国语文学研究会	2002
《蓬山志》佚文辑考：谈古书辑佚中应注意的几个问题	李更	中国语文学会	2002
汉语音韵学研究中可用的韩国古代文献资料：以 15 世纪前的借字标记资料为中心	崔玲爱	韩国中语中文学会	2002
丁凤泰旧藏本中跟中国有关的文献试探	金贞熙	中国语文研究会	2002
方东树《汉学商兑》拥护宋学反汉学倾向研究	李康范	中国语文学研究会	2003
议韩国奎章阁所藏《外国教师合同》文书	刘丽川	中国语文学研究会	2003
传抄古文在释读战国文字中的重要性和释例	강윤옥	中国语文学研究会	2003

12. 文学研究

文献名称	著 / 编 / 译者	发行处	发行年
《京本通俗小说》与民众以及知识分子	황선주	岭南中国语文学会	1900
《三国演义》的正统思想	李庆善	韩国中国语文学会	1973
书启中出现的柳宗元思想：望乡与文以明道	洪寅杓	韩国中国语文学会	1973
"神韵与肌理"两说关系	车相辕	韩国中国语文学会	1973
汉诗的形式及内容：关于其效果比较	权德周	韩国中国语文学会	1973
胡适文学革命影响及其接受样态	李锡浩	韩国中国语文学会	1974
《枕中记》小考	李东郷	韩国中国语文学会	1974
《三国演义》其人物（其一）：尤以关羽、刘备为中心	李慧淳	韩国中国语文学会	1974

文献名称	著/编/译者	发行处	发行年
元曲特质小考：基本上依据王国维所论	李桂柱	檀国大学	1974
柳宗元诗考察	洪寅杓	韩国中国语文学会	1974
李贺诗特色	李东乡	檀国大学	1974
中国文学批评思维试论	吴台锡	檀国大学	1974
《楚辞》句法对后代文体的影响	范善均	韩国中国语文学会	1974
孟、荀"性说"异同小考	金白铉	韩国外国语大学	1975
《文选》与昭明太子：以《文选序》为主	李东乡	檀国大学	1975
从修辞学看苏辛词的技巧浅谈	梁东淑	檀国大学	1975
李清照词鉴赏	李弘子	韩国外国语大学	1975
中国戏曲文学变迁小考	李基妍	韩国外国语大学	1975
《水浒传批判》考	成宜济	檀国大学	1976
李清照研究	薛鸣莺	成均馆大学	1976
《诗经》辑考	金时俊	韩国中国语文学会	1976
王粲诗小考	李锺振	韩国中国语文学会	1976
儒家的引诗与释诗	洪寅杓	韩国中国语文学会	1976
李煜词研究	李东乡	韩国中国语文学会	1976
文学革命运动的背景与展开	河正玉	檀国大学	1976
韩愈文研究绪说：生年及文集介绍为主	李章佑	檀国大学	1976
龚定庵诗考	李鸿鎭	韩国中国语文学会	1977
白乐天的文学改革论	金得洙	韩国中国语文学会	1977
温庭筠诗试论	李东乡	韩国中国语文学会	1977
王维诗研究	金在乘	韩国中国语文学会	1977
王仲宣《登楼赋》考	李锺振	韩国中国语文学会	1977
李益及其诗小考	柳晟俊	韩国中国语文学会	1977
曹植赠答诗	范善均	韩国中国语文学会	1977
汉诗批评中的作家与环境的问题	李炳汉	韩国中国语文学会	1978
唐代传奇研究	정범진	成均馆大学	1978
白居易《新乐府》考	김재승	韩国中国语文学会	1978
《诗经》周召二南诗与《毛诗序》的违异考	金时俊	韩国中国语文学会	1978

文献名称	著 / 编 / 译者	发行处	发行年
王维诗"以禅入诗"之特色	柳晟俊	韩国中国语文学会	1978
李娃传小考	李星	韩国中国语文学会	1978
王维诗之画意考	柳晟俊	韩国中国语文学会	1979
董西厢和杂剧西厢的比较研究：特以人物性格为中心	李弘子	韩国中国语文学会	1979
《山海经》小考	徐敬浩	韩国中国语文学会	1979
柳河东诗渊源	洪寅杓	韩国中国语文学会	1979
钟嵘《诗品序》汇注	李徽教	韩国中国语文学会	1979
花间词考	郑宪哲	韩国中国语文学会	1979
"敦煌变文"小考	曹明和	韩国中国语文学会	1979
《孔雀东南飞》研究	김광희	岭南中国语文学会	1980
关于《颜氏家训》及其作者小考	강신웅	岭南中国语文学会	1980
《笔苑散语》解题	이휘교	岭南中国语文学会	1980
杜牧诗之忧国的豪健风	柳晟俊	韩国中国语文学会	1980
李仁老作品中投影的中国诗人影响考	南润秀	韩国中国语文学会	1980
曹植的文学环境与文学观	文璇奎	韩国中国语文学会	1980
《文选》文二题简评	류성준	岭南中国语文学会	1980
关于《山海经》的神话构造相关检讨	徐敬浩	韩国中国语文学会	1980
苏轼文论简介	홍우침	岭南中国语文学会	1980
宋玉作品检讨	金学主	韩国中国语文学会	1980
从诗与文的分和关系看中国文学的演进	이종진	岭南中国语文学会	1980
白居易研究——以他的诗为主	이근효	岭南中国语文学会	1980
刘熙载论词小考：以苏、辛有关的词品为中心	李锺振	韩国中国语文学会	1980
从"依永和声"论"格调"与"调"	元锺礼	韩国中国语文学会	1980
左思与咏史诗	朴东硕	韩国中国语文学会	1980
中国文学精神（上）	당군	岭南中国语文学会	1980
中国诗的四时意象	홍순효	忠南大学	1980
闲堂先生的《钟嵘诗品》研究	李徽教	韩国中国语文学会	1980
韩、柳、刘的天人关系论	洪寅杓	韩国中国语文学会	1980
辞赋名称考察	范善均	韩国中国语文学会	1980

文献名称	著/编/译者	发行处	发行年
《曲醇传》与《曲先生传》比较研究：以《东文选》中并载理由为中心	조수학	岭南中国语文学会	1981
《难陀出家缘起》考略	曹明和	韩国中国语文学会	1981
《南山诗》的诗语研究（上）	이장우	岭南中国语文学会	1981
柳河东诗研究	이철리	岭南中国语文学会	1981
《诗经》《二南》地理考	정일	岭南中国语文学会	1981
《笔苑散语》下	성섭	岭南中国语文学会	1981
《汉书》艺文志的文学意识	金学主	韩国中国语文学会	1981
葛洪文学论的再照明：文学进化论与鉴赏论的情形	郑在书	岭南中国语文学会	1981
南游诗钞	徐镜普	岭南中国语文学会	1981
鲁迅的新诗 2	하정옥	岭南中国语文学会	1981
敦煌写本《大般涅槃经卷第三》《大般涅槃经金刚身品第二》跋文	반중규	岭南中国语文学会	1981
敦煌写本《大般涅槃经卷第三》《大般涅槃经金刚身品第二》解题	홍우흠	岭南中国语文学会	1981
卍海禅师的汉诗及其特性	이병주	岭南中国语文学会	1981
孟襄阳研究	송천호	成均馆大学	1981
茅盾的生平与文学活动	박운석	岭南中国语文学会	1981
毛泽东史诗研究：关于传统史诗	李充阳	韩国中国语文学会	1981
司马迁文学观：以《屈原贾生列传》为主	홍순창	岭南中国语文学会	1981
《史通》中出现的刘知几文论	文明淑	韩国中国语文学会	1981
散曲的民歌要素	梁会锡	韩国中国语文学会	1981
小山词的风格特色	宋龙准	岭南中国语文学会	1981
诗、词、曲：韦庄《秦妇吟》	이홍진	岭南中国语文学会	1981
诗品详释（1）	이휘교	岭南中国语文学会	1981
辛稼轩词风的转变	李东郷	韩国中国语文学会	1981
乐府相和古辞中的文学感情	김광희	岭南中国语文学会	1981
叶石林的试论	김영숙	岭南中国语文学会	1981
温庭筠诗特点	신미자	岭南中国语文学会	1981

文献名称	著/编/译者	发行处	发行年
袁枚的性灵说及其先声	김정욱	岭南中国语文学会	1981
李东阳诗论试谈：明清格调诗说研究之一	元锺礼	韩国中国语文学会	1981
李白研究	곽리부	成均馆大学	1981
李贺诗小考	河运清	韩国中国语文学会	1981
益斋词风俗研究	홍우침	岭南中国语文学会	1981
钱谦益文学论之重要观点	李丙镐	韩国中国语文学会	1981
丁来东教授的中国现代文学研究	신명규	岭南中国语文学会	1981
郑燮及其诗词研究（1）：生平及交游篇	류성준	岭南中国语文学会	1981
诸宫调渊源考	李弘子	韩国中国语文学会	1981
曹植文学研究	이재하	成均馆大学	1981
中国文学研究史长编（3）：日本中国文学研究史	학회자료	岭南中国语文学会	1981
中国文学精神（下）	당군	岭南中国语文学会	1981
太古禅师的诗文学	지준모	岭南中国语文学会	1981
巴金《随想录》	李炳汉	韩国中国语文学会	1981
平淮西碑探讨	洪寅杓	韩国中国语文学会	1981
寒山的参禅诗	柳晟俊	韩国中国语文学会	1981
宋代评语小考：以朱熹的例为主	김주한	岭南中国语文学会	1981
寿邨师门六秩寿颂	권오봉	岭南中国语文学会	1981
寿邨词伯寿颂	이은상	岭南中国语文学会	1981
《南山诗》的诗语研究（2）	이장우	岭南中国语文学会	1982
《词学》（第1辑）	이종진	岭南中国语文学会	1982
读《诗圣杜甫》	김용운	岭南中国语文学会	1982
《诗品》详释（2）	이휘교	岭南中国语文学会	1982
《人间词话》研究（1、2）	이철리	岭南中国语文学会	1982
假传体小说考	조수학	岭南中国语文学会	1982
曲律	신홍철	岭南中国语文学会	1982
关汉卿杂剧研究	申洪哲	檀国大学	1982
欧阳修抒情词考	宋龙准	岭南中国语文学会	1982
唐代的传奇研究	成宜济	檀国大学	1982

文献名称	著/编/译者	发行处	发行年
陶渊明田园诗的风格	왕희원	岭南中国语文学会	1982
镜子在巫俗上的功能及其文学吸收	郑在书	岭南中国语文学会	1982
文学研究会考	朴云锡	韩国中国语文学会	1982
苏东坡文学特色	홍우침	岭南中国语文学会	1982
辛弃疾词与陶渊明的影响	李东郷	岭南中国语文学会	1982
晏殊感时词小考	宋龙准	韩国中国语文学会	1982
历代论诗绝句研究	李锺汉	韩国中国语文学会	1982
王沂孙咏物词小考	이종진	岭南中国语文学会	1982
元代咏物曲研究	梁会锡	岭南中国语文学会	1982
阮籍咏怀诗研究：作品论	边成圭	韩国中国语文学会	1982
陆游诗考	이홍진	岭南中国语文学会	1982
伊尹传说：寻找《汉书》《艺文志》小说家所具有的可能性	서경호	岭南中国语文学会	1982
黄庭坚诗论考	오태석	岭南中国语文学会	1982
晏几道词研究	宋龙准	首尔大学	1982
柳永词析赏举例	王久烈	檀国大学	1982
韩愈诗研究：以讽刺性为中心	崔钟世	檀国大学	1982
《镜花缘》的小说结构	하정옥	岭南中国语文学会	1983
《三国演义》重要人物考察	정동국	岭南中国语文学会	1983
《尚书》《吕刊》篇名固定	정원민	岭南中国语文学会	1983
稼轩诗小考	李东郷	岭南中国语文学会	1983
交游记	이장우	岭南中国语文学会	1983
老舍生平及其长篇小说	박운석	岭南中国语文学会	1983
东坡赋考（1）	우능호	岭南中国语文学会	1983
挽章挽诗	서경보	岭南中国语文学会	1983
白居易与《秦中吟》（10首）前4首	이휘교	岭南中国语文学会	1983
小山词主题考	宋龙准	岭南中国语文学会	1983
新月诗派研究	金时俊	韩国中国语文学会	1983
王守仁诗特性考	崔完植	韩国中国语文学会	1983

文献名称	著/编/译者	发行处	发行年
王安石诗研究：以政治性为主	吴宪必	高丽大学	1983
遗著《诗品汇注》序	차주환	岭南中国语文学会	1983
刘熙载诗论体系	李炳汉	韩国中国语文学会	1983
周济词学的论词基准考	이종진	岭南中国语文学会	1983
初期短篇话本小说研究：以"女鬼"与"妖怪"题材为中心	全炯俊	韩国中国语文学会	1983
《茗华词》试论	李哲理	岭南中国语文学会	1983
庞德的中国诗与欣赏主义	Suh、Chung-Taik	全北大学	1983
《蛾斋诗话》的论唐诗简介	류성준	岭南中国语文学会	1983
《文选序》译注	신홍철	岭南中国语文学会	1984
《人间词话》研究（3）	이철리	岭南中国语文学会	1984
《人间词话》研究（4）	이철리	岭南中国语文学会	1984
《汉志》小注作者解	郑良树	岭南中国语文学会	1984
1970年代欧美的中国文学研究概况	윤혜민	岭南中国语文学会	1984
稼轩词研究	李东乡	韩国中国语文学会	1984
关于欧美人的汉语文学研究略年表	이진국	岭南中国语文学会	1984
欧美中国文学关系书简介	孙东完、禹在镐	岭南中国语文学会	1984
欧阳修诗论研究	权镐钟	韩国中国语文学会	1984
陶潜与刘勰的文学观比较研究	전영란	岭南中国语文学会	1984
关于杜甫的论诗诗：体制与特征表达分析	이종한	岭南中国语文学会	1984
骆宾王诗研究：作品论	安炳国	韩国中国语文学会	1984
梅尧臣诗研究	이현주	韩国外国语大学	1984
白湖林悌的诗学世界（1）	김혈조	岭南中国语文学会	1984
北宋诗文革新运动	李永朱	韩国中国语文学会	1984
苏轼诗论研究	李永朱	韩国中国语文学会	1984
宋玉《高唐赋》考释	박운석	岭南中国语文学会	1984
隋代乐府诗研究	서경보	岭南中国语文学会	1984
扬雄《甘泉赋》译注	문종명	岭南中国语文学会	1984

文献名称	著 / 编 / 译者	发行处	发行年
王充《论衡》文学论研究：以汉代散文论的确立为目标	朴锺汉	韩国中国语文学会	1984
郁达夫文学思想小考	이정길	高丽大学	1984
元剧中仕隐故事的类型	吴秀卿	韩国中国语文学会	1984
韦端己诗的社会性	유종목	岭南中国语文学会	1984
韦端己词考	정헌철	岭南中国语文学会	1984
韦庄词研究	柳种睦	韩国中国语文学会	1984
陆士衡诗研究	徐润锡	韩国中国语文学会	1984
六朝游仙诗研究	윤정현	岭南中国语文学会	1984
六朝文人论源流与展开试论	노경희	岭南中国语文学会	1984
李东阳诗论研究：以《怀麓堂诗话》为主	김경현	韩国外国语大学	1984
二徐本《说文解字》流传小考	李义活	岭南中国语文学会	1984
填词起源考	유종목	岭南中国语文学会	1984
朱子《诗集传》考	이재훈	岭南中国语文学会	1984
中国新文学的传统研究	李充阳	韩国中国语文学会	1984
曾瑞的散曲研究	윤수영	岭南中国语文学会	1984
秦少游词考	宋龙准	岭南中国语文学会	1984
《楚辞》巫歌的特征考察	金寅浩	韩国中国语文学会	1984
巴金研究：以小说《家》为中心	李东和	韩国中国语文学会	1984
司空图《二十四诗品》研究	彭铁浩	韩国中国语文学会	1985
《文心雕龙》两种	이영귀	岭南中国语文学会	1985
苏东坡文学的背景	제장환	岭南中国语文学会	1985
水浒传研究	이기연	岭南中国语文学会	1985
《元白诗笺证稿》与《元氏长庆诗集》	김태만	岭南中国语文学会	1985
《庄子》的道与美学体验	김세환	岭南中国语文学会	1985
中国新文学史话	신영선	岭南中国语文学会	1985
《进学解》考析	양동숙	岭南中国语文学会	1985
《秋怀诗》11 首考析	고팔미	岭南中国语文学会	1985
"归"的文学	김인호	岭南中国语文学会	1985

文献名称	著/编/译者	发行处	发行年
《论语》孔子文言之研究	蔡根祥	釜山庆南中国语文学会	1985
克罗齐的"直觉"说与苏轼的"成竹在胸"说的比较研究	서정희	岭南中国语文学会	1985
东坡词特色	유종목	岭南中国语文学会	1985
东坡的政治人生与文学的关系试论：以《和陶诗》为中心	진영희	岭南中国语文学会	1985
杜诗月夜考	黄瑄周	韩国中国语文学会	1985
关于民族形式讨论的批判研究	전형준	岭南中国语文学会	1985
徐志摩诗研究	김종철	成均馆大学	1985
苏东坡文赋特点	우준호	岭南中国语文学会	1985
苏东坡散文疏探	진옥경	岭南中国语文学会	1985
苏轼特辑1：《中国语文学》第10集发刊词	서경보	岭南中国语文学会	1985
苏轼文学中的高大气节	홍우침	岭南中国语文学会	1985
宋代诗话中出现的韩愈诗：以《续唐诗话·韩愈条》为主	이장우	岭南中国语文学会	1985
翁方纲肌理说研究	吴瑛植	首尔大学	1985
元代公案杂剧研究：以包公剧为中心	金光永	韩国中国语文学会	1985
柳永与其词	李祯基	高丽大学	1985
中国文学史的文质论的展开	오태석	岭南中国语文学会	1985
《韩昌黎集》小考	박현규	岭南中国语文学会	1985
初唐四杰歌行诗研究	安炳国	韩国中国语文学会	1985
贺方回词考	宋龙准	岭南中国语文学会	1985
汉代乐府民歌的抒情性考	김현주	韩国外国语大学	1985
韩愈诗文的韩国借鉴	허권수	岭南中国语文学会	1985
韩愈关系参考图书题解	송영정	岭南中国语文学会	1985
稼轩辛弃疾词研究	심성호	岭南中国语文学会	1986
《文赋》中的陆机文学论	오태석	岭南中国语文学会	1986
《山海经》神话与神仙传说	郑在书	岭南中国语文学会	1986

文献名称	著/编/译者	发行处	发行年
欧阳修词浅考	권호종	岭南中国语文学会	1986
南朝乐府民歌研究	金庠澔	韩国中国语文学会	1986
唐传奇的小说特性研究	石明	韩国中国语文学会	1986
陶渊明的文学思想	김주순	岭南中国语文学会	1986
桐城派方苞的古文理论研究	李康来	韩国中国语文学会	1986
洞箫赋研究	백승석	岭南中国语文学会	1986
东坡词中的超脱的态度特性考	김상호	岭南中国语文学会	1986
东坡对佛教接近过程	김장환	岭南中国语文学会	1986
晚明小说论试探：从小说（序、跋文）的虚构意识来看的创作论	李鎭国	韩国中国语文学会	1986
关于苏轼文学中的"法度"与"新意"	홍우침	岭南中国语文学会	1986
苏轼诗源流考	박종철	岭南中国语文学会	1986
苏轼诗中的思想	문명숙	岭南中国语文学会	1986
王阳明交游诗研究	崔完植	韩国中国语文学会	1986
六朝小说研究问题点与方法论试论	徐敬浩	韩国中国语文学会	1986
李白古风59首的复古特征	陈玉卿	岭南中国语文学会	1986
李白乐府诗所吸收的传统意象考	陈玉卿	韩国中国语文学会	1986
李白乐府诗研究	황선재	韩国外国语大学	1986
《敦煌文学》与《西域诗选》	서채희	岭南中国语文学会	1986
张岱小品文研究	이제우	韩国外国语大学	1986
张爱玲短篇小说研究（1）	최인애	岭南中国语文学会	1986
苏轼依据政治遭遇的文学生涯小考	권호종	岭南中国语文学会	1986
周作人的人道主义	신명규	岭南中国语文学会	1986
朱熹之文学观	김주한	岭南中国语文学会	1986
中国文学研究史长编（11）：法国的汉语文学研究	이영자	岭南中国语文学会	1986
中国现代文学中的"革命文学运动"研究	金时俊	韩国中国语文学会	1986
《楚辞·九歌·山鬼》巫仪的考察	윤순	岭南中国语文学会	1986
韩国汉文学的苏轼收容样相	윤호진	岭南中国语文学会	1986
黄山谷七言古诗研究	지세화	韩国外国语大学	1986

文献名称	著 / 编 / 译者	发行处	发行年
秦观词研究	袁克敏	檀国大学	1986
《拍案惊奇》研究	金映植	韩国中国语文学会	1987
《诗品》《上品》的注释性考察	양종영	岭南中国语文学会	1987
五四时期戏剧运动	吴秀卿	韩国中国语文学会	1987
《龙图公案》小考	金光永	韩国中国语文学会	1987
《玉台新咏》研究（1）	안병국	岭南中国语文学会	1987
"辞""赋"名称由来考	金寅浩	岭南中国语文学会	1987
艾西自然诗中的中国抒情诗样相小考	정재현	建国大学	1987
老舍小说研究：以 1920—1930 年代长篇小说为中心	金宜鎭	韩国中国语文学会	1987
唐代前期小说的讽刺性研究	김명식	韩国外国语大学	1987
唐诗的结构、用词及意象（上）	고우공	岭南中国语文学会	1987
晚清宋诗运动浅考	최종세	岭南中国语文学会	1987
徐渭《四声猿》研究	权应相	韩国中国语文学会	1987
元结复古诗论研究	金泰凤	韩国中国语文学会	1987
《儒林外史》研究	강태권	岭南中国语文学会	1987
李义山的无题诗内容分析考	박홍수	韩国外国语大学	1987
李贺意识世界小考	홍재현	岭南中国语文学会	1987
中国古文中的赠序文类考：以姚鼐《古文辞类纂》为中心	이석형	岭南中国语文学会	1987
中国文学研究史长编（12）："80 年代"中国的文学研究	이용진	岭南中国语文学会	1987
中国现代文学中的革命文艺论争研究	金时俊	韩国中国语文学会	1987
初期朱子诗中出现的避世思想及其原因	申美子	韩国中国语文学会	1987
初唐四杰赋研究	安炳国	韩国中国语文学会	1987
冯梦龙小说观小考	이진국	岭南中国语文学会	1987
杭州时期东坡词的内容与风格	유종목	岭南中国语文学会	1987
嵇康的思想与诗研究	배문경	韩国外国语大学	1987
秦观词风格考	宋龙准	岭南中国语文学会	1987
韩愈文论特征与古文运动展开	崔琴玉	韩国中国语文学会	1988

文献名称	著 / 编 / 译者	发行处	发行年
《南词叙录》译注	权应相	岭南中国语文学会	1988
《窦娥冤》译注（上）	관한경	岭南中国语文学会	1988
《详说古文真宝大全》与《批点古文》	김윤수	岭南中国语文学会	1988
《聊斋志异》的素材来源	배병균	岭南中国语文学会	1988
李商隐诗研究	황선주	岭南中国语文学会	1988
《七发》考	金星坤	韩国中国语文学会	1988
贾谊赋研究：以《吊屈原赋》和《鹏鸟赋》为中心	백승석	岭南中国语文学会	1988
关于中国现代主义文学	金时俊	韩国中国语文学会	1988
鲁迅《狂人日记》的线索：隔海通讯（1）	황선주	韩国中国语文学会	1988
茶山的农民诗考察	김혈조	岭南中国语文学会	1988
唐诗的结构、用词及意象（下）	고우공	岭南中国语文学会	1988
唐传奇中爱情小说的悲剧性	서용원	岭南中国语文学会	1988
论杜诗《三吏三别》的时代进步性	황선주	岭南中国语文学会	1988
刘勰论文学与时代的关系	金 苑	檀国大学	1988
卢照邻诗研究：以渊源和内容分析为中心	김동수	韩国外国语大学	1988
孟子"以心言性"含义	朴璟实	檀国大学	1988
明代四大奇书之特征及演变	许庚寅	檀国大学	1988
北宋古文家们对道与文的见解小考	진영희	岭南中国语文学会	1988
死亡、还魂和永眠：再读《醒世恒言》第 14 卷《闹樊楼多情周胜仙》	金敏镐	高丽大学	1988
苏轼词研究：以词的诗化为中心	송난교	韩国外国语大学	1988
宋代文学的特征及特集的语义	金学主	岭南中国语文学会	1988
阿 Q 精神与精神胜利法	韩武熙	檀国大学	1988
乐善斋本《红楼梦》译本初探	최용철	高丽大学	1988
王安石文学观小考 1	柳莹杓	岭南中国语文学会	1988
王安石社会诗	吴宪必	高丽大学	1988
元曲小令谱别体例释	黄炫国	檀国大学	1988
魏晋南北朝时代佛教类小说研究	박재범	成均馆大学	1988
益斋江南行诗研究	池荣在	檀国大学	1988

文献名称	著/编/译者	发行处	发行年
张爱玲短篇小说研究（1）：颜色使用	최인애	岭南中国语文学会	1988
《庄子》散文形象化研究	심규호	韩国外国语大学	1988
张籍诗的社会性	朴仁成	高丽大学	1988
前后七子的复古试论及他们的儒家现实参与意识	원종례	岭南中国语文学会	1988
曹子建乐府诗研究	양금영	韩国外国语大学	1988
关于左联时期的现实主义论的研究	전형준	岭南中国语文学会	1988
朱熹叙事诗论	김주한	岭南中国语文学会	1988
中国古代散文中的近义意义	이영주	岭南中国语文学会	1988
中国旧诗分析批评（上、中、下）	좌등보	岭南中国语文学会	1988
中国文学研究史长编（13）：近期中国大陆的宋代文学研究动向	최인애	岭南中国语文学会	1988
中国小说的产生和初期儒家思想	서경호	岭南中国语文学会	1988
中国咏物诗试论：以六朝为中心	金万源	韩国中国语文学会	1988
初唐四杰文学观	安炳国	韩国中国语文学会	1988
春秋弑君例三则	朴现圭	檀国大学	1988
蒲松龄的农村背景诗研究	배병균	岭南中国语文学会	1988
冯至与鲁迅：关于《十四行集·鲁迅》	秋吉久纪夫	韩国中国语文学会	1988
贺铸词简论	李东乡	高丽大学	1988
韩国的中国文学研究的回顾与展望	이장우	岭南中国语文学会	1988
秦观词表现技巧考	宋龙准	岭南中国语文学会	1988
黄庭坚文学的思想基础	오태석	岭南中国语文学会	1988
黄庭坚四六言诗考	오태석	岭南中国语文学会	1988
黄庭坚文学批评	강태권	岭南中国语文学会	1988
唐代复古诗论的渊源考	金泰凤	韩国中国语文学会	1989
《窦娥冤》译注（下）	关汉卿 著，李龙鎭 译	岭南中国语文学会	1989
《白雨斋词话》研究	李奭炯	岭南中国语文学会	1989
《诗品》《上品》详解（2）	양종영，李哲理 详解	岭南中国语文学会	1989

文献名称	著 / 编 / 译者	发行处	发行年
《元刊杂剧三十种》的特征试论：通过地文分析	李昌淑	韩国中国语文学会	1989
《中国小说美学》导论	叶 朗 著，崔桓 译	岭南中国语文学会	1989
《中国现代文学史》2 种	강경구	岭南中国语文学会	1989
《苕溪渔隐丛话》李白篇分析	金长焕	中国语文学研究会	1989
《中国文学史》里频见的规律问题	许世旭	高丽大学	1989
1920 年代中国现代诗流派论	赵宽熙	中国语文学研究会	1989
古文之范畴理论：古文研究序论	윤호진	岭南中国语文学会	1989
老舍《月牙儿》小考	朴准锡	高丽大学	1989
凌蒙初作家意识研究	金映植	韩国中国语文学会	1989
唐代复古诗论渊源考	金泰凤	韩国中国语文学会	1989
杜甫安史乱诗研究	채심연	韩国外国语大学	1989
《文心雕龙》"神思论"研究	윤병수	韩国外国语大学	1989
关于"文艺的民族形式论争"的发展与《论新阶段》：抗日战争时期"文艺的民族形式论争"相关再考 1	김회준	高丽大学	1989
北宋诗坛略论：以黄庭坚文学的产生背景	吴台锡	岭南中国语文学会	1989
沙汀《困兽记》中知识分子的形象：中国抗战时期小说的展开样相	白永吉	高丽大学	1989
谢榛《四溟诗话》研究	전홍철	韩国外国语大学	1989
徐渭文学论研究	权应相	岭南中国语文学会	1989
宋初诗革新运动研究	文明淑	高丽大学	1989
关于叶燮诗歌变迁的因果论与本质论	金海明	中国语文学研究会	1989
梁简文帝文学研究：以宫体诗为主	유지현	庆星大学	1989
吴歌、西曲及其模拟之风气	金惠峰	高丽大学	1989
王安石文学观小考 2	柳莹杓	岭南中国语文学会	1989
袁宏道"自我确立论"：以叙与尺牍为主	李基勉	高丽大学	1989
陆游诗渊源考	李致洙	岭南中国语文学会	1989
曹禺《雷雨》研究	김성동	中国语文学研究会	1989
中国古代神话中"化"的语义：死的变形与再生	金善子	中国语文学研究会	1989

文献名称	著/编/译者	发行处	发行年
中国古代神话研究：西王母神话的演变	康泰权	中国语文学研究会	1989
楚辞收容的文学展开与批评的历史意识	윤주필	中国语文学研究会	1989
巴金的文艺观	朴兰英	高丽大学	1989
为考察革命文学论争的国际特征的研究	柳中夏	中国语文学研究会	1989
黄遵宪《将军歌》四篇注释	崔锺世	古代中国语文研究会	1989
从文学史观点看魏晋玄学中"言意之辩"	柳东春	韩国中国语文学会	1990
五、七言诗体生成考	金寅浩	韩国中国语文学会	1990
《京本通俗小说》与民众及知识分子（1）	황선주	岭南中国语文学会	1990
南戏研究史小考	吴秀卿	韩国中国语文学会	1990
因明论理学对《文心雕龙》的影响	彭铁浩	岭南中国语文学会	1990
《三言》中娼妓的世界	闵惠敬	高丽大学	1990
《西洲曲》考	金庠滢	韩国中国语文学会	1990
《诗品》品等与《文选》选诗的比较研究	朴现圭	岭南中国语文学会	1990
《王若虚文学论研究》：反江西诗派论展开	吴台锡	韩国中国语文学会	1990
《左传》人物形象论	김영덕	岭南中国语文学会	1990
论《左传》的人物形象	金永德	岭南中国语文学会	1990
《醉游浮碧亭记》的空间构造与作家意识	尹浩鎭	岭南中国语文学会	1990
关于《红楼梦》研究的批判性考察	金永文	韩国中国语文学会	1990
《京本通俗小说》与民众及知识分子2	황선주	韩国中国语文学会	1990
"革命文学"运动的逻辑及其意义	김언하	岭南中国语文学会	1990
康有为文学的概略考察	金永文	岭南中国语文学会	1990
九叶派中出现的现代思想研究	郑圣恩	古代中国语文研究会	1990
九叶派中现代主义研究	郑圣恩	高丽大学	1990
皎然的诗歌论小考	吴瑛植	韩国中国语文学会	1990
鲁迅与女性运动	刘春花	高丽大学	1990
唐代小说的人物设定及描写研究	유병갑	岭南中国语文学会	1990
敦煌俗赋《韩朋赋》的特征	李国熙	岭南中国语文学会	1990

文献名称	著/编/译者	发行处	发行年
鲁迅兴女性运动	刘春花	中国语文研究会	1990
柳宗元"论"体研究	洪承直	高丽大学	1990
枚乘的《七发》研究	白承锡	岭南中国语文学会	1990
茅盾的现实主义与自然主义	朴云锡	岭南中国语文学会	1990
庞垲《诗义固说》诗论试探	朴三洙	岭南中国语文学会	1990
变文研究的几个问题	曹明和	岭南中国语文学会	1990
北宋初期婉约词考	宋龙准	岭南中国语文学会	1990
关于谢灵运诗的传入现况与真伪	金万源	岭南中国语文学会	1990
苏舜钦的社会诗	宋龙准	韩国中国语文学会	1990
关于苏轼词的诗的形式	柳种睦	岭南中国语文学会	1990
苏轼词用典	柳种睦	岭南中国语文学会	1990
苏轼词的音乐性	柳种睦	韩国中国语文学会	1990
新文化运动中的反儒教传统精神	赵璟姬	高丽大学	1990
永明体的再认识	吴锺林	韩国中国语文学会	1990
阮籍之生活方式	边成圭	韩国中国语文学会	1990
王安石文学理解的先行课题	柳莹杓	韩国中国语文学会	1990
以刘宋颜谢咏史诗特征查明为目标的论考：以《五君咏》与《拟魏太子邺中集诗八首》为对象	金万源	韩国中国语文学会	1990
庾信山水诗小考	卢曍熙	韩国中国语文学会	1990
李东阳《麓堂诗话》（注）的"格调"义	王策宇	高丽大学	1990
浙派词论小考	李锺振	韩国中国语文学会	1990
朱子诗论小考	朴锡	韩国中国语文学会	1990
朱子之诗六义说	李再薰	韩国中国语文学会	1990
《竹夫人传》与题材是非	安秉卨	韩国中国语文学会	1990
中国文学研究史长编（17）：80年代中国文学的研究动向	金槿	岭南中国语文学会	1990
陈独秀的新文学观	金荣九	韩国中国语文学会	1990
创造社、太阳社与革命文学论争	김하림	高丽大学	1990
楚辞《远游》篇的真伪小考	宣钉奎	高丽大学	1990

文献名称	著/编/译者	发行处	发行年
关于香港地区的"文艺的民族形式论争"：在抗日战争时期的"文艺的民族形式论争"再考	김희준	高丽大学	1990
《红楼梦》研究简论	陈庆浩 著，崔溶澈 译	高丽大学	1990
《京本通俗小说》与民众及知识分子（3）	황선주	岭南中国语文学会	1991
《太平经》与文学：采用汉代文学中道教的接近法	郑在书	韩国中国语文学会	1991
《京本通俗小说》相关既存研究考察	유한미	中国语文学研究会	1991
《世说新语》创作的小说史背景及志人小说的特性	金长焕	中国语文学研究会	1991
关于江西诗派的点铁成金、换骨夺胎论的生成及适用研究	吴台锡	岭南中国语文学会	1991
关汉卿的《救风尘》杂剧中的喜剧效果	이상철	中国语文学研究会	1991
郭沫若诗的浪漫性想象力：以对《女神》的再检讨为中心	李旭渊	高丽大学	1991
刘心武小说初探	金映植	岭南中国语文学会	1991
梅尧臣诗革新的性格	宋龙准	岭南中国语文学会	1991
闻一多诗的单纯信仰论	许世旭	高丽大学	1991
苏轼词渊源	柳种睦	大邱大学	1991
关于宋明理学家诗特性的研究	崔完植	韩国中国语文学会	1991
试析柳宗元《参之太史以着其"洁"》	李寅浩	高丽大学	1991
梁启超小说论研究	金垠希	韩国中国语文学会	1991
言志、缘情论试探	이우정	中国语文学研究会	1991
王充文学思想试论Ⅰ：以对文学客观性的认识为中心	金锺美	韩国中国语文学会	1991
郁达夫《沉沦》探索	姜鲸求	岭南中国语文学会	1991
元结复古诗论与现实讽刺诗	朴仁成	高丽大学	1991
元代公案剧性格小考	金光永	韩国中国语文学会	1991
刘心武小说初探	김영식	岭南中国语文学会	1991
岑参诗艺术特性考：以边塞诗为中心	최경진	中国语文学研究会	1991
朱子学与阳明学对明代诗论的影响	원종례	岭南中国语文学会	1991
朱子《毛诗》改易考	李再薰	高丽大学	1991

文献名称	著/编/译者	发行处	发行年
中国古典小说中的诗歌成分考察	金映植	韩国中国语文学会	1991
中国马克思主义文艺理论：瞿秋白的影响	김영문	岭南中国语文学会	1991
关于中国近代诗歌在体式上的变化相关研究	유중하	中国语文学研究会	1991
中国文学研究史长编	金槿	中文	1991
中国新文学运动初期的《红楼梦》评价考察	高旼喜	高丽大学	1991
中国的戏曲批评与李渔的戏曲理论简介	하경심	中国语文学研究会	1991
蔡万植、老舍小说中出现的传统继承样相比较研究	刘丽雅	岭南中国语文学会	1991
清末小说理论批判的考察	조관희	中国语文学研究会	1991
评点源流与明清小说评点	조미원	中国语文学研究会	1991
鲍诗对李杜古风歌行之影响	金惠峰	高丽大学	1991
韩君平诗的讽刺与非战意识	柳晟俊	韩国中国语文学会	1991
关于汉代乐府民歌的概念及分类	金库澔	韩国中国语文学会	1991
黄遵宪诗渊源	崔锺世	中国语文研究会	1991
梅尧臣诗的风格研究	文明淑	韩国中国语文学会	1992
胡风的《主观战斗精神》论的成立：以"Passion"概念为中心	白永吉	高丽大学	1992
关于胡风的《论民族形式问题》试论	김희준	高丽大学	1992
《文心雕龙》的"原道"研究	全明镕	岭南中国语文学会	1992
《三言》中的明末士人相	闵惠敬	中国语文研究会	1992
关于《楚辞》综合小考与资料	郑雨光	高丽大学	1992
《词律》研究	李京奎	中国语文学研究会	1992
1920年代中国乡土文学研究	조성환	岭南中国语文学会	1992
1920年代中国历史小说研究	申振浩	中国语文学研究会	1992
九云记中的《红楼梦》影响研究	崔溶澈	高丽大学	1992
金瓶梅研究：以金瓶梅中的欲望与女人的爱情为中心	康泰权	中国语文学研究会	1992
姜夔词的"清空"考	李锺振	韩国中国语文学会	1992
唐代才华女流诗人"薛涛"	유희재	岭南中国语文学会	1992
摩罗诗力说研究	金永文	韩国中国语文学会	1992
文学研究会小考	赵璟姬	高丽大学	1992

文献名称	著/编/译者	发行处	发行年
方回诗论	申美子	韩国中国语文学会	1992
谢灵运的理想人物型析论：以其诗为中心	李光哲	中国语文学研究会	1992
谢冰心初期小说考察：以叙事构造与展开过程为主	朴宰范	中国语文研究会	1992
谢灵运山水诗研究	김남미	梨花女子大学	1992
关于叶燮诗歌创作的主客观条件	金海明	中国语文学研究会	1992
试论中国人对清空美偏爱的文学社会学研究	元锺礼	韩国中国语文学会	1992
新月派与徐志摩小考	金宜鎮	韩国中国语文学会	1992
严羽别材说考察	李宇正	中国语文学研究会	1992
王国维境界说的渊源与含义小考	李丙镐	韩国中国语文学会	1992
王夫之诗学体系中出现的诗人与世界的关系	柳昌娇	韩国中国语文学会	1992
袁宏道的现实论	李基勉	高丽大学	1992
元代公案剧中人物形象类型化与个性化	金光永	岭南中国语文学会	1992
袁枚《续诗品》创作原理论考察	崔日义	韩国中国语文学会	1992
刘勰言语观初探：关于魏晋玄学的言意之辨	金元中	岭南中国语文学会	1992
李白、杜甫交游小考	김성곤	韩国中国语文学会	1992
《尊前集》试论	郑宪哲	韩国中国语文学会	1992
朱敦儒词研究：以隐逸词为主	李东鄕	岭南中国语文学会	1992
关于周邦彦词的评价与寄托	李东鄕	高丽大学	1992
中国古代神话的人间创造与再造	宾美贞	韩国中国语文学会	1992
中国诗歌发展阶段论探索	吴台锡	韩国中国语文学会	1992
中国现代文学初期传统的继承与外来文艺思潮的收容研究	金时俊	韩国中国语文学会	1992
巴金《寒夜》的现实主义研究	朴兰英	高丽大学	1992
评点初探	许庚寅	中国语文学研究会	1992
韩愈诗译注（1）	이장우	岭南中国语文学会	1992
"五四"新文化运动与女性的发见	赵璟姬	高丽大学	1992
欧阳修记试探	吴洙亨	韩国中国语文学会	1993
罗隐与崔致远诗比较考	柳晟俊	韩国中国语文学会	1993
《论语》评论史研究二题	邵毅平	岭南中国语文学会	1993

文献名称	著/编/译者	发行处	发行年
《窦娥冤》的构成样式	李龙鎭	岭南中国语文学会	1993
《山海经》内容体系研究：以地理的观念为中心	徐敬浩	韩国中国语文学会	1993
《倪焕之》与《沉沦》的对比考察	朴宰范	高丽大学	1993
《玉函山房辑佚书》辑录古小说研究	金长焕	中国语文学研究会	1993
1930 年代中国历史小说：以三种创作类型为中心	신진호	中国语文学研究会	1993
1980 年后的韩国当代文学	이장우	岭南中国语文学会	1993
1949 年后 40 年间的中国文学史研究动向	최환	岭南中国语文学会	1993
歌剧《白毛女》与大众性的问题	黄瑄周	韩国中国语文学会	1993
关于孔子"学"的分析研究：以《论语》《学而》章的分析为中心	文锺鸣	岭南大学	1993
龚自珍《己亥杂诗》译注 1	崔锺世	高丽大学	1993
近年中国的唐代文学研究	손창무	岭南中国语文学会	1993
《楚辞》神话研究：以其源流及变迁过程为中心	선정규	成均馆大学	1993
谭复堂词论考	李奭炯	韩国中国语文学会	1993
唐、吐蕃之关系与高适边塞诗	崔庚鎭	中国语文学研究会	1993
刘勰"通变论"的复古倾向试论	김원중	岭南中国语文学会	1993
大陆当代"寻根文学"（1984-1986）初探	宋寅圣	中国语文研究会	1993
孟子文章风格研究	장창호	东海大学	1993
孟浩然自然诗考察：以舟行诗为主	朴美子	岭南中国语文学会	1993
茅盾小说结构与现实收容：以长篇小说为主	金荣哲	高丽大学	1993
文学研究会与外来文艺思潮初探	赵璟姬	高丽大学	1993
文学家的和平思想	백철	一念	1993
白光勋作品世界	林采龙	高丽大学	1993
北宋词论研究	宋龙准	岭南中国语文学会	1993
诗话学和古代文论研究	蔡鎭楚	岭南中国语文学会	1993
沈从文《边城》中"江"的象征	姜鲸求	岭南中国语文学会	1993
茅盾小说的构造与现实收容：以长篇小说为中心	金荣哲	中国语文研究会	1993
梁建植《红楼梦》评论与翻译文分析	崔溶澈	高丽大学	1993
吴趼人小说论考	沈亨哲	韩国中国语文学会	1993

文献名称	著 / 编 / 译者	发行处	发行年
吴趼人爱情小说《恨海》小考	金震坤	韩国中国语文学会	1993
王维自然诗形成的历史背景	朴三洙	岭南中国语文学会	1993
元曲的言语艺术：以与诗、词的比较为中心	文盛哉	高丽大学	1993
袁宏道拟古乐府诗研究	禹在镐	韩国中国语文学会	1993
袁宏道的理想论	李基勉	高丽大学	1993
袁枚性灵论思想的背景：以"性情"分析为中心	李元揆	中国语文学研究会	1993
柳宗元寓言文研究	오수형	岭南中国语文学会	1993
李商隐应科行迹考	河运清	高丽大学	1993
丁玲的抗日活动与抗日小说	赵诚焕	岭南中国语文学会	1993
第 1 期创造社的文学思想小考	崔宁夏	韩国中国语文学会	1993
赵树理小说的民众性：以《李家庄变迁》为主	白永吉	高丽大学	1993
中国文学中的叙事诗概念小考	田宝玉	中国语文学研究会	1993
中国历代白话诗与新诗之纵承关系	许世旭	高丽大学	1993
陈师道诗的风格考	崔琴玉	岭南中国语文学会	1993
巴金抗战三部作《火》研究	朴兰英	高丽大学	1993
风格的概念	彭铁浩	韩国中国语文学会	1993
韩愈诗译注（2、3）	이장우	岭南中国语文学会	1993
关于抗日战争时期重庆地区的"民族形式中心源泉论争"	김회준	高丽大学	1993
嵇康的神仙追求	边成圭	韩国中国语文学会	1993
胡适《尝试集》考察	崔成卿	岭南中国语文学会	1993
中国新时期的后现代主义研究：文化的转型问题	白元淡	中国语文学研究会	1994
老舍《猫城记》研究	金宜镇	韩国中国语文学会	1994
鲁迅文学中的神话借鉴及再现	宾美贞	韩国中国语文学会	1994
现代中国鲁迅研究方法论试探	金河林	中国语文学研究会	1994
中国近代文学的近代性与反近代性：以农村与城市的对比为中心	정진배	中国语文学研究会	1994
《金瓶梅》中的性	강태권	岭南中国语文学会	1994
《三言》之"发迹变泰"故事的现实描写	闵惠敬	高丽大学	1994

文献名称	著/编/译者	发行处	发行年
《乐府补题》研究	李京奎	中国语文学研究会	1994
从《瀛奎律髓汇评》来看的陈与义诗风格	崔琴玉	韩国中国语文学会	1994
通过《芝峰类说》看李睟光的杜甫诗论研究	全英兰	岭南中国语文学会	1994
贾岛的诗歌创作研究	吴台锡	韩国中国语文学会	1994
龚自珍《己亥杂诗》译注 2	崔锺世	高丽大学	1994
郭沫若其人其诗	温儒敏	高丽大学	1994
外国文学对鲁迅的影响研究	金河林	高丽大学	1994
庐隐的小说小考	김은희	中国语文学会	1994
唐皇甫湜及其诗三首考	유성준	中国语文学会	1994
唐传奇所表现出的人生观与爱情观	金钟声	中国语文研究会	1994
杜甫初期诗中所反映的心理葛藤考察	李永朱	韩国中国语文学会	1994
大陆的古典文学研究简介	손창무	岭南中国语文学会	1994
明后期主情论研究	崔仁爱	岭南中国语文学会	1994
明末清初启蒙思潮与《红楼梦》	高旼喜	高丽大学	1994
茅盾小说与时代性	金荣哲	岭南中国语文学会	1994
《文心雕龙》中表现的读者的审美活动	金民那	中国语文学会	1994
闻一多诗的色彩规律	许世旭	高丽大学	1994
《史记》人物描写研究 1：《史记》人物描写研究史略	李寅浩	高丽大学	1994
叙事与意识形态：中国、为了那永远的帝国的变奏	郑在书	中国语文学研究会	1994
关于叶燮诗歌作法的活法理论	金海明	中国语文学研究会	1994
从诗语分析看谢灵运的内容意识	金万源	韩国中国语文学会	1994
诗篇研究	박준서	延世大学	1994
从新时期小说看"人性恢复"与"欲望"问题	임춘성	中国语文学研究会	1994
沈从文爱情小说研究	姜鲸求	岭南中国语文学会	1994
《丽汉十家文钞》中的杂记初探	오수형	中国语文学会	1994
温词、韦词风格比较研究	이종진	中国语文学会	1994
用事考：以《文心雕龙》为主	金元中	岭南中国语文学会	1994
袁宏道文学改革论的背景	李基勉	高丽大学	1994
袁宏道的社会诗的特征	禹在镐	岭南中国语文学会	1994

文献名称	著/编/译者	发行处	发行年
元末《水浒传》成立与宋元社会	이개석	岭南中国语文学会	1994
袁枚的"性灵说"中出现的诗歌鉴赏论法	宋永珠	岭南中国语文学会	1994
李贽研究试论：为理解其文学思想的几个前提	김혜경	中国语文学会	1994
李贺神怪诗研究	宋幸根	岭南中国语文学会	1994
丁玲农民小说研究	赵诚焕	岭南中国语文学会	1994
第1期创造社小说中"爱情"考察	崔宁夏	韩国中国语文学会	1994
朱子交游诗研究	申美子	韩国中国语文学会	1994
周作人的文艺观研究（1918–1928）	赵璟姬	高丽大学	1994
周作人的传统文学观：以"载道"与"言志"文学观为主	金美廷	韩国中国语文学会	1994
中国20年代的象征派诗研究	정성은	中国语文学会	1994
中国现代浪漫主义相关研究史、中国的情形	金永文	韩国中国语文学会	1994
中国古典诗体中六言绝句的生成、发展及特色研究	李致洙	岭南中国语文学会	1994
关于中国文学产生过程的观察：以文学规范与文学体验为中心	徐敬浩	韩国中国语文学会	1994
中国文学的存在方式分析试论	金越会	韩国中国语文学会	1994
中国现代文学与汉语	王淸波	庆南大学	1994
清末外来文艺思潮论	金时俊	韩国中国语文学会	1994
初唐四杰诗的几个问题	安炳国	中国语文学会	1994
巴金《随想录》研究	朴兰英	高丽大学	1994
《左传》中出现的民本思想研究	장영백	中国语文学研究会	1995
明清曲论中的虚实论	金光永	韩国中国语文学会	1995
明代寓言文学研究	吴洙亨	韩国中国语文学会	1995
《史记》的语言性格：以与《庄子》语言比较为中心	李寅浩	梨花中国语文学会	1995
《易传》的基本思想	金民那	梨花中国语文学会	1995
《幽明录》试论	张贞海	梨花中国语文学会	1995
论《焦仲卿妻》的叙事结构	金庠澔	梨花中国语文学会	1995
论风骨	王小舒	梨花中国语文学会	1995
小说评点功能考察	韩惠京	梨花中国语文学会	1995

文献名称	著 / 编 / 译者	发行处	发行年
欲观于诗必先知比兴：以二南为例	文幸福	梨花中国语文学会	1995
李商隐咏柳诗研究	李锺振	梨花中国语文学会	1995
中国梦文化与先秦文学试论	姜宗妊	梨花中国语文学会	1995
胡适的新诗观考察	崔成卿	岭南中国语文学会	1995
关于《醒世姻缘传》的作家	정재량	高丽大学	1995
《雷雨》女主人公"繁漪"人物形象小考	赵德昌	中国语文研究会	1995
《红楼梦》第 5 回中的"太虚幻境"意义	高旼喜	中国语文研究会	1995
《乐府指迷》研究	宋龙准	韩国中国语文学会	1995
《梦艺集》在国语学上的意义	정우택	艾山学会	1995
《不死的神话与思想》：关于《山海经》《抱朴子》《列仙传》《神仙传》的探求	김지선	岭南中国语文学会	1995
《史记》引诗援文	李寅浩	高丽大学	1995
关于《三国演义》"毛评"的小说构成论	李鎭国	韩国中国语文学会	1995
《孽海花》之近代的要素考察	魏幸复	韩国中国语文学会	1995
《李娃传》再考察	成润淑	岭南中国语文学会	1995
《庄子·天下》篇的六经原理理解	文智成	中国语文学研究会	1995
关于"九云记"的讨论	刘世惪 著，崔溶澈 译	高丽大学	1995
关于"风格"形成的叶燮的"文质"关系理论	金海明	中国语文学研究会	1995
姜白石词意象安排的艺术性	黄永姬	梨化中国语文学会	1995
龚自珍《己亥杂诗》译注 3	崔锺世	高丽大学	1995
郭沫若、郁达夫的身边小说与日本的私小说	朴宰范	高丽大学	1995
老舍《月牙儿》研究	金垠希	韩国中国语文学会	1995
鲁迅前期文学中的女性观	조경희	高丽大学	1995
论金圣叹的《西厢记》批评	유위민	高丽大学	1995
唐传奇爱情危机类事件原委运用上的特征及意义	성윤숙	岭南中国语文学会	1995
戴望舒诗论特征与文学史方面的脉络	金素贤	中国语文研究会	1995
杜牧咏史诗初探	卢在俊	中国语文学研究会	1995
晚清短篇小说试论：从叙事内容与样式变化的观点	崔桓	岭南中国语文学会	1995

文献名称	著/编/译者	发行处	发行年
梅尧臣咏物诗研究	文明淑	高丽大学	1995
茅盾《动摇》分析试论	沈惠英	韩国中国语文学会	1995
封建与近代的错综：《活动变人形》的复合性解读	全炯俊	韩国中国语文学会	1995
北宋后期南宋初期诗坛的变化	李致洙	高丽大学	1995
北宋初期西崑体诗研究	宋龙准	岭南中国语文学会	1995
北宋初期词的豪放化倾向	柳种睦	韩国中国语文学会	1995
分析的风格批评	彭铁浩	韩国中国语文学会	1995
作为悲剧象征的诗世界：以李贺为例	洪尚勋	韩国中国语文学会	1995
《史记》的寓言的特征	李寅浩	中国语文学会	1995
谢灵运诗创作时期考	李光哲	中国语文学研究会	1995
先秦史传散文的文学体裁研究：以《战国策》为中心	金钟声	高丽大学	1995
苏轼、辛弃疾的诙谑词	李东郷	高丽大学	1995
苏轼饮酒诗考察	曹圭百	岭南中国语文学会	1995
宋代诗论小考：以禅、绘画的影响为主	전영숙	岭南中国语文学会	1995
诗歌风格"婉曲"的含义分析	崔日义	韩国中国语文学会	1995
从诗的精神的角度看胡风主观战斗精神的现代意义	임우경	中国语文学研究会	1995
诗学"神韵"考	宋永珠	中国语文学会	1995
新时期小说中知识分子形象	金荣哲	高丽大学	1995
略论明清戏曲对小说的主动接受	李眞瑜	高丽大学	1995
吴文英词析论	李东郷	高丽大学	1995
汪师韩与唐诗观	柳晟俊	韩国中国语文学会	1995
王安石的人性论：以现存研究倾向中的几种问题为主	柳莹杓	岭南中国语文学会	1995
郁达夫《沉沦》与个性（identity）之危机	李珠鲁	韩国中国语文学会	1995
袁宏道诗歌渊源	禹在镐	韩国中国语文学会	1995
袁枚诗论体系	이원규	中国语文学研究会	1995
庾信诗的田园特征	卢曘熙	韩国中国语文学会	1995
刘禹锡文学理论	朴仁成	高丽大学	1995
柳宗元论说文表现方法研究	박경란	中国语文学研究会	1995
李贺讽喻诗中出现的现实认识	宋幸根	岭南中国语文学会	1995

文献名称	著 / 编 / 译者	发行处	发行年
对传统儒家文学理论的宋代道学家的异见	洪光勋	岭南中国语文学会	1995
前后七子与公安派的同根性研究	李基勉	高丽大学	1995
诸宫调结构原理	김우석	韩国中国语文学会	1995
从宗教文化意义方面看志怪文本：以《神异经》与《十洲记》为中心	金芝鲜	高丽大学	1995
朱子前后期《诗经》论比较研究	이재훈	高丽大学	1995
朱熹诗渊源	장세후	岭南中国语文学会	1995
朱子前后期《诗经》论比较研究	李再薰	中国语文研究会	1995
周作人与林语堂的审美观及1930年的小品文运动	金美廷	韩国中国语文学会	1995
中国禁书研究：以明代爱情小说为中心	姜泰权	中国语文学研究会	1995
中国叙事诗传统渊源与主要特质	田宝玉	中国语文学研究会	1995
中国诗歌中出现的悲哀意识展开样态	吴台锡	韩国中国语文学会	1995
中国大禹神话群与韩国朱萌神话群：其相关性、起源及深层象征性	이인택	中国语文学研究会	1995
中国左翼文学中的意识形态与美学的相关研究	정진배	中国语文学研究会	1995
中国中世仙境话本展开（2）：以唐传奇为主	金元东	韩国中国语文学会	1995
中国感生神话研究：作为民族起源神话的一部分	金善子	中国语文学研究会	1995
中国古典小说的报应观初探：以《窦娥冤》等十篇为主	王策宇	高丽大学	1995
中国古典诗歌中"平淡"意义解释	权镐钟	韩国中国语文学会	1995
中国文艺政策的树立及变化过程研究	金时俊	韩国中国语文学会	1995
志人小说界说之我见	宁稼雨	高丽大学	1995
关于晋察冀边区"文艺的民族形式论争"	金会峻	岭南中国语文学会	1995
创造社小说特性考察	崔宁夏	韩国中国语文学会	1995
楚辞文体考	沈成镐	岭南中国语文学会	1995
《丈夫》的悲剧性研究	김성동	高丽大学	1995
关于"焦仲卿妻"的叙事结构	김상호	中国语文学会	1995
巴金《憩园》研究	朴兰英	高丽大学	1995
废名小说《桥》的禅思想与诗画意识	정성은	高丽大学	1995

文献名称	著/编/译者	发行处	发行年
皮日休文学观	黄珵喜	高丽大学	1995
韩愈的斥佛思想探讨：以其散文为中心	최형욱	中国语文学研究会	1995
嵇康的现实认识与山阳隐居 1	边成圭	韩国中国语文学会	1995
《民族形式论争》有关评价	김희준	高丽大学	1995
1995 年《文心雕龙》国际学术讨论会参观记：中国文学研究史长编（二十四）	李鸿镇、彭铁浩	岭南中国语文学会	1995
论《九云记》	崔溶澈	中国语文研究会	1995
《论语释疑》补论	曹明和	韩国中国语文学会	1996
林纾小说论小考	沈亨哲	韩国中国语文学会	1996
谢灵运创作时期初探	李光哲	中国语文学研究会	1996
杜甫五言绝句研究	李永朱	韩国中国语文学会	1996
水浒故事样式变化考察	申智瑛	韩国中国语文学会	1996
《长恨歌传》考	姜宗妊	中国语文学会	1996
论王维山水诗的梵音世界	欧海龙	中国语文学会	1996
论中国新时期女性散文艺术特征	李华珍	中国语文学会	1996
神韵诗学刍议	王小舒	中国语文学会	1996
章学诚的"文理"论	朴英姬	中国语文学会	1996
中国诗歌与印度梵语诗学	蔡镇楚	中国语文学会	1996
关于"诗集传"赋比兴标识研究	이재훈	高丽大学	1996
"新与旧"的悲剧性考察	김성동	高丽大学	1996
《儒林外史》中清代知识分子的近代意识及其局限	조관희	高丽大学	1996
《周易》：未知的预言文本	吴锺林	韩国中国语文学会	1996
《青楼集》的元杂剧俳优研究	权应相	韩国中国语文学会	1996
关于《红楼梦》中所反映的佛教考察	高旼喜	高丽大学	1996
1920-1930 年代的韩中专业文学运动比较研究 1：以组织问题为中心	全炯俊	韩国中国语文学会	1996
40 回本《三遂平妖传》的结构研究	徐贞姬	岭南中国语文学会	1996
简评沈璟剧作的语言艺术及其本色论	文盛哉	高丽大学	1996
康海《中山狼》杂剧研究	权应相	韩国中国语文学会	1996

文献名称	著 / 编 / 译者	发行处	发行年
古代中国的歌谣研究	金库澔	韩国中国语文学会	1996
公安派文人及其文论：以三袁以外的文人为中心	南德铉	岭南中国语文学会	1996
龚自珍《己亥杂诗》译注 4	崔锺世	高丽大学	1996
郭沫若诗的近代性格及局限：以《女神》为主	金素贤	高丽大学	1996
鲁迅小说的叙述样式及作家意识	박재범	高丽大学	1996
唐诗演变过程研究	김명원	京畿大学	1996
杜甫夔州时期诗小考：以咏怀诗为主	金宜贞	中国语文学会	1996
杜甫诗中"纹"与"力"的美学（上、下）	元锺礼	韩国中国语文学会	1996
杜甫五言绝句研究	李永朱	韩国中国语文学会	1996
晚唐五代文人词的意境研究（2）：以西蜀词为主	柳明熙	高丽大学	1996
理解晚清时期文学观的一个线索：关于梁启超前后诗论中出现的"诗"的名称与范畴的考察	闵正基	韩国中国语文学会	1996
茅盾的人物描写论及其实际	金荣哲	高丽大学	1996
北宋初期白体诗研究：以王禹称诗为主	宋龙准	岭南中国语文学会	1996
谢灵运《乐府》创作时期初探	李光哲	中国语文学研究会	1996
三名狂人：以郁达夫、鲁迅、沈从文的小说为主	姜鲸求	岭南中国语文学会	1996
苏东坡寓言文初探	吴洙亨	韩国中国语文学会	1996
苏洵论辩文研究	金锺燮	韩国中国语文学会	1996
苏轼诗研究：以抒情诗为主	李鸿镇	岭南中国语文学会	1996
苏轼诗研究：以现实批评诗为主	李鸿镇	岭南中国语文学会	1996
宋以前的说唱及其底本的探索：以唐代的俗讲、转换及话本为中心	金映植	韩国中国语文学会	1996
《诗经》《楚辞》押韵考	崔东杓	中国语文学会	1996
新论《史记·滑稽列传》	李寅浩	高丽大学	1996
新写实主义论	金荣哲	高丽大学	1996
新时期中国散文的世界化与民族化	김희준	高丽大学	1996
沈从文文学世界中的记忆与叙事	孔翔喆	高丽大学	1996
如绮余霞照眼明：清诗述略	叶君远	中国语文学研究会	1996
联章词的发生与发展	柳锺睦	韩国中国语文学会	1996

文献名称	著 / 编 / 译者	发行处	发行年
汪瑗《楚辞集解》小考	孙正一	中国语文学研究会	1996
汪曾祺小说研究	申美子	韩国中国语文学会	1996
元杂剧的改编体制	安祥馥	韩国中国语文学会	1996
袁宏《名士传》研究	金长焕	中国语文学研究会	1996
袁枚文质理论	李元撲	中国语文学研究会	1996
六朝文艺美学总论：《文心雕龙》的诞生背景	金民那	岭南中国语文学会	1996
李劼人《死水微澜》再评价	申振浩	中国语文学研究会	1996
印度叙事诗《罗摩衍那》与中国小说《西游记》相关性考察	罗善姬	韩国中国语文学会	1996
《长恨歌传》考	강종임	中国语文学会	1996
从两岸当代诗比较中国传统文化	许世旭	高丽大学	1996
朱熹诗研究	张世厚	岭南大学	1996
中国古代文学的自传研究	金锺燮	韩国中国语文学会	1996
中国古典诗歌中的"侠"	李致洙	岭南中国语文学会	1996
中国诗和文学史的展开：新的研究模式摸索	吴台锡	岭南中国语文学会	1996
中国新时期女性散文内容综观	李华珍	高丽大学	1996
中国语文学研究史长编（25）：魏晋南北朝志怪小说的研究	이검국	岭南中国语文学会	1996
中国语文学研究史长编（26）：梁建植的中国文学研究与翻译	최용철	岭南中国语文学会	1996
志怪与传奇间叙事学的世界观	洪尚勋	韩国中国语文学会	1996
清代小说所反映的夫妇伦理研究	朴永锺	岭南中国语文学会	1996
巴金无政府主义小考	朴兰英	高丽大学	1996
关于鲍照的《代出自蓟北门行》诗	宋永程	岭南中国语文学会	1996
风格批评之渊源：以人物批评对文学风格批评的影响为中心	彭铁浩	岭南中国语文学会	1996
韩国所藏中国小说资料的发掘与研究	崔溶澈	高丽大学	1996
关于韩愈论诗诗	李锺汉	岭南中国语文学会	1996
海内孤本《黄律卮言》的发现及其价值	高国藩、梅俊道	高丽大学	1996

文献名称	著 / 编 / 译者	发行处	发行年
嵇康的现实认识与山阳隐居 2	边成圭	韩国中国语文学会	1996
华文文学与中国文学	许世旭	高丽大学	1996
第一次中华全国文学艺术工作者代表大会的意义与反响	金时俊	韩国中国语文学会	1996
唐海《中山狼》杂剧研究	权应相	韩国中国语文学会	1996
《论语》疑义研究（1）	李康齐	韩国中国语文学会	1997
唐代《五经正义》的南学继承与经学史的意义	李康范	中国语文学研究会	1997
郭沫若与中国近代性的体验	李旭渊	中国语文学会	1997
《文心雕龙·定势》篇的主题	彭铁浩	韩国中国语文学会	1997
女性主义角度来考察《红楼梦》	高旼喜	中国语文研究会	1997
《红楼梦》的儒家思想研究	李光步	中国语文研究会	1997
龚自珍《己亥杂诗》译注 5	崔锺世	中国语文研究会	1997
杜甫初期诗性格考察	李永朱	韩国中国语文学会	1997
五四与中国现代文学的产生和发展	赵凤翔	中国语文研究会	1997
王安石记体文说理性	吴宪必	中国语文研究会	1997
第一次贬谪时期的东坡词	柳种睦	韩国中国语文学会	1997
七月派的诗论中出现的自我意识	张东天	中国语文研究会	1997
叶燮的文学批评论	金海明	中国语文学研究会	1997
鲁迅《野草》的自我消亡及"无化"的精神结构	洪昔杓	韩国中国语文学会	1997
论哀枚的性情论	崔日义	韩国中国语文学会	1997
词的南方文学的特性及其成因	柳种睦	韩国中国语文学会	1997
竟陵、公安两派关系述略	邬国平	中国语文研究会	1997
龚自珍《己亥杂诗》译注 6	崔锺世	中国语文研究会	1997
《史记》人物描写研究 2	李寅浩	中国语文研究会	1997
舒芜与路翎的个性解放论	张东天	中国语文研究会	1997
王安石碑志文研究：以主题意识为主	吴宪必	中国语文研究会	1997
中国历代禁书小说研究	崔溶澈	中国语文研究会	1997
北岛诗中出现的时间性研究	李庚夏	中国语文学会	1997
新文学运动时期的"言文一致论"研究	全炯俊	中国语文学会	1997

文献名称	著 / 编 / 译者	发行处	发行年
梁启超的诗论：诗的力量与诗的世界之间	李琼敏	中国语文学会	1997
废名作品中出现的佛教色彩：以《桥·花红山》为中心	吉贞行	中国语文学会	1997
何其芳散文集《画梦录》的象征世界	郑圣恩	中国语文学会	1997
韩国的中国现代文学研究概况和远景	金时俊	中国语文学会	1997
"元和体"诗在文学史上的意义	金学主	岭南中国语文学会	1997
《贵生》的悲剧性考察	김성동	中国语文学研究会	1997
《豆棚闲话》：中国古典小说中的框架结构	邵毅平	岭南中国语文学会	1997
《杜诗谚解》小考	闵庚三	中国语文研究会	1997
关于《聊斋志异》中的道家素材的作品小考	裵柄均	韩国中国语文学会	1997
《诗经·南·风·雅·颂》探源	文幸福	岭南中国语文学会	1997
《诗经·国风》笺释散考	河运清	岭南中国语文学会	1997
《易经》卦爻辞的"前诗"现象：兼评"古歌征引"说	王振复	岭南中国语文学会	1997
《紫钗记》的人物形象分析	卢相均	韩国中国语文学会	1997
《战国策》的东周西周论	金钟声	中国语文论译学会	1997
《周易》的文学理论：以文道关系论为中心	李世东	岭南中国语文学会	1997
《中州集》研究	洪光勋	岭南中国语文学会	1997
《七月》考析	이우정	中国语文学研究会	1997
《汉园集》中卞之琳的诗：西方近代主义吸收及其演变	郑雨光	中国语文学会	1997
《红楼梦》儒家思想研究	李光步	中国语文研究会	1997
"正末""正旦"考	日下翠 著，权应相 译	岭南中国语文学会	1997
《金瓶梅》中的女人研究	康泰权	中国语文学研究会	1997
1920 年代与 1980 年代的女性小说比较研究	金垠希	中国语文学会	1997
20 世纪初的时空感：以小说理论家为中心	李宝暻	中国语文学研究会	1997
关于古代散文研究的几个问题	吴洙亨	岭南中国语文学会	1997
南宋中期诗研究	李致洙	中国语文研究会	1997

文献名称	著/编/译者	发行处	发行年
谢灵运诗对南朝诗人的影响	李光哲	中国语文学研究会	1997
鲁迅的"人间"理解	徐光德	中国语文学研究会	1997
论南北朝时期南北文风的初步交融	조홍	岭南中国语文学会	1997
论明末言情小说观及其发展阶段	曹萌	中国语文研究会	1997
"唐宋八大家"形成背景考察	金锺燮	韩国中国语文学会	1997
敦煌变文变体	金文京	岭南中国语文学会	1997
桐城派方苞的"义法"说探讨	崔亨旭	中国语文学研究会	1997
杜甫初期诗性格考察	李永朱	韩国中国语文学会	1997
略论初唐乐府之演进	김은아	中国语文论译学会	1997
鲁迅前期文学思想研究	李丙镐	韩国中国语文学会	1997
刘勰的体裁（genre）论研究	金元中	岭南中国语文学会	1997
董解元《西厢记诸宫调》二题	李陆禾	中国语文研究会	1997
孟浩然诗风格试论	李南锺	韩国中国语文学会	1997
明末诗评点书《诗归》的评诗法：关于其形式主义批评	高仁德	中国语文学研究会	1997
明清诗学对诗歌本质问题的反省与总结	张健	岭南中国语文学会	1997
明清创作论发展样相：以创作的主客观要素为中心	李元揆	中国语文学研究会	1997
目连故事中罗卜名称的转变及其原形	张椿锡	岭南中国语文学会	1997
从文艺心理学角度来看的"发愤著书"：以屈原与司马迁为主	沈揆昊	岭南中国语文学会	1997
闻一多新格律诗艺术的形式	俞景朝	中国语文学研究会	1997
文学范畴内"小品"概念与近来用例	李济雨	中国语文论译学会	1997
民国初小说观再认识	沈亨哲	韩国中国语文学会	1997
白居易诗中出现的"鹤"意象	俞炳礼	中国语文研究会	1997
北宋初期晚唐体诗研究	宋龙准	岭南中国语文学会	1997
从史传到虚构：中国的叙事学	Lu, Sheldon Hsiano-peng 著，赵美媛 译	中国语文论译学会	1997
先秦诗、乐的结合与分离	沈成镐	岭南中国语文学会	1997

文献名称	著 / 编 / 译者	发行处	发行年
先秦文学对于商人的表现	邵毅平	岭南中国语文学会	1997
世纪转型期中国散文的风貌	傅德岷 著, 金会峻 译	中国语文研究会	1997
苏轼的诗境	安熙珍	岭南中国语文学会	1997
黄州时期苏轼词	李锺振	韩国中国语文学会	1997
宋词的"雅"和"俗": 以艳情词为主	李东乡	岭南中国语文学会	1997
新时期女性小说研究	金垠希	韩国中国语文学会	1997
略论初唐乐府之演进	金银雅	中国语文论译学会	1997
论叶圣陶《倪焕之》中出现的教育者形象	김해명	中国语文学研究会	1997
五四与中国现代文学的产生和发展	赵璟姬	中国语文研究会	1997
王国维的屈原礼赞论	柳昌娇	韩国中国语文学会	1997
王梵志诗的敦煌传播与变异过程	具教贤	中国语文学研究会	1997
王安石记体文的议理性	吴宪必	中国语文研究会	1997
王渔洋与申紫霞诗学关联性研究	琴知雅	中国语文学研究会	1997
郁达夫初期小说研究	徐义永	中国语文学研究会	1997
"元和体"诗的文学史意义	金学主	岭南中国语文学会	1997
庾信"乡关之思"考察: 以《拟咏怀诗》为主	이국희	岭南中国语文学会	1997
对刘禹锡诗歌诸家的批评考察	禹在镐	韩国中国语文学会	1997
刘勰思想研究	徐润锡	韩国中国语文学会	1997
阴阳五行自然哲学思想对古代小说形成的影响	李 星	韩国中国语文学会	1997
李白诗译注解 1	金泰凤	韩国中国语文学会	1997
《离骚》的"巫"性质考察	김인호	韩国中国语文学会	1997
李清照与许兰雪轩比较研究: 以相关研究动向分析 与女性诗词人的特性考察为中心	金贤贞	公州大学	1997
关于李太白的《菩萨蛮》《忆秦娥》	李京奎	中国语文学研究会	1997
蒋防《霍小玉传》悲剧的多重性研究	俞炳甲	中国语文学研究会	1997
郑振铎论: 以文学的成果为主	申振浩	中国语文学研究会	1997
周邦彦词的时空构造变化相关分析	김정희	岭南中国语文学会	1997
周邦彦、张炎等宋代杭州地区词人的用韵特色	裵宰奭	中国语文学研究会	1997

文献名称	著/编/译者	发行处	发行年
"竹林七贤"的史实与功过	边成圭	韩国中国语文学会	1997
中国古典讽刺小说的范围与类型	吴淳邦	中国语文论译学会	1997
中国白话小说的语言及其叙事模型	김진곤	中国语文论译学会	1997
中国新歌剧的形成与特征	梁会锡	韩国中国语文学会	1997
中国新文学上鲁迅与胡适比较研究	朴云锡	岭南中国语文学会	1997
中国古典讽刺小说的范围与类型	吴淳邦	中国语文论译学会	1997
中国小说的本质和中国小说史分类理论角度上的技术	赵宽熙	中国语文学研究会	1997
中国现代散文论	朴云锡	岭南中国语文学会	1997
利用集合和坐标概念的中国文学批评中关于风格用语的美的范畴研究	元锺礼	韩国中国语文学会	1997
"采桑"诗歌的审美意识小考	권혁석	韩国中国语文学会	1997
清末词学之尊体说考	李奭炯	岭南中国语文学会	1997
初唐边塞诗考	崔庚鎭	中国语文学研究会	1997
评车柱环教授《钟嵘诗品校证》：兼论古代文论校勘中的几个问题	张伯伟 著，柳东春 译	岭南中国语文学会	1997
关于鲍令晖的诗	宋永程	岭南中国语文学会	1997
风格用语"冲淡"研究	安炳国	中国语文学研究会	1997
《翰苑集》中卞之琳的诗：西方现代主义的吸收及其演变	정우광	中国语文学会	1997
现代抒情小说试论：以鲁迅、沈从文的短篇小说为中心	李时活	岭南中国语文学会	1997
《水浒传》结构特征考察	金晓民	中国语文研究会	1998
中国文学理论批评史：先秦篇	敏泽	诚信女子大学出版社	1998
光复以前韩国的鲁迅文学及鲁迅	金时俊	韩国中国语文学会	1998
近代诗时事意义考察：关于儒家思想	설순남	韩国中国语文学会	1998
杜牧诗的用韵研究	卢在俊	中国语文学研究会	1998
苏轼的传神论	李元揆	中国语文学研究会	1998
杜甫考	李永朱	韩国中国语文学会	1998
"游"与艺术思考：庄子与刘勰对"游"的冥想	金锺美	韩国中国语文学会	1998

文献名称	著/编/译者	发行处	发行年
关于古代中国诗歌的创作过程研究	金庠澔	韩国中国语文学会	1998
袁宏道绝句诗研究 1	禹在镐	韩国中国语文学会	1998
中国古典诗歌中的夸张美学	姜声尉	韩国中国语文学会	1998
况周颐词论研究	李奭炯	韩国中国语文学会	1998
杜诗"香稻啄余鹦鹉粒、碧梧栖老凤凰枝"联的解释前后	黄瑄周	韩国中国语文学会	1998
北宋后期诗的诗史考察：从类型发展的角度	吴台锡	韩国中国语文学会	1998
诗歌风格"沉着"的含义分析	崔日义	韩国中国语文学会	1998
《诗经·风》诗新解释：以恋爱诗和祝婚诗为主	金寅浩	韩国中国语文学会	1998
神韵美的特征：谢灵运与盛唐山水诗比较	元锺礼	韩国中国语文学会	1998
从神话到故事中"舜"的形象演变考察	卢相均	韩国中国语文学会	1998
刘禹锡《竹枝词》小考	申贞熙	韩国中国语文学会	1998
流派风格的性格	彭铁浩	韩国中国语文学会	1998
陆游词的主题及创作观考察：以与诗比较为中心	朱基平	韩国中国语文学会	1998
阴铿及其诗	宋永程	韩国中国语文学会	1998
古代作品在李白乐府的影响力研究 1	진옥경	韩国中国语文学会	1998
李调元曲论研究	金光永	韩国中国语文学会	1998
曹操散文试论	吴洙亨	韩国中国语文学会	1998
中国古典诗歌的叙事体裁研究	金庠澔	韩国中国语文学会	1998
从中国现代散文看中国现代精神史的一个层面：从周作人到贾平凹	金美廷	韩国中国语文学会	1998
和韵诗的类型与特性考	姜声尉	韩国中国语文学会	1998
韩愈"排佛兴儒"原因研究	黄瑆喜	中国语文研究会	1998
夹缝中生存的现代文论支脉：论中国现代文学中纯艺术思潮的发展	胡有清	中国语文研究会	1998
洪兴祖的屈骚观考	朴永焕	岭南中国语文学会	1998
《野蔷薇》的时空与人物心理结构	김영철	中国语文研究会	1998
唐代文人列传（上）	오수형	岭南中国语文学会	1998
《山海经》小说的收容（1）：从东方朔到博尔赫斯	郑在书	中国语文研究会	1998

文献名称	著/编/译者	发行处	发行年
《三国演义》构成上的"连断"技法分析：与毛宗岗的评点相关	李鎭国	岭南中国语文学会	1998
《五伦全备记》研究1：《五伦全备记》版本系统与作者问题	吴秀卿	韩国中国语文学会	1998
《离骚》中的抒情主体性格与形象化样相	全英兰	岭南中国语文学会	1998
《长恨歌》叙事性研究	权应相	岭南中国语文学会	1998
《倩女离魂》的戏曲艺术特色：与唐传奇《离魂记》比较	朴泓俊	韩国中国语文学会	1998
《青楼集》杂剧俳优的活动时期与地域	权应相	韩国中国语文学会	1998
鬼画符的再书写：《狂人日记》的一个视角	金永文	岭南中国语文学会	1998
《大巧若拙》对中国文学的影响：以宋代的诗文为中心	박석	岭南中国语文学会	1998
1920年代庐隐小说及女性主义	赵璟姬	中国语文研究会	1998
七月派诗的"力"与"忧郁"两面性	张东天	中国语文研究会	1998
中国古典文学篇导论	李寅浩	中国语文研究会	1998
姜夔的恋情词	林永鹤	岭南中国语文学会	1998
竟陵派的试论及《诗归》	高仁德	中国语文学会	1998
龚自珍《己亥杂诗》译注7、8	崔锺世	中国语文研究会	1998
欧阳修的诗论与诗	宋龙准	岭南中国语文学会	1998
关于对中国文学史的宏观与微观研究	章培恒	中国语文研究会	1998
路翎小说的宗教性：救援意识变形的具体样相	白永吉	中国语文研究会	1998
老舍在抗战文学运动中所起的作用	杉本达夫	中国语文研究会	1998
鲁迅《呐喊》表现出的死亡意义	成润淑	岭南中国语文学会	1998
论明中叶文言小说创作的复苏	陈大康	中国语文论译学会	1998
论宝卷的产生及宋代起源说：兼谈日本泽田瑞德先生的观点	高国藩	中国语文研究会	1998
唐七绝的审美特性及其演变：以诗话为中心	李锺振	韩国中国语文学会	1998
杜牧诗用韵研究	卢在俊	中国语文学研究会	1998
杜甫《兵车行》考	李永朱	韩国中国语文学会	1998
杜甫诗中出现的心理矛盾分析	金宜贞	中国语文学研究会	1998

文献名称	著/编/译者	发行处	发行年
礼乐剥离后的文本形态	류순리	中国语文论译学会	1998
路翎《财主底儿女们》的主观性：中国抗战期小说的展开样相	白永吉	高丽大学	1998
关于明清时代社会风俗小说的叙事特征研究	宋眞荣	中国语文学会	1998
茅盾历史小说研究	申振浩	中国语文学研究会	1998
毛泽东的《红楼梦》评价研究	高旼喜	中国语文研究会	1998
老舍与沈从文讽刺小说比较	姜鲸求	岭南中国语文学会	1998
以《文选序》为中心看萧统的文学观	김양미	中国语文学会	1998
文言小说的理论研究与基础研究：关于文言小说研究的几个见解	李剑国 著，崔桓 译	中国语文论译学会	1998
通过文学阅读历史的两个类型：陈思和《新文学整体观》和余华的《活着》	白元淡	中国语文学研究会	1998
范成大田园诗的审美方式	崔雄赫	岭南中国语文学会	1998
思想体系与叙述形式方面《汉书·艺文志》对《文心雕龙》的影响研究	洪润基	中国语文研究会	1998
西方的中国现代小说研究	王德威 著，吴淳邦 译	中国语文论译学会	1998
《西浦漫笔》中出现的金万重批评观考察	정인모	东国专门大学	1998
小说式叙事的形成过程相关讨论：以鬼与阴间为中心	徐敬浩	中国语文研究会	1998
苏轼哲理词研究	이원규	中国语文学研究会	1998
宋代《楚辞学》发展过程及其影响	朴永焕	中国语文学会	1998
宋代话本小说《碾玉观音》与《志诚张主管》比较研究	박영환	中国语文学会	1998
宋之问诗研究	姜昌求	岭南中国语文学会	1998
诗词比较研究	李京奎	中国语文学研究会	1998
从植物分类学实质的角度新解《诗经》	洪承直、申铉哲	中国语文研究会	1998
辛弃疾词研究 1	尹寿荣	岭南中国语文学会	1998
寻微探隐：从田王建降的下落看《水浒传》故事的演变	마유원	中国语文研究会	1998

文献名称	著/编/译者	发行处	发行年
咏怀诗传统中的李白《古风五十九首》研究	신하윤	中国语文学会	1998
伍子胥故事中中国小说史的传承与变容样相	全寅初	中国语文研究会	1998
王士禛杜诗观再检讨	琴知雅	中国语文学研究会	1998
袁宏道绝句诗形式分析	禹在镐	岭南中国语文学会	1998
元代历史剧形成背景考察	李相雨	中国语文学研究会	1998
六朝小说界说	宁稼雨	中国语文论译学会	1998
李白诗中出现的"愁"字研究	李锺汉	岭南中国语文学会	1998
李贺诗本质论：浪漫的倾向作品分析	河运清	岭南中国语文学会	1998
人文学研究中"写作"问题	赵宽熙	中国语文学研究会	1998
传统宋词学的总结与后续发展	金鲜	中国语文学会	1998
关于曹禺戏曲的研究动向与"曹禺三部曲"	韩相德	中国语文学会	1998
曹禺代表作品的下人形象研究	赵得昌	中国语文研究会	1998
朝向宏观综合的文学研究：论文学史与文学理论、文学批评	黄庆萱	中国语文研究会	1998
从影响层面看中国小说的历史定位：以青心才人《金云翘传》为例	陈益源	中国语文研究会	1998
中国文学史上小说类型叙述观点分析：以初期文学史两种为中心	李腾渊	中国语文研究会	1998
朱骏声"说文"学的成就	박흥수	中国语文学会	1998
朱熹吟诗论	이재훈	中国语文研究会	1998
中国古代梦的观念及唐代梦小说	姜宗妊	中国语文学会	1998
中国动物变身神话研究	金善子	中国语文学研究会	1998
中国叙事诗的故事成立背景考察	田宝玉	中国语文学研究会	1998
中国笑话的研究课题与重要书目	李济雨	中国语文论译学会	1998
中国现代主义运动的走向：以诗为中心	정우광	中国语文论译学会	1998
中国文学批评论思维试论	吴台锡	韩国中国语文学会	1998
中国文学史中的诗歌叙述体制的诸多问题：以唐诗为中心	俞炳礼	中国语文研究会	1998
中国文学史中的"古代"与"现代"	金学主	中国语文研究会	1998

文献名称	著/编/译者	发行处	发行年
中国文学史的宏观研究与微观研究	车柱环	中国语文研究会	1998
中国小说与民间文学关系	李福清	中国语文研究会	1998
中韩小说交流的例证：韩国小说《训世评话》评介	刘德隆	中国语文论译学会	1998
陈与义词研究	李致洙	中国语文研究会	1998
清代中期经学家的文章理论	朴英姬	中国语文学会	1998
清末小说的传统继承与革新：吴趼人《九命奇冤》中古典小说传统技法继承与受西欧翻译小说影响的革新	吴淳邦	中国语文论译学会	1998
《楚辞学》成立与发展	孙正一	中国语文学研究会	1998
秋瑾后期诗歌内容考	朴仁成	中国语文研究会	1998
七月派诗的"力"与"忧郁"的两面性	张东天	中国语文研究会	1998
巴金无政府主义再探	朴兰英	中国语文研究会	1998
废名的短篇小说研究：追求永远的理想与梦想	李时活	岭南中国语文学会	1998
笔记小说概论	苗壮	中国语文论译学会	1998
何其芳《预言》小考	李先玉	韩国中国语文学会	1998
关于韩愈散文的诗的特征	李锺汉	韩国中国语文学会	1998
韩愈《调张籍》诗意发微：对李杜诗史地位形成的一种考察	阮堂明	岭南中国语文学会	1998
海派：解体？颓废？作为"异端"的学做与文化战略	金秀妍	中国语文研究会	1998
侠义爱情小说的渊源与范畴	金明信	中国语文研究会	1998
苏洵文学理论考察	金锺燮	韩国中国语文学会	1999
缘情文学的风韵与神韵的异同	元锺礼	韩国中国语文学会	1999
第二次杭州时期东坡词	柳种睦	韩国中国语文学会	1999
中国文学作品所投射的韩国形象：以满族作家的小说为中心	金时俊	韩国中国语文学会	1999
宝卷研究	金遇锡	韩国中国语文学会	1999
北宋婉约词的晚唐诗引用样相研究：以杜牧、李商隐的诗为中心	金俊渊	韩国中国语文学会	1999
悲感风格"凄怆"意义分析	朱基平	韩国中国语文学会	1999
性灵与神韵美的特征：通过诗论所引用的作品分析	元锺礼	韩国中国语文学会	1999

文献名称	著/编/译者	发行处	发行年
邵雍的诗论和诗	宋龙准	韩国中国语文学会	1999
论"隐逸"概念的形成	边成圭	韩国中国语文学会	1999
郑芝溶诗的中国古典受容样相考	金泰凤	韩国中国语文学会	1999
道家的有无论与文艺的关系考察	沈揆昊	中国语文学会	1999
词体中出现的"疏密"试论	金鲜	中国语文学会	1999
翁卷行迹与诗集考辨	陈晓兰	中国语文学会	1999
李贽诗世界	金惠经	中国语文学会	1999
钟嵘的"风力"观研究	朴泰德	中国语文学会	1999
中国古典诗歌的意境与读者的接受	周先慎	中国语文学会	1999
清代朴学对诗话批评方法及其体例的影响	张红	中国语文学会	1999
焦循的八股文说	朴英姬	中国语文学会	1999
《北山移文》译解	洪承直	中国语文研究会	1999
借助人物形象的《浣纱记》主题考察	李金恂	中国语文学研究会	1999
杜甫初期诗译解	이장우	岭南中国语文学会	1999
文学与情	许世旭	中国语文研究会	1999
《博物志》试论	金映植	韩国中国语文学会	1999
《三国演义》的"伏线"结构分析：关于毛宗岗的评点	李鎮国	韩国中国语文学会	1999
关于《三国演义》的诗歌运用	李鎮国	韩国中国语文学会	1999
《霜叶红似二月花》的几种问题	김영철	中国语文研究会	1999
《西游记》成书的社会文化背景：以明代印刷出版的盛况及文化担当阶层的增加为中心	罗善姬	岭南中国语文学会	1999
《醒世姻缘传》中妇女形象研究	박영종	又松大学	1999
《世说新语》中表现的魏晋名士风流：以追求"自然"的生活的诸多样相及意义探索为中心	金民那	岭南中国语文学会	1999
《随园诗话》的采诗研究	申载焕	岭南中国语文学会	1999
《诗品》与《文心雕龙》的诗论异同源流	홍광훈	岭南中国语文学会	1999
《易经》诗歌的性格相关论议与意味	朴锺赫	岭南中国语文学会	1999
《离骚》纪行文的特征考察	河运清	岭南中国语文学会	1999

文献名称	著 / 编 / 译者	发行处	发行年
《离骚》的类比与对比	沈成镐	岭南中国语文学会	1999
关于《逸周书》的文学价值：对于胡念贻《逸周书》中三篇小说的浅见	诸海星	岭南中国语文学会	1999
《战国策书录》的"捐礼让而贵战争"研究	金钟声	中国语文论译学会	1999
中国诗与诗人——唐代篇	이영주	岭南中国语文学会	1999
《清平山堂话本》中宋代话本的异化与同一视角叙事构造研究	白升烨	中国语文论译学会	1999
《汉园集》中李广田的诗	郑雨光	中国语文研究会	1999
《红楼梦》中的中国鬼神信仰	尚基淑	岭南中国语文学会	1999
《红楼梦》所反映的18世纪中叶之中国	高旼喜	中国语文研究会	1999
"文气"与中国文学的鉴赏与批评	李济雨	中国语文论译学会	1999
《郁离子》寓言译注与试探	박미순	祥明大学	1999
关于20世纪转换期中日小说观变革的比较研究：明治政治小说论与小说界革命论的关系为中心	沈亨哲	岭南中国语文学会	1999
却话巴山夜雨时：诗语和语感	송포우구	中国语文论译学会	1999
国内中国古典散文研究史探讨	权锡焕	中国语文学研究会	1999
近代上海文学环境小考	민정기	韩国中国语文学会	1999
关于禁忌与违反的心理意义考察：以"Jangjamot"传说与"陷湖"传说为对象	金善子	中国语文学研究会	1999
金台俊的《朝鲜小说史》与鲁迅的《中国小说史略》比较研究：以小说史著述背景与小说观为中心	赵美媛	中国语文学研究会	1999
乐天委分、以至百年：陶渊明《自祭文》之自画像	왕국영	岭南中国语文学会	1999
南朝山水诗研究	李光哲	中国语文学研究会	1999
皎然与谢榛的性灵神韵相关诗论	元锺礼	中国语文学会	1999
鲁迅小说的原型探究：从《怀旧》看近代小说的可能性	具文奎	中国语文论译学会	1999
鲁迅的中国小说类型研究	陈平原 著，吴淳邦 译	中国语文论译学会	1999
庐隐的短篇小说研究：以女性问题为中心	김연숙	庆熙大学	1999
唐五代叙事诗研究：尤以敦煌词文为中心	金海明	中国语文学研究会	1999

文献名称	著/编/译者	发行处	发行年
唐传奇登场人物类型与情节关系：以男主人公为中心	안중원	中国语文论译学会	1999
台湾的武侠小说与武侠研究	林保淳	中国语文研究会	1999
道与非道：庄子与海德格尔的诗学比较之五	何芳	岭南中国语文学会	1999
陶渊明诗中的"是非观"	尹寿荣	岭南中国语文学会	1999
陶渊明文化个性的艺术化与文化个性艺术化的陶渊明	张迪	中国语文研究会	1999
两篇《原道》及其文化史的含义	金越会	岭南中国语文学会	1999
杜牧诗版本小考	朴敏雄	中国语文学研究会	1999
杜诗对仗法研究	李永朱	韩国中国语文学会	1999
杜诗新解释批判：讽刺解释的过分性批判	金星坤	韩国中国语文学会	1999
鲁迅与托洛茨基	장굴우조	中国语文研究会	1999
戴东原的楚辞学：以《屈原赋注》及其训诂为中心	孙正一	中国语文学研究会	1999
晚唐散文家的现实意识	朴璟实	岭南中国语文学会	1999
孟浩然田园诗中出现的"田园"意义	崔雄赫	岭南中国语文学会	1999
明清小说批评理论研究：以对小说结构的认识为主	许庚寅	中国语文学研究会	1999
茅盾的现代性认识与文学的选择	金荣哲	中国语文研究会	1999
毛泽东《延安文艺讲话》的再品味：关于知识分子"像"定立	白元淡	中国语文学研究会	1999
从文学观点看《汉书艺文志》对《文心雕龙》的影响研究	洪润基	中国语文研究会	1999
文学研究会考察	최수미	庆熙大学	1999
反面人物、旁系人物及农民意识的问题	金河林	中国语文研究会	1999
白话文运动与主题的问题："我们"是谁？	郑晋培	中国语文学研究会	1999
骈文研究：以其问题的特征为中心	정숙현	汉阳大学	1999
非非主义理论研究	金素贤	中国语文研究会	1999
冰心小说与女性主义	조경희	中国语文研究会	1999
叙述结构角度的李陵诗与苏轼诗的创作时期考察	朱基平	岭南中国语文学会	1999
苏舜钦诗研究	宋龙准	岭南中国语文学会	1999
苏轼、辛弃疾的农村词	李东郷	岭南中国语文学会	1999
苏轼的辞达论	李元揆	中国语文学研究会	1999

文献名称	著/编/译者	发行处	发行年
纯粹文学乎？通俗文学乎？	金明石	中国语文研究会	1999
诗人绿原的憧憬与诗的旅程	张东天	中国语文研究会	1999
沈从文、金裕贞小说比较研究	姜鲸求	岭南中国语文学会	1999
杨万里诗论及其诗	李致洙	中国语文研究会	1999
王梵志诗的文学史意义	具教贤	中国语文学研究会	1999
王士祯与申纬的审美意识比较及其意味	琴知雅	中国语文学研究会	1999
王士祯的"性情"理解	琴知雅	中国语文学研究会	1999
王安石咏史诗研究	고영란	东国大学	1999
王阳明"朱子晚年定论"考	郑东国	岭南中国语文学会	1999
王维山水诗与禅理	李东乡	中国语文研究会	1999
王绩咏怀诗研究	朴炳仙	中国语文学研究会	1999
王翠翘故事的变迁与《金云翘传》分析	崔溶澈	中国语文研究会	1999
郁达夫与李箱小说比较研究	姜鲸求	岭南中国语文学会	1999
元代历史剧中出现的"葛藤构造的基因"考察	李相雨	中国语文学研究会	1999
类书《太平广记》的地位："小说"认识转换点	孙修暎	中国语文学研究会	1999
刘禹锡《天论》译注	金银雅	中国语文论译学会	1999
刘勰"言意"观试论：以对"王元化、张少康"观点的批评为中心	安赞淳	岭南中国语文学会	1999
二谢山水诗山水描写技法上的异同	金万源	韩国中国语文学会	1999
李渔小说创作的戏剧化倾向	锺明奇	中国语文论译学会	1999
张果老形象变迁样相及其意义	金道荣	中国语文研究会	1999
张爱玲小说中的女性意识	金顺珍	中国语文论译学会	1999
关于钟嵘的选评基准讨论：以《诗品》未收录乐府诗人为中心	李显雨	中国语文研究会	1999
朱子感兴诗研究（1）	申美子	中国语文学研究会	1999
中国当代学者散文的艺术特征	锺友循 著，金会埈 译	中国语文研究会	1999
中国问答文学考察	金寅浩	岭南中国语文学会	1999
中国笑话渊源考察	张美卿	中国语文论译学会	1999

文献名称	著/编/译者	发行处	发行年
中国诗歌的神话运用研究	김영혜	蔚山大学	1999
中国神话观变迁过程研究	宣钉奎	中国语文研究会	1999
中国女性神话小考	宋贞和	中国语文研究会	1999
中国近代文学史的分期问题	李瑞腾	中国语文研究会	1999
中国近现代文学史中的《传统》与《改革》	金学主	中国语文研究会	1999
中国文学上作者与作家的问题	徐敬浩	韩国中国语文学会	1999
楚辞学的继承与革新	孙正一	中国语文学研究会	1999
汤显祖《牡丹亭》中的"花神"意味与象征性考察	姜姈妹	中国语文学研究会	1999
韩愈书信体散文研究：以出仕指向性与文学观为主	金钟声	中国语文学研究会	1999
革命文学论研究	朴惠京	庆熙大学	1999
现代性和现代文学的审美意识问题	吴晓东	中国语文研究会	1999
皇甫谧"高士传"研究	金长焕	中国语文学研究会	1999
26 史中出现的方外人传的展开样相（1）：《史记》《汉书》的先例	尹柱弼	中国语文学研究会	1999
关于 20 世纪转换期中日小说观变革的比较研究：明治政治小说论与小说界革命论的关系为中心	沈亨哲	岭南中国语文学会	1999
中国文学及韩国文学的影响关系考察：以梁启超与鲁迅为中心	김경선	又松大学	1999
中国古典中出现的"风"的意义与象征研究 1	장영백	中国语文学研究会	2000
谢灵运与王维的山水诗比较研究	李东鄉	韩国中国语文学会	2000
从古代目录学看汉魏晋南北朝的中国文学	朴卿希	中国语文学会	2000
关于宫体诗的娱乐性功能研究	权赫锡	中国语文学会	2000
论胡风的《论现实主义的路》	鲁贞银	中国语文学会	2000
试论八十年代先锋作家文学思想的革命	张允瑄	中国语文学会	2000
关于六朝模拟诗	신하영	中国语文学会	2000
通俗小说的概念误区	孔庆东	中国语文学会	2000
韩少功的"寻根"：民族寓言和个人叙事	赵映显	中国语文学会	2000
杜甫《北征》考	李永朱、姜旼昊	韩国中国语文学会	2000
欧阳修文章初探：以碑志文为中心	李承信	中国语文学会	2000

文献名称	著 / 编 / 译者	发行处	发行年
唐代占梦小说与《汲冢琐语》的关联	姜宗妊	中国语文学会	2000
明清世情小说的呈现性描写研究	宋眞荣	中国语文学会	2000
北岛的近作诗：其传统性与现代性	郑雨光	中国语文学会	2000
心学之影响与明末清初通俗小说创作	吴建国	中国语文学会	2000
李白诗空间：以《梦游天姥吟留别》为例	申夏闰	中国语文学会	2000
从女性形象塑造看老舍文化心理的传统走向	石兴泽	中国语文学会	2000
浅论水浒戏曲	申智瑛	中国语文学会	2000
《蕙风词话》中"拙大"意味辨析	李奭炯	韩国中国语文学会	2000
《苦恋》的地位	洪尚勋	韩国中国语文学会	2000
《卷耳》新解	徐有富	岭南中国语文学会	2000
《金瓶梅》中的性文化研究	权希娅	东国大学	2000
《事文类聚》考略：以朝鲜岭营新刊本为中心	闵庚三	中国语文研究会	2000
《徐霞客游记》的实学思想	裵永信	中国语文研究会	2000
《阅微草堂笔记》中的"神道设教观"的意义	李玟淑	中国语文论译学会	2000
《战国策》中的"重士"思想	金钟声	中国语文论译学会	2000
《红楼梦》中的"红楼"与"梦"的意义	高旼喜	中国语文研究会	2000
《红楼梦》语言艺术美探究	최병규	岭南中国语文学会	2000
《红楼梦》鉴赏论	崔炳圭	岭南中国语文学会	2000
《红楼梦》的"红楼"与"梦"的意味	高旼喜	中国语文研究会	2000
《离骚》节奏类型研究	金海明	中国语文学研究会	2000
《孟子》中产生的成语	민병삼	中国学研究会	2000
《大东书》讽刺性解释：乌托邦总体性的脱近代指向	윤영도	中国语文学研究会	2000
《雷雨》与《日出》的主题思想比较考察	이상우	中国语文学研究会	2000
《牡丹亭》语言技巧的谐谑性	姜姈妹	中国语文学研究会	2000
论《儒林外史》的"评点"	조관희	中国语文学研究会	2000
《子夜》阅读的一个类型：写作与历史性问题	郑晋培	中国语文学研究会	2000
1920 年代巴金的无政府主义研究	박난영	中国语文研究会	2000
贾宝玉之悟道过程	李光步	中国语文研究会	2000
贾谊赋研究	金锺燮	韩国中国语文学会	2000

文献名称	著／编／译者	发行处	发行年
京味小说中的旗人文化视觉研究	洪京兑	岭南中国语文学会	2000
关汉卿风情剧初探：以旦本剧为中心	이금순	中国语文学研究会	2000
欧阳修序文初探	李承信	中国语文研究会	2000
欧阳修诗的散文化倾向研究	权镐钟	韩国中国语文学会	2000
近十年辞赋研究述评	李生龙 著，梁承德 译	中国语文论译学会	2000
金庸的武侠世界	정동보	中国语文论译学会	2000
郭沫若历史剧《虎符》的结构	孙僖珠	中国语文研究会	2000
与鲁迅文学观形成相关的几个问题	서광덕	中国语文学研究会	2000
从鲁迅看"诗人的声音"及总体性问题：谁的什么声音？	천진	中国语文学研究会	2000
论中国古代文学的意境空白	金元浦	中国语文论译学会	2000
论中国现代文学研究的创新与突破	王卫平	岭南中国语文学会	2000
谭嗣同的诗世界	金永文	岭南中国语文学会	2000
唐代占梦小说与《汲冢琐语》的关联	강종임	中国语文学会	2000
唐诗研究方向摸索	柳晟俊	韩国中国语文学会	2000
陶潜与"闲"	金南喜	岭南中国语文学会	2000
敦煌讲唱文学的起源研究	金敏镐	中国语文研究会	2000
敦煌本《燕子赋》的口演性	全弘哲	岭南中国语文学会	2000
杜诗章法研究	李永朱	韩国中国语文学会	2000
明末公安派的自我文学论	李基勉	中国语文研究会	2000
明末清初话本小说的近代的要素研究	金敏镐	中国语文研究会	2000
茅盾《腐蚀》研究	金荣哲	中国语文研究会	2000
从墓碑文看曾巩的写作：以对文体的观点形成背景及其意义为中心	白光俊	韩国中国语文学会	2000
闻一多新诗现代性研究	金永文	韩国中国语文学会	2000
范成大诗展开过程	柳种睦	韩国中国语文学会	2000
冰心的小说创作试论	苗延昌	中国语文研究会	2000
辞赋中出现的柳宗元忧患意识	洪承直	韩国中国语文学会	2000

文献名称	著/编/译者	发行处	发行年
谢章铤词论研究：与词的文学性恢复相关	李奭炯	韩国中国语文学会	2000
史铁生与《我与地坛》	金美廷	韩国中国语文学会	2000
新中国小说史记述专用理论	赵宽熙	中国语文学研究会	2000
叙述者、小说观念与文言小说的文体特征	王平	中国语文论译学会	2000
盛唐常建的诗	俞圣濬	中国语文研究会	2000
三个"故乡"：奇里科夫、鲁迅、玄镇健	全炯俊	韩国中国语文学会	2000
苏轼禅诗的神气	元钟礼	岭南中国语文学会	2000
苏轼与黄庭坚诗风异同探析	赵卫宏、李淑芬	岭南中国语文学会	2000
关于宋以后诗选集的盛行背景及其特征考察：兼论对宋诗的认识轨迹探索	姜声尉	韩国中国语文学会	2000
宋诗形成过程研究	宋龙准	韩国中国语文学会	2000
试论中国近代对文学范围认识的突破	袁进	中国语文论译学会	2000
试论中国近代对文学本体的认识	袁进	中国语文论译学会	2000
关于"诗言志"说的经学基础检讨	金元中	岭南中国语文学会	2000
神话、事实、象征：以建木神话为主	金善子	中国语文学研究会	2000
严羽的风格论	李宇正	中国语文学研究会	2000
永嘉四灵诗研究	李致洙	中国语文研究会	2000
王夫之《诗译》及其诗歌审美艺术论	赵成千	中国语文研究会	2000
王夫之诗论中"兴会"概念考察	赵成千	中国语文研究会	2000
王昌龄诗歌形式考察	任元彬	中国语文论译学会	2000
魏晋游仙诗仙境考	李光哲	中国语文学研究会	2000
论魏晋南北朝诗中"朝隐"	崔雄赫	岭南中国语文学会	2000
维新派俗文学论考察	薛顺男	韩国中国语文学会	2000
刘禹锡诗豪迈风格考	朴仁成	中国语文研究会	2000
刘勰"言意关系"论中的本质构造：以对学术思想解释为中心	李显雨	中国语文研究会	2000
六朝、唐、宋文人诗的文艺审美观研究	吴台锡	岭南中国语文学会	2000
阴铿《渡青草湖》诗	宋永程	岭南中国语文学会	2000

文献名称	著 / 编 / 译者	发行处	发行年
阴阳、性别、时空：关于张爱玲与徐于文本中的"阴性时空"	金秀妍	中国语文研究会	2000
李商隐七言律诗章法特性试论	金俊渊	韩国中国语文学会	2000
20 世纪中国小说 100 选：百年的《呐喊》《传奇》的世纪	邱立本 著，吴 淳 邦、尹知漠 译	中国语文论译学会	2000
李商隐《状》《启》差别考	河运清	岭南中国语文学会	2000
李卓吾、李德懋的文学论比较研究	具教贤	中国语文学研究会	2000
林庚"半逗律"考察	李相德	韩国中国语文学会	2000
作家风格论小考	彭铁浩	韩国中国语文学会	2000
作品的结构和作家的意图：《夜雨秋灯录》和《夜雨秋灯续录》中的部分作品	权宁爱	中国语文研究会	2000
张资平前期中短篇爱情小说的结果研究	崔贞玉	中国语文研究会	2000
钱谦益的文学根本论	朴璟兰	中国语文学研究会	2000
赵树理通俗手法采用的意义与局限	김영기	中国语文学研究会	2000
从女性形象塑造看老舍文化心理的传统走向	석흥믹	中国语文学会	2000
中国古典诗歌研究与教学	李东鄉	韩国中国语文学会	2000
中国敦煌变文与近代通俗文学的关系：以伍子胥变文及其小说的源流为中心	崔亨旭	中国语文学研究会	2000
中国叙事诗的故事成立背景考察 2：以"昭君出塞"故事为主	田宝玉	中国语文学研究会	2000
中国再生神话比较分析	李仁泽	中国语文学研究会	2000
中国幻想文学的历史与理论：与最近科幻小说的兴起相关	郑在书	中国语文学会	2000
中国古代笑话的分类与技巧	李济雨	中国语文论译学会	2000
关于中国古典文学讲义状况的新局面	吴台锡	中国语文研究会	2000
中国古典文学史创作论：传统与现代的对话	전형준	岭南中国语文学会	2000
中国文学地理学的形成及其因果研究	许世旭	中国语文研究会	2000
中国传统文人的三种生命情调：以屈原、陶渊明、苏东坡为例	朱荣智	岭南中国语文学会	2000

文献名称	著 / 编 / 译者	发行处	发行年
中国戏曲的特点与宾白的分类	오경희	中国语文学研究会	2000
中唐寓言诗研究：以白居易与刘禹锡的寓言诗为中心	俞炳礼	中国语文研究会	2000
中唐的文化变动及两次文学运动	金越会	岭南中国语文学会	2000
清末的政治思想与未来小说	南敏洙	中国语文论译学会	2000
初唐文人乐府中的战勋与反战意识比较研究	安炳国	韩国中国语文学会	2000
冯至《北游》诗小考	李先玉	韩国中国语文学会	2000
夏言讲塾	夏言讲塾	学古房	2000
汉代乐府民歌的叙事性小考	신주석	中国语文论译学会	2000
汉诗译注及其相关参考书	李章佑	韩国中国语文学会	2000
许筠：朝鲜朝的金圣叹	허경인	中国语文学研究会	2000
革命、文学以及创作主体：鲁迅《小杂感》精读	김하림	中国语文研究会	2000
黄庭坚禅诗的内容考察	朴永焕	岭南中国语文学会	2000
19世纪末爱国性谈论与新小说的政体性	文丁珍	中国语文论译学会	2000
《太史公书义法》译解序 1	孙德谦 著，李寅浩 译	中国语文论译学会	2000
稷下学宫与战国时代的写作：以《荀子》与《庄子》为中心	金越会	中国语文论译学会	2001
《论语古注》考释	李康齐	中国语文论译学会	2001
"秦可卿淫丧天香楼"证谬	구양건	中国语文论译学会	2001
白居易诗的宋诗特征考察	宋龙准、郑鎭杰	韩国中国语文学会	2001
明代杂剧研究序说	李相雨	中国语文学研究会	2001
梁启超文体改革及其散文的特征	崔亨旭	中国语文学研究会	2001
杜甫评价的时代变化：宋代的再评价	边成圭	韩国中国语文学会	2001
明代小说《西游记》中的世界与其含义	罗善姬	韩国中国语文学会	2001
《列女传》的礼与女性空间	김종미	韩国中国语文学会	2001
明末妓女的人生、文学以及艺术：马守真、薛素素、柳如是 1	金元东	韩国中国语文学会	2001
关于宋代题画诗类型和意境的考察：以《声画集》美人题画诗为主	李南锺	韩国中国语文学会	2001

文献名称	著/编/译者	发行处	发行年
灶神信仰与《灶君宝卷》	金遇锡	韩国中国语文学会	2001
清代"升平署"档案中出现的宫廷戏性格与演出形态	申智瑛	韩国中国语文学会	2001
关于汉代文人形成的考察：以汉赋与《论衡》为中心	洪尚勋	韩国中国语文学会	2001
《废都》的分析与解析	全炯俊	韩国中国语文学会	2001
杜甫评价时代变迁：宋代杜甫再评价	边成圭	韩国中国语文学会	2001
冰心小说创作试论	金垠希	韩国中国语文学会	2001
苏轼诗的"旷"：《逍遥游》的旷荡和无为清静的超旷	元锺礼	韩国中国语文学会	2001
元好问的碑志类散文研究	金锺燮	韩国中国语文学会	2001
"游"的精神与东亚的美学	金锺美	韩国中国语文学会	2001
关于传统时期中国知识分子与诗文学的存在方式相关探讨	金庠澔	韩国中国语文学会	2001
中国的文学思维及其内容：为使中国文学史叙述视角更多样化的一个尝试	金越会	韩国中国语文学会	2001
胡适的中国现代文学革命运动考察	金锡准	中国语文学研究会	2001
"宗经"还是"重文"：刘勰《文心雕龙·辨骚》篇辨析	손영영	中国语文学会	2001
《观世音应验记》小考	卞贵南	岭南中国语文学会	2001
从《狂人日记》看对鲁迅小说的认识	成玉礼	中国语文研究会	2001
《救风尘》的喜剧性考察	이상우	中国语文学研究会	2001
《临川集》所反映的王安石历史观研究	吴宪必	中国语文研究会	2001
关于《文心雕龙》中曹植《辩道论》的批判与反神仙术思想	洪润基	中国语文研究会	2001
《山海经》中的生活与死亡	郑在书	中国语文学会	2001
《尚书·尧典》的"厥民'析、因、夷、隩'"考释	이강재	中国语文学会	2001
《双渐小卿诸宫调》研究	李陆禾	中国语文研究会	2001
《远游》游魂文学的特征考察	金寅浩	韩国中国语文学会	2001
关于《左传》叙事小说的特征	제해성	岭南中国语文学会	2001
《赵氏孤儿》的悲剧人物形象考察	李相雨	中国语文研究会	2001
《红楼梦》浪漫性小考	高旼喜	中国语文研究会	2001

文献名称	著/编/译者	发行处	发行年
"声律"与中国古典散文的鉴赏	李济雨	中国语文论译学会	2001
《唐才子传》体例与内容	卢在俊	中国语文学研究会	2001
论《聊斋志异》文体	朴桂花	中国语文学研究会	2001
《世说新语》续书研究：《世说新语补》	金长焕	中国语文学研究会	2001
《豆棚闲话》第7则《首阳山叔齐变节》：关于另一种解析的可能性	金敏镐	中国语文研究会	2001
《庄子》至人论：寻找新人形象	白承道	中国语文学研究会	2001
30年代中国文坛的重要一翼：民族主义文艺运动社团与报刊考辨	钱振纲	中国语文研究会	2001
80年代新时期小说的转换过程	慎锡赞	岭南中国语文学会	2001
稼亭李谷先生的《代言官请罢取童女书》简介	金时晃	东亚人文学会	2001
坚固的原著及其继承	최진아	中国语文学会	2001
古代女人的死亡及其影子：以杞梁妻故事为中心	조숙자	中国语文学会	2001
关于古典批评用语的理解及近代的问题	丁夏荣	中国语文研究会	2001
欧阳修《蝶恋花》（庭院深深深几许）一考	郑台业	中国语文学会	2001
欧阳修祭文小考	李承信	中国语文论译学会	2001
归墟神话研究：以其起源与变迁过程为中心	宣钉奎	中国语文研究会	2001
近体诗格律的特征	程毅中 著，金银雅 译	中国语文论译学会	2001
金圣叹《西厢记》评点的人物结构论	李金恂	中国语文学研究会	2001
南北朝诗人与陶渊明	金周淳	岭南中国语文学会	2001
南社：相关材料及关于可能：研究方向的相关讨论	민정기	韩国中国语文学会	2001
南朝时代景物妙雪样相变化：以谢灵运、谢朓、庾信为中心	노경희	岭南中国语文学会	2001
论《水浒传》中的粗俗语言	金正起	中国语文研究会	2001
论李渔红颜薄命的情爱思想	종명기	中国语文论译学会	2001
论吴组缃清华大学时期的小说创作	张玲霞	岭南中国语文学会	2001
论中国现代女作家作品中的女性性爱意识	崔银晶	中国语文学会	2001
唐爱情类传奇中的功能分析研究	황재영	祥明大学	2001

文献名称	著 / 编 / 译者	发行处	发行年
唐代妓女诗人的范围与文学史特征	权应相	岭南中国语文学会	2001
唐代散文美学研究：以韩愈、柳宗元为中心	吴洙亨	韩国中国语文学会	2001
大雅之堂与"雅俗共赏"：黄庭坚诗学的宋代变容性	吴台锡	中国语文学会	2001
杜牧、李商隐、李奎报的咏史诗比较研究	김창경	岭南中国语文学会	2001
杜甫五言律诗类型研究	崔南圭	岭南中国语文学会	2001
论语古注考释（1）	李康齐	中国语文论译学会	2001
鲁迅的女性解放运动	刘世钟	中国语文论译学会	2001
卢照邻的疾病探索	안병국	中国语文学会	2001
晚唐尚学之风与咏史诗风：由杜牧对元白诗风的批评看唐代中后期以学为诗的风气	查屏球	中国语文论译学会	2001
明代杂剧研究序说	이상우	中国语文学研究会	2001
明清小说续书理论初探	高玉海	中国语文论译学会	2001
闻一多早期诗歌言语环境的再照明：以与基督教的关系性为中心	姜忠姬	中国语文研究会	2001
范仲淹的诗论与诗	宋龙准	韩国中国语文学会	2001
先秦中国文学的正典特征	金学主	中国语文学会	2001
盛、中唐时代的文人词	柳种睦	韩国中国语文学会	2001
小说的力量与形象收容之间	金明石	中国语文研究会	2001
苏轼题跋文初探——实用性、个性的发现	唐润熙	韩国中国语文学会	2001
苏轼的文学理论和禅宗	朴永焕	韩国中国语文学会	2001
宋金元文学史演变的再认识及相关的几个问题	李廷宰	韩国中国语文学会	2001
宋调的形成与韩、白、欧三家诗	刘宁	中国语文研究会	2001
宋初词坛少数作家研究	郑台业	中国语文学会	2001
辛弃疾词的用典	李东乡	中国语文研究会	2001
沈佺期诗的风格考	강창구	岭南中国语文学会	2001
梁启超小说界革命论研究	崔亨旭	中国语文学研究会	2001
杨万里的"活法"及其田园诗	崔雄赫	岭南中国语文学会	2001
女性传记的构成原理	박영희	中国语文学会	2001
女子、狐狸、鬼魂：从涂山氏说起	김지선	中国语文学会	2001

文献名称	著/编/译者	发行处	发行年
连理枝与比翼鸟：色情意象	金善子	中国语文学研究会	2001
王夫之诗论中对"现量"的诗歌美学考察	赵成千	中国语文研究会	2001
王安石书信文的说理性	吴宪必	中国语文研究会	2001
王安石诗中出现的生活轨迹	柳莹杓	庆星大学	2001
王渔洋神韵说的三部曲	王小舒	中国语文论译学会	2001
魏晋玄学家自然观与陶渊明自然观关联性检讨	金元中	岭南中国语文学会	2001
魏晋南北朝文艺思潮论	吴台锡	岭南中国语文学会	2001
刘禹锡诗所表现的贬谪克服样相：兼与柳宗元比较	朴仁成	中国语文研究会	2001
柳宗元散文中出现的现实意识	朴璟实	中国语文论译学会	2001
刘恒小说研究	金荣哲	中国语文研究会	2001
李商隐《祝文》《祭文》差别考	河运清	岭南中国语文学会	2001
李商隐《黄箓斋文》考	河运清	岭南中国语文学会	2001
李贽"童心说"的思想的含义	崔炳学	韩国中国语文学会	2001
李卓吾认识世界	김혜경	中国语文学会	2001
在创作上王国维的"造境与写境"和"无我之境与有我之境"	송영주	江原大学	2001
第二次贬谪时期东坡词	柳种睦	韩国中国语文学会	2001
题画诗的渊源与发展：以宋代题画诗兴荣的原因为主	徐银淑	中国语文学研究会	2001
曹翼性情论的体系与意义	李元揆	中国语文学研究会	2001
赵翼的新变论	李元揆	中国语文学研究会	2001
宗经还是"重文"	孙蓉蓉	中国语文学会	2001
钟嵘的"情采"观研究	朴泰德	中国语文学会	2001
周邦彦词章法小考	李锺振	中国语文学会	2001
朱熹《诗集传·周南》新旧传比较研究	李再薰	中国语文研究会	2001
中国巫俗神话的比较分析：以与韩国巫俗神话的比较为中心	李仁泽	中国语文学研究会	2001
中国诗：驯服的制度	金槿	中国语文学会	2001
中国新时期文学范例的变化研究	洪昔杓	韩国中国语文学会	2001
中国现代归乡小说研究	姜鲸求	岭南中国语文学会	2001

文献名称	著 / 编 / 译者	发行处	发行年
中国古代诗法论	吴建民	中国语文学会	2001
中国古典小说的现代化过程研究：以西洋翻译小说的影响与吴趼人的小说为中心	吴淳邦	中国语文论译学会	2001
中国古典诗歌中的"情"和"景"	李壮鹰	中国语文研究会	2001
中国新时期的鲁迅研究	孙玉石	中国语文学会	2001
中唐卢允言诗的写实的表现考	柳晟俊	中国语文学会	2001
中唐咏物诗的发展方向及其特色	徐盛	中国语文研究会	2001
清陆贻典抄本《新刊元本蔡伯喈琵琶记》新论	金英淑	中国语文学会	2001
清末四大家词学研究	金鲜	中国语文学会	2001
清末新小说叙事构造研究	文丁振	中国语文研究会	2001
清末民初改良戏曲文学体制的嬗变	赵得昌	中国语文研究会	2001
出处之念的缘起及核心之旨："朝隐"与中国古代出处文学主题	王立	岭南中国语文学会	2001
汤显祖《牡丹亭》的时空构造	姜姈妹	中国语文学会	2001
巴金《家》的人物形象研究	박지혜	蔚山大学	2001
鲍照的散文：以《登大雷岸与妹书》为主	宋永程	岭南中国语文学会	2001
从风格用词"新奇"来考察的公安派与竟陵派的文学理论	高仁德	中国语文学会	2001
韩国古文献中的北宋柳永作品与记录检讨	朴现圭	中国语文研究会	2001
抗战期徐訏小说的浪漫主义	白永吉	中国语文研究会	2001
"兴"的情绪方面考察	金宜贞	中国语文学会	2001
戏剧《中国孤儿》考察	李相雨	中国语文学会	2001
奇论理解：以李渔的新奇论为中心	河炅心	中国语文学研究会	2001
《太史公书义法》译解、序 2	孙德谦 著，李寅浩 译	中国语文论译学会	2001
韩中大众小说的比较研究：以武侠小说为中心	金明石	中国语文研究会	2001
论《水浒传》中的发愤之语	金正起	中国语文研究会	2002
被颠倒的铭文：关于镜子形象的幻想性	김선자	中国语文学研究会	2002
柳宗元寓言形象塑造法研究	남철진	中国语文学研究会	2002

文献名称	著/编/译者	发行处	发行年
冬郎与相公：韩偓诗的两位作者	金俊渊	韩国中国语文学会	2002
《红楼梦》构成样相研究	高旼喜	中国语文研究会	2002
苏轼议论文中历史评论	金桂台	中国语文研究会	2002
试探郭璞《游仙诗》中多层次仙境的空间意蕴	崔世仑	中国语文研究会	2002
王安忆小说的虚无意识与宗教性：以《乌托邦诗篇》为主	白永吉	中国语文研究会	2002
魏晋六朝时期雅俗之辨检讨：以《文心雕龙》为主	金元中	中国语文研究会	2002
日帝时代韩国与台湾作家的二重言语文学	金良守	中国语文研究会	2002
中日战争时期巴金的无政府主义研究	朴兰英	中国语文研究会	2002
《红楼梦》子弟书《露泪缘》的艺术特色	咸瓔恩	中国语文研究会	2002
《韩诗外传》相关考察 1	宋熹准	岭南中国语文学会	2002
心灵的挣扎与生命的超越：论陶渊明的人生问题及其田园咏怀诗创作	吴怀东	岭南中国语文学会	2002
《离骚》中出现的中国人的"合一指向"思维	한종진	韩国中国语文学会	2002
杜诗的"悲哀中的幽默"考察	李永朱、姜旼昊	韩国中国语文学会	2002
世纪之交的中国古典文学研究	刘跃进	韩国中国语文学会	2002
中国近代语文改革运动与新体散文考察	金越会	韩国中国语文学会	2002
曾巩与王安石的交游	柳莹杓	韩国中国语文学会	2002
《锦囊》本《琵琶记》改编特征与明中叶的舞台公演	金英淑	中国语文学会	2002
《桃花源诗并记》创作背景的研究	金周淳	岭南中国语文学会	2002
《故事新编》：其世界的复活	方准浩	中国语文研究会	2002
《狂鼓史》的"有为"效	权应相	韩国中国语文学会	2002
关于《大同书》的"内向"读法	金越会	韩国中国语文学会	2002
《木兰诗》艺术特色	안동환	中国语文学研究会	2002
《博物志》中的空间意义	김지선	中国语文学会	2002
《北京人》素材小考	韩相德	中国语文学会	2002
《四世同堂》中老舍的语言艺术	崔顺美	中国语文学会	2002
《双渐小卿诸宫调》辑佚考：残存作品之辩证	李陆禾	中国语文研究会	2002

文献名称	著 / 编 / 译者	发行处	发行年
《预言》中何其芳诗的现代性探求	郑雨光	中国语文研究会	2002
《卧虎藏龙》中的女性与自然形象	宋贞和	中国语文学会	2002
《远山当曲品·剧品》理解	河炅心	中国语文学会	2002
《赤壁赋》与《后赤壁赋》比较分析	김계태	中国语文学研究会	2002
中国文学史研究长编（30）：哈佛大学的汉语文学研究	이장우	岭南中国语文学会	2002
关于《春秋公羊传》中的"君"：以其解释体例为中心	안영호	中国语文学会	2002
《洪吉童传》的受容性与独创性研究：与中国古典小说比较之下	허경인	中国语文学研究会	2002
《红楼梦》结构模样研究	高旼喜	中国语文研究会	2002
"境遇"小考	李仁淳	韩国日语语文学会	2002
《镜花缘》中女性主义要素	정영호	中国语文学研究会	2002
《唐才子传》研究：以出身地区与官职获得为中心2	卢在俊	中国语文学研究会	2002
《文心雕龙》"逸"字含义考察	전영숙	中国语文学研究会	2002
《河岳英灵集》研究	이원규	中国语文学研究会	2002
1920年代中国女性文学与大众媒体	金垠希	中国语文学会	2002
论1990年代中国散文	金美廷	韩国中国语文学会	2002
20世纪中国学者的自我记述：以自序、自定年谱、自叙传、回顾录为中心（上）	진평원	中国语文论译学会	2002
高启的诗论及其田园诗	崔雄赫	岭南中国语文学会	2002
古代东亚通俗小说研究：以《金瓶梅》《好色一代男》《卞钢铁歌》等为中心	송진영	中国语文学会	2002
顾炎武诗的诗学史意义	蒋寅	岭南中国语文学会	2002
九叶诗派的诗论特性：以袁可嘉的新诗现代化论为中心	尹银廷	中国语文论译学会	2002
闺秀文学之外：台湾80年代以后女性小说观察	李淑娟	中国语文学会	2002
汲古阁本《琵琶记》所反映的明代文人思想与审美观：以与陆贻典本比较为中心	김영숙	岭南中国语文学会	2002
杞梁妻子故事的演变考	유태규	忠州大学	2002

文献名称	著/编/译者	发行处	发行年
南朝齐、梁四萧的文论与辞赋	李翼熙	中国语文论译学会	2002
对郭沫若《女神》浪漫性的批评考察	高点福	中国语文研究会	2002
郭象注庄：继承与创造性误读	孙红	中国语文论译学会	2002
鲁迅与金台俊的小说史研究	金河林	中国语文研究会	2002
鲁迅的《阿Q正传》研究	임소라	大佛大学	2002
鲁迅写作中的小说写作的意义	전형준, 김효진	韩国中国语文学会	2002
鲁迅的生命意识：死亡与腐烂、坟墓、无所有与无	洪昔杓	韩国中国语文学会	2002
雪的飞行：逃出网兜	이보경	中国语文学研究会	2002
唐代爱情类传奇中投射的仙奇合流现象	崔眞娥	中国语文学会	2002
唐代爱情类传奇的形成背景探索：以色情性叙事为中心	崔眞娥	中国语文学研究会	2002
通过与唐代传奇的比较对宋代传奇研究：以视点为中心	安重源	岭南中国语文学会	2002
唐代竹枝词析论	朴仁成	中国语文研究会	2002
唐代侠义小说中的女侠	정민경	中国语文学会	2002
唐人小说中的龙宫世界	张贞海	中国语文学会	2002
对"言不尽意"论的辨析	张宝贵	岭南中国语文学会	2002
戴望舒诗论特性分析	金希珍	中国语文论译学会	2002
戴望舒诗空间与自我	金希珍	中国语文论译学会	2002
以隐逸思想为中心研究陶渊明的饮酒诗	정태회	公州大学	2002
以敦煌发现的"赋"所命名的作品研究：以《子灵赋》为中心	朴世旭	岭南中国语文学会	2002
杜甫青壮年时期的南北遍历与作品研究	全英兰	岭南中国语文学会	2002
论《水浒传》中的发愤之语	金正起	中国语文研究会	2002
《论语》古注考释（2）	李康齐	中国语文论译学会	2002
《论语》古注考释（3）	李康齐	中国语文论译学会	2002
唐代《江南曲》的继承与发展	孙娖爱	韩国中国语文学会	2002
东亚文学论批判的检讨	임춘성	岭南中国语文学会	2002

文献名称	著/编/译者	发行处	发行年
马原的新写作	张允瑄	中国语文学会	2002
孟浩然绝句研究	박병선	中国语文学研究会	2002
明末清初时代与钱谦益的文学主张	박경란	中国语文学研究会	2002
明清小说续书艺术得失及其成因	高玉海、娄秀荥	中国语文论译学会	2002
茅盾《蚀》研究	金荣哲	岭南中国语文学会	2002
朦胧诗人舒婷诗中意象与抒情性研究	郑圣恩	中国语文研究会	2002
白居易诗中的相反反应的意义研究	郑鎭杰	韩国中国语文学会	2002
北魏诗研究：以文人诗为中心	李光哲	中国语文学研究会	2002
司马光诗论及其诗	宋龙准	韩国中国语文学会	2002
史传文学与神仙说话	정선경	中国语文学研究会	2002
生命激情的绚丽虹彩：汤显祖和他的《牡丹亭》	朱鸿	中国语文学会	2002
萨满教与中国文艺理论试论	梁会锡	中国语文学研究会	2002
先秦文学史叙述的几个先行条件	金元中	岭南中国语文学会	2002
盛唐诗与书画乐舞艺术的关系：以盛唐诗所反映的书画乐舞表现为中心	徐盛	中国语文研究会	2002
截止到宋代的历代书志中小说家研究	朴卿希	中国语文学会	2002
宋初晚唐体与自然	朴永焕	岭南中国语文学会	2002
《诗经》国风召南《野有死麕》研究	金基喆	中国语文论译学会	2002
试论《左传》人物描写的小说因素	诸海星	岭南中国语文学会	2002
试论西崑体与宋初诗风	李洪波	岭南中国语文学会	2002
新词的传播样态	崔胤京	韩国中文学会	2002
神仙话本和乌托邦	郑宣景	中国语文学研究会	2002
新时期文学中的民间和国家：以莫言、余华小说为例	李旭渊	中国语文学会	2002
从神话看我们的固有思想	이인택	中国语文学研究会	2002
沈从文与上海文化	吉贞杏	中国语文学会	2002
我们的苦难英雄	金淑子	高丽大学	2002
"案头的书"与实际演出的问题：以《牡丹亭》为中心	강영매	中国语文学会	2002

文献名称	著/编/译者	发行处	发行年
梁启超的小说界革命对旧韩末小说界的影响	崔亨旭	中国语文学研究会	2002
从语言与文章构成来看的"文必秦汉"说：越过复古与拟古	박영희	中国语文学会	2002
言意之辩与中国文学	金昌焕	韩国中国语文学会	2002
温庭筠词中的梦	金鲜	中国语文学会	2002
王国维词论与词作品	李东郷	中国语文研究会	2002
王蒙小说的文学空间研究	李珠鲁	韩国中国语文学会	2002
王夫之诗论的"意势"论	赵成千	中国语文研究会	2002
王夫之的诗道性情论	赵成千	中国语文研究会	2002
王安石诗歌美学与唐宋诗史	吴台锡	韩国中国语文学会	2002
王安石禅诗研究	朴永焕	岭南中国语文学会	2002
苑囿——帝国叙事空间：汉赋的正体性与多声性	郑在书	韩国中国语文学会	2002
魏晋南北朝文学的神话运用考察	이인택	中国语文学会	2002
魏晋文学中出现的"天人合一"思想	이규일	中国语文学会	2002
刘宋时期诗韵小考	李雄吉	岭南中国语文学会	2002
庾信诗研究	송현주	公州大学	2002
庾信《拟连珠》研究：以《乡关之思》为主	李国熙	岭南中国语文学会	2002
刘禹锡诗研究	崔允竟	明知大学	2002
有子贤与愚，何其挂怀抱：陶渊明自我与父亲角色之间的矛盾	이주해	中国语文学研究会	2002
柳宗元辞赋的模仿结构考察：通过《愈膏肓疾赋》	洪承直	中国语文研究会	2002
柳宗元、刘禹锡的山水诗比较研究	남철진	中国语文研究会	2002
刘勰文学理想论考：《文心雕龙·原道·征圣·宗经》重新审视	河运清	岭南中国语文学会	2002
六朝"艺味说"的形成：从语词角度的考察	陶礼天	岭南中国语文学会	2002
李梦阳绝句研究	元锺礼	韩国中国语文学会	2002
李辰冬《诗经通释》的《诗经》学史地位	俞炳礼	中国语文研究会	2002
李贺诗中神话与女性意象	金宜贞	中国语文学会	2002
张爱玲《十八春》中的女性形象	金银珠	中国语文研究会	2002

文献名称	著/编/译者	发行处	发行年
钱钟书的作品与解体式思维：以《写在人生边上》为中心	全炯俊、金兑妍	中国语文学会	2002
曹禺《原野》考察	이상우	中国语文学研究会	2002
曹禺的剧作世界研究：以《日出》为主	지은이	明知大学	2002
从《金云翘传》到《红楼梦》：代为陈益源《王翠翘故事研究》序	柳存仁	中国语文研究会	2002
朝鲜后期清代性灵派作家介绍小考：以汉诗四家为中心	申载焕	岭南中国语文学会	2002
从戴震到龚自珍：关于定庵思想的一种理解	马华	中国语文研究会	2002
从明代的"格调"向"性灵""神韵"的转变与严羽诗学	朴英顺	中国语文研究会	2002
从士大夫到作家	袁进	中国语文论译学会	2002
周济的碧山词"入门阶陛"说	김영철	中国语文学研究会	2002
中国古代童谣的语言特性	权赫锡	岭南中国语文学会	2002
中国古典叙事诗的故事成立背景考察（Ⅲ）：以魏左延年、晋傅玄、李白《秦女休行》为中心	田宝玉	中国语文学研究会	2002
中国古典散文中出现的"风"字特征与角色研究	장영백	中国语文学研究会	2002
中国古典散文中的"说体"：以魏晋南北朝与唐代为中心	이주해	中国语文学研究会	2002
中国古代诗歌鉴赏论	吴建民	中国语文学会	2002
中国古代的文学发展论	蔡锺翔	中国语文学会	2002
中国古代笔记小说叙事特征与语言风格的演变	成润淑	岭南中国语文学会	2002
中国当代散文浅论	马仲可	岭南中国语文学会	2002
中国文学各类体裁的语言接近	이장우	岭南中国语文学会	2002
关于中国文学中写作的文学、社会意义研究：以魏晋南北朝时期的文人为中心	沈揆昊	中国语文论译学会	2002
中国式现代主义诗歌的演变轨迹	蒋登科	中国语文论译学会	2002
试论中国神话的历史化	李有鎭	中国语文学研究会	2002
中唐寓言体裁分化研究：以柳宗元寓言文为主	남철진	中国语文学研究会	2002
"重拙大"意味辨析	朴兰英	中国语文研究会	2002

文献名称	著/编/译者	发行处	发行年
创造社研究：以文学观演变背景及其样相为主	이희정	成均馆大学	2002
关于"绝天地通神话"的解释学的考察	이유진	中国语文学研究会	2002
清代地方戏的流通环境变化：以华北地区事例为中心	홍영림	中国语文学研究会	2002
清代禁毁小说研究	康泰权	中国语文研究会	2002
清末词家的双白说	金永哲	中国语文论译学会	2002
清末诗界革命中的传统与近代	金永文	韩国中国语文学会	2002
清末传统改良文学的近代指向考察：以梁启超、汪笑侬、陈天华为中心	李廷宰	韩国中国语文学会	2002
清初才子佳人小说中的叙述与作家意识特征：以《玉娇梨》与《平山冷燕》为中心	崔琇景	中国语文研究会	2002
陈凯歌电影《黄土地》分析实例：基于行动素模式分析的《黄土地》再解释	张镕和	中国语文学研究会	2002
枕上晨钟为谁而鸣：初读《枕上晨钟》	谢超凡	中国语文论译学会	2002
废名诗中"禅"与意象	张东天	中国语文研究会	2002
风格用语"机趣"意味辨析	禹在镐	岭南中国语文学会	2002
讽谕文范畴与类型考察	남철진	中国语文学研究会	2002
中国近代小说论对韩国近代转换时期小说的影响	남민수	岭南中国语文学会	2002
韩国汉语文学教育研究的本体评价与前景	권석환	韩国中文学会	2002
韩愈散文中出现的理想的"士"相研究	黄珵喜	中国语文研究会	2002
韩愈绝句研究	姜庆嬉	中国语文学会	2002
抗战时期战国策派的浪漫主义	白永吉	中国语文研究会	2002
阳光灿烂的日子原题——《动物凶猛》（王朔）	孙素罗	高丽大学	2002
《红楼梦》中出现的疾病分析	李知恩	中国语文研究会	2002
黄世仲政论佚文说明及解析	谢飘云、詹文理、王敏	中国语文论译学会	2002
"兴"特征探索：以偶然性与寄托的结合为中心	金宜贞	中国语文学会	2002
《上博〈缁衣〉》通释1	金爱英	中国语文学研究会	2002
明清通俗文化的两面：通俗小说与劝善书	宋真荣	中国语文学会	2003
禅宗语录的论证结构与解析问题	朴英绿	韩国中文学会	2003

文献名称	著/编/译者	发行处	发行年
论《文心雕龙》政治上的写作动机：以对东昏侯政权的暗示批评为中心	洪润基	中国语文研究会	2003
唐代科举文化与唐诗的兴盛	郑台业	中国语文学会	2003
文学中的吕洞宾宝剑的双重性	金道荣	中国语文研究会	2003
"诗界革命"与新式唱歌："军歌"的发现及对"诗"的否定	闵正基	中国语文研究会	2003
试谈评点《李太白诗集》与严羽的诗论	朴英顺	中国语文研究会	2003
神话的幻影复活：贾平凹的《废都》与陈忠实的《白鹿原》研究	姜鲸求	岭南中国语文学会	2003
为爱而再生：韩凭故事之"死而求爱"的精神意志	金明求	中国语文研究会	2003
陆机《文赋》注解研究1	宋幸根	岭南中国语文学会	2003
张戒《岁寒堂诗话》诗学思想述评	吴建民	中国语文学会	2003
周作人的"人的文学"考察	崔成卿	中国语文研究会	2003
中国当代小说中博尔赫斯的影响：以马原、格非、孙甘路的作品为中心	张允瑄	中国语文学会	2003
中国古典诗歌中的"言外之意"	李东鄉	中国语文研究会	2003
现代文学学科的建立：通过1950–70年代文学史著述与"经典"再评价	박정희	岭南中国语文学会	2003
阿城小说人物形象：以"三王"为主	金俸延	中国语文论译学会	2003
王安石散文中的现实意识	朴璟实	中国语文论译学会	2003
柳宗元的人物传记创作研究	金钟声	中国语文论译学会	2003
从胡适的"求证"到脂砚斋的"证实"：回溯"新红学"确立的历史公案	欧阳健	中国语文论译学会	2003
清代学者对《史记》体例的研究	徐元南	中国语文论译学会	2003
反江西诗派论的展开	허경인	中国语文学研究会	2003
刘勰的文学语言审美论与其体系	李显雨	中国语文学研究会	2003
《红楼梦》中出现的人文主义研究	高旼喜	中国语文研究会	2003
简论批判科学文化的明清小说	金晓民	中国语文研究会	2003
《宝莲灯》故事的渊源与演变	金遇锡	中国语文学会	2003
苏轼题跋文考察：宋代文人"载道"外的写作	安芮璇	中国语文研究会	2003

文献名称	著/编/译者	发行处	发行年
宋代爱情词的现代意义	锺振振	中国语文学会	2003
诗与小说形式上的和谐：《故事新编》的叙事形式研究	方准浩	中国语文研究会	2003
王夫之《诗译》译注	赵成千	中国语文研究会	2003
李白诗时空间意象考察	申夏闰	中国语文学会	2003
传记的诠释及其功用演变初探：先秦至唐	赵殷尚	中国语文学会	2003
试论树立中国古典诗论流派分类方法论：以《文心雕龙》为中心	崔日义	中国语文学会	2003
中国文学与温故知新：21世纪疏通论	吴台锡	中国语文学会	2003
中国现代文学研究中的"断绝"意识与"连续"意识	洪昔杓	中国语文学会	2003
清中叶戏曲演技论小考	蔡守民	中国语文研究会	2003
初唐沈佺期、宋之问诗歌内容考察	崔宇锡	中国语文研究会	2003
八股文论议中"雅"与"俗"	朴英姬	中国语文学会	2003
《红楼梦》的"性"与主题	李光步	中国语文研究会	2003
香港文学的独自性及其范畴	金会峻	中国语文研究会	2003
《闲情偶寄》与中国古典通俗戏曲的美学	朴泓俊	岭南中国语文学会	2003
关于袁宏道与汤显祖的交游	禹在镐	岭南中国语文学会	2003
这样编写一课中国古典散文教材：以欧阳修《送徐无党南归序》为例	吕武志	岭南中国语文学会	2003
胡应麟唐代近体诗论研究：以《诗薮·内编》为主	金俊渊	韩国中国语文学会	2003
九叶诗派"现代性"研究	李先玉	韩国中国语文学会	2003
复古的类型及其文学史功能：以明代李梦阳与李卓吾为中心	梁会锡	韩国中国语文学会	2003
关于余秋雨文化散文与余秋雨批判趋势：从与俞弘濬比较来看韩中文化现象考察	金美廷	韩国中国语文学会	2003
玉皇与阎罗心昂之形成与故事的作用	朴志玹	韩国中国语文学会	2003
朱彝尊词论研究	李奭炯	韩国中国语文学会	2003
《郁离子》的特征与在中国寓言发展史上的意义	吴洙亨	韩国中国语文学会	2003
从"人文学危机论"角度来看汉语文学教学中诸问题	沈惠英	韩国中国语文学会	2003
以人文学看中国文学教学	柳昌娇	韩国中国语文学会	2003

文献名称	著 / 编 / 译者	发行处	发行年
汉语文学研究者作为中国专家的社会作用：以相关著述的现况与问题为中心	梁会锡	韩国中国语文学会	2003
中国比较文学研究史与东亚视角	全炯俊	韩国中国语文学会	2003
泰纳的文学史观与早期中国文学史叙述模式的构建	陈广宏	韩国中国语文学会	2003
韩中现代文学中故乡意识比较：以玄镇健与鲁迅、郑芝溶与戴望舒为中心	李时活	岭南中国语文学会	2003
从《史记》看司马迁的文学批评	권은영	淑明女子大学	2003
"替天行道"的思想与侠义小说	李相雨	中国语文学研究会	2003
《激流三部曲》与《红楼梦》的比较研究	柳莹洙	东国大学	2003
《高唐赋》与《神女赋》的关系	沈成镐	岭南中国语文学会	2003
《归去来辞》与李仁老《和〈归去来辞〉》的比较研究	金周淳	岭南中国语文学会	2003
《老子》"道"意义分类研究	박기호	公州大学	2003
从《论语》看孔子的教授法	金昌焕	韩国中国语文学会	2003
《山海经》所反映的动物象征意义研究：以龙、凤凰、麒麟、龟为中心	姜恩英	韩国外国语大学	2003
《补天》其"游戏"的解释学地平	孔翔喆	中国语文学研究会	2003
《五帝本纪》叙述起点与五德终始说	李康范	中国语文学研究会	2003
《古代小说钩沉》校释1：《青史子》《笑林》	김장환	中国语文学研究会	2003
《唐才子传》中所描写的诗人文学才能研究	卢在俊	中国语文学研究会	2003
《诗经》音乐的文学解剖	金海明	中国语文学研究会	2003
《新罗殊异传》与六朝志怪的创作基础比较研究	김지선	中国语文学研究会	2003
《左传》的神秘记录研究：关于神秘性格的记录	宋源灿	中国语文学研究会	2003
《春香传》与《牡丹亭》的"千字文"收容样相	姜姈妹	中国语文学研究会	2003
讲唱类敦煌写本的新分类	曺明和	韩国中国语文学会	2003
高丽与宋代文人之间的会面	정태업	中国语文学会	2003
公安派与朴趾源的文学理论比较	具教贤	中国语文学研究会	2003
孔子"郑声淫"考	金基喆	中国语文论译学会	2003
归还、实感：近期中国小说的趋向	백원담	中国语文学研究会	2003

文献名称	著/编/译者	发行处	发行年
永无止境的论谈：神话的历史化、历史的神话化	이유진	中国语文学研究会	2003
关于新世纪中国古典文学研究的两点思考	张伯伟	岭南中国语文学会	2003
教科课程的历史变迁及竞合的中国古典文学经典	朴贞姬	岭南中国语文学会	2003
老舍小说中传统思想观念的受用及批判研究：以人物形象为中心	방수경	蔚山大学	2003
老舍《骆驼祥子》研究	尹子荣	明知大学	2003
论《水浒传》中的色彩	金正起	中国语文研究会	2003
论辛弃疾南归前期词的创作	巩本栋	岭南中国语文学会	2003
论日本诗话：兼谈中日韩诗间的关系	张伯伟	中国语文学会	2003
唐传奇与宋元话本中的神话运用研究	李仁泽	中国语文学会	2003
唐代科学文化与唐诗的兴盛	郑台业	中国语文学会	2003
唐宋山水记的景色表达：试论唐宋山水记研究	권석환	中国语文学研究会	2003
唐宋诗分题材参论与研究构想	沈文凡	中国语文研究会	2003
戴厚英《人啊，人！》三部作品研究	姜鲸求	岭南中国语文学会	2003
桃源与花园：论大观园意象的创造	陈惠琴	中国语文研究会	2003
东亚叙事中的"变身"主题研究：以韩国与中国叙事为中心	金芝鲜	中国语文研究会	2003
东亚知性史中鲁迅的意义	徐光德	中国语文学会	2003
杜甫与丁若镛的三吏、三别比较研究	金明柱	韩国外国语大学	2003
杜诗句法与字法研究	李永朱	韩国中国语文学会	2003
另一个自己否定：近代作家与读者的形成	鲁贞银	中国语文学会	2003
略谈两汉六朝游戏散文	이주해	中国语文学研究会	2003
论《水浒传》中的色彩	金正起	中国语文研究会	2003
《论语》古注考释（4）	李康齐	中国语文论译学会	2003
论中国新时期文学的演变	罗琼	中国语文学研究会	2003
瞿秋白文学思想形成中"菩萨行"的影响	赵显国	中国语文学研究会	2003
论《聊斋志异》中的伦理相	朴永种	中国语文学研究会	2003
明代公案小说专集的创作及刊行	朴明眞	岭南中国语文学会	2003
明末叶绍袁《午梦当集》以及记忆	金元东	中国语文学会	2003

文献名称	著 / 编 / 译者	发行处	发行年
武则天神话中的寓言与征兆	张贞海	中国语文学会	2003
美的范畴"趣"与"雅"的审美意识差异变化转移中的文学社会学意义	元锺礼	韩国中国语文学会	2003
范成大的使金诗研究	李致洙	中国语文研究会	2003
卞之琳爱情诗解读	郑圣恩	中国语文学会	2003
北宋竹枝词内容小考：兼与唐代竹枝词比较	朴仁成	中国语文研究会	2003
佛经科判与初唐文学理论	张伯伟	岭南中国语文学会	2003
冰心《问题小说》的女性观研究	이은진	蔚山大学	2003
三苏的《六国论》	金桂台	中国语文学研究会	2003
上海文学期刊对 1930 年代现代派诗潮的影响	李庚夏	中国语文学会	2003
西游记、降魔变及佛经的比较研究	金泰宽	中国语文学研究会	2003
徐志摩爱情诗考察	朴安洙	岭南中国语文学会	2003
关于黄州时期苏轼诗编年的相关考察	金珍敬	中国语文学会	2003
试探嵇康文学的玄理化现象	崔世仑	中国语文学研究会	2003
新民歌与革命的浪漫主义	成谨济	中国语文学研究会	2003
阿城《棋王》三部曲研究	尹珍	东国大学	2003
乐府《少年行》研究	卢在俊	中国语文学研究会	2003
杨慎词曲评析	王国德	中国语文学研究会	2003
两汉曹魏饮酒诗研究	윤석우	中国语文学研究会	2003
王蒙反思小说《希礼》研究	최윤영	东国大学	2003
王维诗的思慕之情研究	하윤정	蔚山大学	2003
王昌龄七言绝句的内容和特征	강창구	中国语文学研究会	2003
王弼《言意之辨》与《文心雕龙·神思》的思维模式比较	崔世仑	中国语文学研究会	2003
刘勰楚辞论的特征与意义探索：以《文心雕龙》《辨骚》篇为中心	李显雨	中国语文学研究会	2003
六朝妓女的歌：以乐府民歌为中心	安东焕	中国语文学研究会	2003
李奎报词试论	李种振	中国语文学会	2003
以佛解庄：成玄英《庄子疏》对《庄子》的阐释	孙红	中国语文论译学会	2003

文献名称	著/编/译者	发行处	发行年
李商隐诗中的色彩表现	金南喜	岭南中国语文学会	2003
李清照词前后期作品比较及其语言运用研究	김현숙	公州大学	2003
李贺神话诗歌研究：死亡的恐惧与生命的愿望	金宜贞	中国语文学研究会	2003
张爱玲《传奇》研究	表兰姬	东国大学	2003
钱谦益的反竟陵派论研究	강정만	中国语文学研究会	2003
朝鲜人郑同修建的北京香山洪光寺及其游览作品鉴赏	朴现圭	岭南中国语文学会	2003
曹禺《日出》研究	片惠敬	明知大学	2003
从苏轼文论写作时期探讨其文艺创作理论	崔在赫	岭南中国语文学会	2003
朱自清小品文思想内容研究	황가희	蔚山大学	2003
周作人"人的文学"考察	崔成卿	中国语文研究会	2003
中国新诗中出现的继承与移植问题研究	郑雨光	中国语文研究会	2003
中国人间牺牲神话传说研究：暴力、权力以及孝	金善子	中国语文学研究会	2003
中国现代文学批评的宗教性：以刘小枫的基督教批评谈论为中心	白永吉	中国语文研究会	2003
中国现代文学的神话运用研究：以郭沫若、大荒、王润华、鲁迅的代表作品为中心	김인선	蔚山大学	2003
中国古代文史中的美人与丑人	刘石	岭南中国语文学会	2003
中国古代神仙类志怪小说小考	南敏洙	岭南中国语文学会	2003
中国神话的历史化和大一统的欲望	李有镇	中国语文学研究会	2003
中国现代戏剧发展研究：以 1907 年—1945 年为主	문지성	中国语文学研究会	2003
中韩神仙故事的时间性比较研究：以《太平广记》与《海东异迹》为中心	郑宣景	中国语文学研究会	2003
曾毅《中国文学史》与儿岛献吉郎《支那文学史纲》之比较研究	陈广宏	岭南中国语文学会	2003
清代宫廷的月令承应戏研究	申智瑛	韩国中国语文学会	2003
清末民初柳永词的雅俗有关的论争	金鲜	中国语文学会	2003
初期古文运动家的江左文学论	赵殷尚	中国语文学会	2003
巴金与韩国无政府主义者	朴兰英	中国语文研究会	2003
巴金抗战三部曲《火》与韩国人	朴兰英	中国语文学会	2003

文献名称	著/编/译者	发行处	发行年
笔记小说概念小考	정민경	中国语文学会	2003
韩国文学的汉语圈进出现况研究	高仁德	中国语文学研究会	2003
汉唐间《史记》注释相关考察	徐元南	中国语文学研究会	2003
韩愈散文中的人格美探究	黄珵喜	中国语文研究会	2003
关于韩愈与白居易对立与否小考	李商千	岭南中国语文学会	2003
《红楼梦》的女性民俗研究	한운진	韩瑞大学	2003
皇民文学所追求的民族认同性：以陈火泉的“道”为中心	宋承锡	中国语文学研究会	2003
后西昆体诗研究	宋龙准	韩国中国语文学会	2003
比较文学研究的新课题（一）	申宜暻	中国人文学会	2003
“棒槌与拐杖”——其生命的象征性	金道荣	中国语文研究会	2003
20 世纪初中国与神话学的会面	洪允姬	中国语文学研究会	2003
古代历史剧与新编历史剧的比较考察	李相雨	中国语文学研究会	2003
《太史公书义法·引旨》译解	이인호	中国语文论译学会	2003
朴趾源小说研究：以韩中比较文学的角度为中心	허경인	中国语文学研究会	2003
汉译经典与佛教类志怪小说的影响关系小考	卞贵南	岭南中国语文学会	2003
韩中观剧诗歌考	하경심	中国语文学研究会	2003

13. 翻译作品及研究

文献名称	著/编/译者	发行处	发行年
关于对汉语译本《韩国史大观》的批判：《国史大观》与《韩国史大观》的不同之处	权浩渊	思想界社	1964
《翻译老乞大》与《老乞大谚解》的比较研究：从音韵词汇文法文章的角度	오금자	诚信女子大学	1978
《词学导读》翻译	왕희원	岭南中国语文学会	1982
巴金《家》的两种翻译本	최인애	岭南中国语文学会	1985
从清末到文学社团活动时期的翻译文化活动情况考察：以小说为中心	안병국	岭南中国语文学会	1986

文献名称	著 / 编 / 译者	发行处	发行年
《谈艺录》翻译（1）	钱锺书 著，李鸿镇 译	岭南中国语文学会	1989
《红楼梦》现代译本考察	崔溶澈	高丽大学 / 中国语文研究会	1989
《谈艺录》翻译（2、3）	钱锺书 著，李鸿镇 译	岭南中国语文学会	1990
中国文学在韩国译介之历代特色	许世旭	高丽大学 / 古代中国语文研究会	1990
《谈艺录》翻译（4）	钱锺书 著，李鸿镇 译	岭南中国语文学会	1991
《谈艺录》翻译（6）	钱锺书 著，李鸿镇 译	岭南中国语文学会	1992
佛经翻译对中国语言和语言学的影响	王理嘉	延世大学	1992
韩中同声传译初探	宇仁浩	韩国外国语大学	1992
汉诗韩译中的形式要素	黄秉国	淑明女子大学	1992
《谈艺录》翻译（7、8）	钱锺书 著，李鸿镇 译	岭南中国语文学会	1993
《红楼梦》诗词翻译比较论试考：关于包括乐善斋全译本的各种外国译本	李桂柱	岭南中国语文学会	1993
《谈艺录》翻译（9）	钱锺书 著，李鸿镇 译	岭南中国语文学会	1994
《包待制三勘蝴蝶梦》翻译（1）	关汉卿 著，박성훈 译	高丽大学 / 中国语文研究会	1994
《谈艺录》翻译（10）	钱锺书 著，李鸿镇 译	岭南中国语文学会	1995
中韩翻译中两种语言间的迥异特点	최덕은	清州大学	1995
《包待制三勘蝴蝶梦》翻译（2、3）	关汉卿 著，朴成勋 译	高丽大学 / 中国语文研究会	1995
汉诗翻译论	姜声尉	韩国中国语文学会	1995
韩中口译的实际状况	손지봉	韩国外国语大学	1995
《谈艺录》翻译（11、12）	钱锺书 著，李鸿镇 译	岭南中国语文学会	1996
汉语韩文标记的问题与改善方案	严翼相	韩国中语言语学会	1996
《谈艺录》翻译（13、14）	钱锺书 著，李鸿镇 译	岭南中国语文学会	1997
关于汉语《圣经》翻译的历史考察	韩美镜	书志学会	1997
汉语—韩国语翻译的理论与实践（1）	白水振	岭南大学	1997
《谈艺录》翻译（15、16）	钱锺书 著，李鸿镇 译	岭南中国语文学会	1998
《说文解字注》十五篇翻译（1）	许慎 著，金爱英 译	中国语文论译学会	1998

文献名称	著/编/译者	发行处	发行年
汉语翻译技法的摸索	朴锺汉	岭南中国语文学会	1998
汉语上古音再构（L.F.K.System）中活用的翻译资料探求	全广镇	韩国中文学会	1998
汉语—韩国语翻译的理论与实践（2、3）	白水振	岭南大学	1998
中国的汉语机器翻译研究介绍	박상령	湖南大学	1998
关于《西游见闻》中的外国国名的汉字标记：以日本、中国的比较为中心	郑英淑	韩国日本学会	1998
韩中翻译与写作	朴英绿	韩国中国文化学会	1998
韩中同声翻译考察	孙志凤、金儿英	韩国外国语大学	1998
《谈艺录》翻译（17、18）	钱锺书 著，李鸿镇 译	岭南中国语文学会	1999
《说文解字注》十五篇翻译（2、3）	许慎 著，金爱英 译	中国语文论译学会	1999
文学翻译中的删改	王晓元	中国语文论译学会	1999
汉语翻译方法研究：以句子成分为中心	李泰姬	梨花女子大学	1999
汉语—韩国语翻译的理论与实践（4）	白水振	岭南大学	1999
曾朴翻译文学观考察	魏幸复	韩国中国语文学会	1999
《李煜词全集》翻译	李煜 著，金钟声 译	中国语文论译学会	2000
韩国的中国文学史著述及翻译	崔溶澈	中国语文研究会	2000
"汉语翻译学"的诸问题（1）	孔翔喆	中国语文论译学会	2000
翻译是思维方式、特征、风格的移植与转换	오윤수	岭南大学	2000
古典翻译的问题与解决	김혜경	中国语文学会	2000
古典解释与言语研究	李康齐	中国语文论译学会	2000
汉语翻译学的诸多问题：通过几个实例的总结性问题提出（1）	孔翔喆	中国语文论译学会	2000
汉语—韩国语翻译的理论与实践（5、6）	白水振	岭南大学	2000
中国现代文学与韩国语翻译：以1980、1990年代为主	金会峻	中国语文论译学会	2000
关于汉语音韵学用语翻译考察：以王力的《中国语言学史》和濮之珍《中国语言学史》的韩语翻译本为对象	정진강	中国语文论译学会	2000

文献名称	著/编/译者	发行处	发行年
汉语韩文表记的实际情况与问题点研究	林东锡	中国语文学研究会	2000
关于从梵文到汉译的中国国号考察：以其意义与认识样相为中心	李显雨	中国语文学研究会	2000
韩国的汉语翻译官培养相关历史考察	梁伍鎮	韩国中语言语学会	2000
[座谈会] 以鲁迅的杂文翻译为中心	孔翔喆	中国语文论译学会	2001
[座谈会] 以儒家经典相关文献翻译为中心	이강재	中国语文论译学会	2001
[座谈会] 以中国古典诗文翻译为中心	지세화	中国语文论译学会	2001
[座谈会] 以汉语语法书籍翻译为中心	이창호	中国语文论译学会	2001
[座谈会] 以汉语教材的人文学书籍翻译为中心	이익희	中国语文论译学会	2001
[座谈会] 以中国语言文字学相关书籍的韩国语翻译为中心	정진강	中国语文论译学会	2001
《祖堂集》韩译时关于单词的几个误谬	송인성	岭南中国语文学会	2001
为了教学的中韩翻译实际情况（Ⅱ）：以程度补语为中心	임영학	庆北外国语科技大学	2001
中国近代翻译文学的发展脉络与主要特征（上、下）	郭廷礼 著，吴淳邦、金俸延、赵晨元 译	中国语文论译学会	2001
汉语—韩国语翻译的理论与实践（7）	白水振	岭南大学	2001
韩中翻译的实际情况：以病句分析为中心	金善玟	东国大学	2001
韩中口译的理解与技巧：以韩中口译教学为中心	황지연	庆熙大学	2001
中韩对应比较与翻译	백수진	韩国翻译学会	2001
关于汉语韩文标记	김태성	韩国中语中文学会	2001
中韩标点符号比较	김진아	韩国外国语大学	2001
《汉语常用简称词典》翻译论文	金利璟	济州大学	2002
中国诗歌翻译的诸问题	任元彬	中国语文论译学会	2002
"汉语翻译学"的诸问题（2）	孔翔喆	中国语文论译学会	2002
从《孟子》翻译本来分析汉语翻译的问题	白恩姬	韩国中国语文学会	2002

文献名称	著/编/译者	发行处	发行年
20世纪中韩小说的双方向翻译试论：以中国小说的韩译本实态调查为中心（1）	吴淳邦	中国语文论译学会	2002
成三问的学问及朝鲜前期的译学	郑光	韩国语文教育研究会	2002
中国文字学翻译书中的翻译错误相关分析	朴惠淑	中国语文论译学会	2002
中国散文韩语译本的现状与过去	李济雨	中国语文论译学会	2002
从汉语语法用语看学术用语翻译的问题	임병권	韩国中文学会	2002
汉语翻译学的诸多问题：为了范围探索与课题设定为目的（2）	孔翔喆	中国语文论译学会	2002
以中韩机器翻译为目的的汉语单语自动分离	宋寅圣	韩国中语言语学会	2002
通译教育研究：关于其理论与实践（3）	김훈	鲜文大学	2002
翻译基础	손지봉	韩国口笔译学会	2002
汉语音韵学翻译的诸多问题	韩钟镐	中国语文论译学会	2002
韩中翻译中的"化"	金善雅	中国语文学会	2002
汉语韩文标记法再修订案	严翼相	韩国中语中文学会	2002
标准汉语的化学元素标记法研究	千辰荣	成均馆大学	2002
《坛子》的汉语翻译论文	김명순	济州大学	2003
《世说新语》翻译：其"传神"的困难	金长焕	中国语文学研究会	2003
20世纪初期外国科学小说的翻译	곽연례	中国语文论译学会	2003
古典翻译的条件	金惠经	中国语文学会	2003
关于广告语言的中译研究：以商标名为中心	金炫住	庆星大学	2003
从情报机构的侧面看韩中翻译单位相关研究	김영옥	延世大学	2003
中国电影字幕误译研究：以《人生》《东邪西毒》为主	金英爱	仁荷大学	2003
中国近代的西方语言通译史（2）：从1883年到1886年	박성래	韩国外国语大学	2003
汉语语法术语翻译的问题点	임병권	大田大学	2003

文献名称	著/编/译者	发行处	发行年
汉语《圣经》中助词"了"相关研究：以《约翰福音》为中心	许弼焕	崇实大学	2003
最初汉语、满语圣书译成者贺清泰神父	金东昭	韩国阿尔泰学会	2003
韩国传统童话的翻译研究	이백문	鲜文大学	2003
韩汉翻译单位研究	김영옥	延世大学	2003
韩中翻译中出现的同源标记的干涉现象研究	金惠林	韩国外国语大学	2003
文本性与翻译转换：中韩翻译	白水振	中国语文学会	2003
韩中翻译的误译案例分析：以首尔市主页中文版为中心	김난미	韩国国际会议口译学会	2003
汉语韩文标记法的现况与改善方案	金营晚	中国语文研究会	2003
汉语韩文标记的原则与局限	张皓得	中国语文论译学会	2003

14. 历史文化思想研究

文献名称	著/编/译者	发行处	发行年
老子人物形象及其问题：以《史记列传》为中心	宋恒龙	檀国大学	1974
李珥社会经济思想研究	서길수	檀国大学	1974
浅释中国伦理文化	王振连	韩国外国语大学	1975
从道家立场看东洋的思维构造特质	宋恒龙	檀国大学	1975
清朝实学的展开	申洪哲	韩国外国语大学	1975
留华片闻	林祐载	韩国外国语大学	1975
从岁时风俗来看唐代妇女生活小考	申美子	檀国大学	1975
关于中庸思想的本质研究	崔完植	韩国中国语文学会	1976
老庄思想的基本观念	张基槿	韩国中国语文学会	1976
儒家思想中的道德哲学	徐云龙	韩国中国语文学会	1977
甲骨祭祀卜辞中之牺牲考	孙叡彻	韩国中国语文学会	1980
《经学历史》（2）	李鸿镇	岭南中国语文学会	1980
《经学历史》（3）	피석서	岭南中国语文学会	1981
《经学历史》（4）	피석서	岭南中国语文学会	1981

文献名称	著 / 编 / 译者	发行处	发行年
以人性的回归为目标的庄子人性教育考察	김기탁	岭南中国语文学会	1981
颜之推思想：以《颜氏家训》为主	姜信雄	岭南中国语文学会	1981
中国古代文化常识（2）：地理、职官、科举	李鸿镇	岭南中国语文学会	1982
中国古代文化常识（3）：姓名、隶属、宗法	이홍진	岭南中国语文学会	1982
群经今古文略述	李台薰	檀国大学	1982
中国古代文化常识（4）：宫室、车马、饮食、衣饰、什物	이홍진	岭南中国语文学会	1983
悼徽教	여개	岭南中国语文学会	1983
古代活字板纸探明	박현규	岭南中国语文学会	1985
列宁帝国主义的中国借鉴	朴昌熙	檀国大学	1986
孔子学说在现代生活中的价值	章景明	高丽大学	1988
中国根源信仰中的女性原理	陆完贞	檀国大学	1988
中国传统思想小考	朴忠淳	檀国大学	1988
司马迁之思想渊源	李寅浩	中国语文研究会	1988
五四运动历史的考察	中国语系中国社会研究班	韩国外国语大学	1988
《文化理论学习资料》（1、2）	신홍철	岭南中国语文学会	1989
从儒家的"礼"来看家族的范围	文智成	中国语文学研究会	1989
儒家与文化之关系	柳晟俊	韩国中国语文学会	1990
古代中国"天"思想初探（1）	张永伯	中国语文学研究会	1992
先秦儒家的礼乐思想研究：以与天人关系思想的关联性为中心	金锺美	岭南中国语文学会	1992
关于中国古代的法律文化与道德	张晋藩	韩国法学院	1992
人间的历史：德国海克尔的人类发生学解释	鲁迅 著，任佑卿译	中国语文学研究会	1992
古代中国"天"思想初探（2）	张永伯	中国语文学研究会	1993
当代中国的美学研究	임범송	岭南中国语文学会	1993
巫与中国人本主义思想的关联性研究	金寅浩	韩国中国语文学会	1993
王安石经世思想	吴宪必	高丽大学	1993

文献名称	著/编/译者	发行处	发行年
丁卯胡乱时反清思想展开及其原因	정석원	中国语文学研究会	1993
清朝时代韩中文化交流	郑锡元	中国语文学研究会	1994
《周易五赞》中出现的朱子易学体系	李世东	岭南中国语文学会	1995
孔孟的"天人合一"与审美意识	金锺美	韩国中国语文学会	1995
乌托邦的概念与类型比较研究	郑在书	韩国中国语文学会	1995
西汉经书整理与博士制度	李康范	中国语文学研究会	1995
《易传》的基本思想	金民那	中国语文学会	1995
老庄的"道"与审美意识	金锺美	梨化中国语文学会	1995
关于敦煌藏经洞闭锁时期的考察	金敏镐	高丽大学/中国语文研究会	1995
简论何心隐思想	卢相均	韩国中国语文学会	1996
龚自珍的佛学思想	姜信硕	高丽大学	1996
今本《仪礼》"丧服经传"成立过程	文智成	中国语文学研究会	1996
新文化运动时期儒教人文主义研究	金惠经	中国语文学会	1996
社会主义中国的现实主义理论史初探1：毛泽东模型与鲁迅模型的对立与间隔（1949–1976）	全炯俊	韩国中国语文学会	1996
社会主义中国的现实主义理论史初探2：从现实主义的恢复到潜伏（1976年以后）	全炯俊	岭南中国语文学会	1996
《左传》中出现的正名思想研究（1）	张永伯	中国语文学研究会	1997
古代中国的人类牺牲仪式及神话传说	金善子	中国语文学研究会	1997
古代中国人对空间的理解：以"《西游记》中的这个世界和那个世界"的研究为基础	罗善姬	岭南中国语文学会	1997
甲骨文中的天人关系：人间中心的思维	河永三	岭南中国语文学会	1997
对儒家人类关系模型的数值理解：以《仪礼·丧服》为中心	文智成	中国语文学研究会	1997
对中国文化中思维论的理解：从中国文学理解的背景角度分析	吴台锡	岭南中国语文学会	1997
中国的石头信仰、神话及象征性	李仁泽	中国语文学研究会	1997
作为东亚中介的两点：鲁迅、横步	柳中夏	中国语文学会	1997
"两结合"的社会背景及在理论史上的位置	成瑾济	中国语文学研究会	1997

文献名称	著/编/译者	发行处	发行年
中国悬案问题解剖：以社会、经济、文化为主	李根孝	庆星大学	1997
台湾的现行教育概况与教育改革动向	罗万基	广州大学	1997
甲骨文中的"大史""小史""北史"考察	李义活	岭南中国语文学会	1998
顾炎武"古今之理学"辨	金庆天	中国语文研究会	1998
礼乐剥离后的文本形态	刘顺利	中国语文论译学会	1998
中国90年代人文精神议论考察	沈惠英	韩国中国语文学会	1998
试论汤显祖的政治思想	卢相均	韩国中国语文学会	1998
王氏父子训诂研究概述	刘性银	中国语文学研究会	1998
现代中国启蒙的性格及知识分子的角色	刘世钟	中国语文论译学会	1998
中国与韩国犁的比较研究：以中国华北、东北地区为中心	정연학	北京师范大学	1998
从《太平广记》来看的唐代巫文化	洪允姬	中国语文学研究会	1999
龙神话与风水论理	张贞海	中国语文学会	1999
人文精神"危机"论争与文化意识的转化	金锺贤	中国语文研究会	1999
史前时代在中国东北地区宗教艺术中出现的"神"形象	洪憙	韩国中文学会	1999
关于中国哲学研究在欧美学界的近期趋势及其方法论研究：对于中国古代哲学的三个视角	나성	大同哲学会	1999
"四句偈"与"般若之智"	왕학균	中国语文论译学会	1999
《天亡簋》铭文小考	朴锡弘	中国语文论译学会	1999
南宋郊坛下官窑简介	朱伯谦	韩国大学博物馆协会	1999
老庄思想的诗论特征	彭铁浩	韩国中国语文学会	1999
唐代古文家的教育观研究：以韩愈为中心	朴璟实	中国语文论译学会	1999
五四时期"文化保守主义"谈论结构考察：以梁漱溟的《东西文化及其哲学》为中心	权宁爱	中国语文研究会	2000
20世纪转换期中国之文化心理构造	金越会	韩国中国语文学会	2000
甲骨文中的商代天文学	梁东淑	中国语文研究会	2000
21世纪的"东洋学"的意义	송영배	中国语文学会	2000
五四时代另一面：新儒家对中国现代化的解释	양유빈	岭南中国语文学会	2000

文献名称	著/编/译者	发行处	发行年
五四新文化运动期中对"传统"的再解释	金元中	中国语文研究会	2000
从文献、文字资料铨释龙的来源	柳东春	韩国中国语文学会	2000
中国客家族丧服礼的特征与渊源研究	文智成	中国语文学研究会	2000
中国隐逸文化的类型考	金昌焕	韩国中国语文学会	2000
会说汉语的韩国人	장숙현	韩国地域社会研究所	2000
中国80年代初人文主义论：以王若水为主	沈惠英	韩国中国语文学会	2000
《曶鼎》铭文	李贞子	岭南大学	2000
中国园林与中国文化：以园林的概念与种类为主	李珠鲁	韩国中国语文学会	2000
从考证到义理：东方哲学解析方法论初探	이승환	中国语文学会	2000
对中国文化的源头——东夷文化的考察	李仁泽	中国语文学会	2000
空白是真的白色：从海德格尔来读的中国美学	金锺美	中国语文学会	2000
论胡风的《论现实主义的路》	鲁贞银	中国语文学会	2000
禅宗的语言及文字相关两面性态度	박석	中国语文学研究会	2000
宋代士大夫的审美意识小考：以宋代士大夫绘画观为主	서은숙	中国语文学研究会	2000
"动"的民族主义：以孙文的民族主义为中心	송승석	中国语文学研究会	2000
明代士大夫家班研究：以《陶庵梦忆》的记述为主	金光永	韩国中国语文学会	2000
论中国园林的历史的变迁	李珠鲁	韩国中国语文学会	2001
《周易》的相反相成论及性别意识	김종미	中国语文学会	2001
客家人与韩国人的文化观念比较	文智成	中国语文学研究会	2001
考古"现代"：兼谈书与语言的实践	申宜暻	济州汉拿大学	2001
孔子"仁"的思想的教育学研究	이영진	蔚山大学	2001
明末清初士大夫与庭园	赵美媛	中国语文学研究会	2001
从神话中的姑娘到历史中的母亲	송정화	中国语文学会	2001
从音乐到文字	廉丁三	中国语文学会	2001
从丧服制度的演变看客家丧服的形成时代：福建龙岩《湖梓里丘氏族谱》为主	文智成	中国语文学研究会	2001
通过《醇言》看栗谷如何理解《道德经》	李宣佝	中国语文学研究会	2001
韩国俗谈的中国文化渊源考察	洪董植	中国语文研究会	2001

文献名称	著 / 编 / 译者	发行处	发行年
从"胡风事件"来看的社会主义中国建国时期的文化特征考察：以最近几年间的议论为中心	张东天	中国语文研究会	2001
中国经学试论	李世东	岭南中国语文学会	2001
论汪中的儒学思想	涂小马	中国语文论译学会	2001
论一九二〇年代巴金和申采浩的无政府主义	朴兰英	中国语文研究会	2001
论汉代乐律理论及其思维方式	李政林	中国语文学会	2001
论汉代天地人合一的音律观念	李政林	韩国中文学会	2001
诗圣杜甫的儒家思想形成和发现研究	李仁杰	蔚山大学	2001
读《郭店楚简札记》四则	沈培	中国语文学会	2001
"礼"理念的展开	崔京玉	庆星大学	2001
作为方法的中国：从中国人的观点到西方主义	车泰根	中国语文研究会	2001
荻生徂徕脱朱子学的儒学	이기원	江原大学	2001
论朱子哲学中道德主体的普遍性问题	김기현	大同哲学会	2001
东亚理论构筑的两种样相	孔翔喆	中国语文论译学会	2001
甲骨文中商代的祭祀形态研究	金锺铉	中央大学	2002
孔子研究方法论考察	金庆天	中国语文研究会	2002
论先秦《雅乐》和《郑声》概念的产生及其内涵	李政林	中国语文学会	2002
巫蛊"诅咒"	서영대	韩国巫俗学会	2002
民间神宝卷研究	金遇锡	韩国中国语文学会	2002
卜辞中出现的商代周祭小考：以帝乙、帝辛时期为中心	윤창준	中国语文学研究会	2002
李语堂的家族文化观：关于他的文化思想的特征	金美廷	韩国中国语文学会	2002
从黄金到土泥：清谈与中古辩风	范子烨	中国语文学研究会	2002
从黄金到土泥：清谈中的玄学内容和言语游戏	范子烨	中国语文学研究会	2002
志怪与道教的幻想：以魏晋南北朝为中心	宋贞和	中国语文学会	2002
为了全球化过程中性平等的传统的再发现：以道教文化为中心	郑在书	中国语文学会	2002
蔡元培的"近代"认识与新文化创造论	金尚源	中国语文论译学会	2002
青铜器题名法试探	오제중	中国语文学研究会	2002

文献名称	著/编/译者	发行处	发行年
韩国俗谈里的中国文化因素	洪董植	中国语文研究会	2002
闲谈中国人	金鎭姬	高丽大学	2002
中国园林的历史的变迁（2）：隋唐代园林	李珠鲁	韩国中国语文学会	2002
从《国朝汉学师承记》来看的乾嘉时期汉宋之争及其实相	李康范	中国语文学研究会	2002
"和"与"混"的美学：在东亚"传统"与"现代主义"相遇之处	양태은	中国语文学研究会	2002
从《山歌》看明代民间的爱	조숙자	韩国中国语文学会	2002
中国的灵魂观念与魂魄说	朴志玹	韩国中国语文学会	2002
明代理学家与文人论"情""真"	安赞淳	岭南中国语文学会	2002
佛典解释上诸问题点考察：通过《缁门警训》	安在哲	中国语文学研究会	2002
郭店楚简《唐虞之道》篇杂识	문병순	中国语文学研究会	2002
关于"变化"的古代中国人的观念与孔子思想的核心	장영백	中国语文学研究会	2002
梁启超清代学术概论阐释	정석원	中国语文学研究会	2002
中国自然哲学有关的几个问题	정진배	中国语文学研究会	2002
《金刚经》五家解中惠能与冶父的"如是我闻"注释的问题点考察	허인섭	韩国哲学会	2002
J.S.Moll 与近代中国	양일모	大同哲学会	2002
钱谦益的史学主张	박경란	中国语文学研究会	2002
唐代的继承与发展	孙娅爱	韩国中国语文学会	2002
《朴通事》的教育特征研究：以文化教育方面为中心	柳秀正	韩国外国语大学	2003
古代中国人的"忧患意识"研究	张永伯	中国语文学研究会	2003
科技启蒙到小说启蒙：晚清时期傅兰雅的启蒙活动	吴淳邦	韩国中国文化学会	2003
大巧若拙思想与宋代文化	朴锡	中国语文学研究会	2003
朱砂化妆研究：以中国与韩国为中心	정복희	忠南大学	2003
从王国维死亡来看的陈寅恪的"文化本位论"	李康范	中国语文学研究会	2003
战国楚玺判别丛论	文炳淳	中国语文学研究会	2003
中国主要的洪水神话研究	서유원	中国语文论译学会	2003

文献名称	著/编/译者	发行处	发行年
中西文化比较研究论小考	郑晋培	中国语文学研究会	2003
浅谈"韩流"的渊源与"汉潮"现象之交流	诸海星	岭南中国语文学会	2003
清代史学家的"二窗说"	金永哲	中国语文学研究会	2003
文史哲论《史记伯夷列传》	李寅浩	中国语文研究会	2003
全球化与中国当代文艺状况	王一川	中国语文研究会	2003
中国现代地方文化研究的必要和前景	文智成	中国语文学研究会	2003
宋代科举考试"声律"与"经义"之争的历史考察	沈文凡	岭南中国语文学会	2003
古代中国人的"死"克服现象研究	金寅浩	韩国中国语文学会	2003
传统继承的中国式模型	彭铁浩	韩国中国语文学会	2003
近代转换时期知识分子的学问观变化的理论基础	金永文	岭南中国语文学会	2003
阮籍之本有的思想	郑焕锺	岭南中国语文学会	2003
五四时期对科学的议论	문선영	中国语文学研究会	2003
地理认识论、历史与现代性	车泰根	中国语文研究会	2003
中国近代思想的转换逻辑：自然法与变法——以康有为的思想为中心	车泰根	中国语文研究会	2003
中国思想史研究方法小考	李妍承	岭南中国语文学会	2003
《房山石经》《华严石经》及《高丽大藏经》比较研究	康惠根	中国语文学研究会	2003
当代后殖民文本中的身份与身位	양준희	岭南中国语文学会	2003
李之兰研究：朝鲜建国与女真势力	왕영일	高丽大学	2003
小家庭是如何形成的：以现代中国城市为例：以1920—30年代在《妇女之友》中展开的论争为中心	朴姿映	中国语文学研究会	2003
小康和中国市场经济伦理	金槿	中国语文学会	2003
满铁与满洲事变：9.18事变	郭洪茂	翰林大学亚洲文化研究所	2003
满洲国与朝鲜的关系	한석정	翰林大学亚洲文化研究所	2003
毛泽东时期的政治社会分析方法论：以 Andrew G. Walder 的新传统主义为中心	权世振	岭南中国语文学会	2003
关于上海近代读书市场的形成与变迁	金美廷	韩国中国语文学会	2003

文献名称	著/编/译者	发行处	发行年
关于南北韩中等学校教育体制的比较研究	오형수	蔚山大学	2003
中国宪法的裁定过程及变迁	강기원	韩国比较公法学会	2003
陶行知的生活教育论研究	최혜정	蔚山大学	2003
语言行为所投射的中国人价值观	李在敦	中国语文学会	2005

15. 艺术研究（书法、曲艺、电影、音乐、美术）

文献名称	著/编/译者	发行处	发行年
东坡书法研究	金炳基	岭南中国语文学会	1986
南戏音乐形式形成中的唱赚与诸宫调的影响	吴秀卿	岭南中国语文学会	1988
南戏研究史小考	吴秀卿	韩国中国语文学会	1990
南戏《白兔记》研究	吴秀卿	岭南中国语文学会	1991
《缀白裘》所收录地方戏曲的相关考察	오창화	中国语文学研究会	1991
从话剧来看的《阿Q正传》：以田汉与陈白尘的改编剧为中心	吴昶和	中国语文学研究会	1992
宋代宫廷演剧演变小考：以公演机构变迁为中心	安祥馥	韩国中国语文学会	1993
元杂剧曲律与记谱法	朴成勋	高丽大学	1993
宋金演剧的舞台、剧场论	安祥馥	韩国中国语文学会	1994
刘知远诸宫调（残本）校注1	李陆禾	高丽大学	1994
元人杂剧分类法研究：以元代通俗分类法与《太和正音谱》分类法为主	이상철	中国语文学研究会	1995
刘知远诸宫调（残本）校注2	李陆禾	高丽大学	1995
以确定中国古典戏曲演员的特征为目的的讨论：元代杂剧演员珠帘秀的生平与艺术	权应相	韩国中国语文学会	1995
李玉时事剧结构艺术	尹贤淑	高丽大学中国语文研究会	1996
梁启超戏剧界革命论研究	崔亨旭	中国语文学研究会	1996
刘知远诸宫调（残本）校注3	李陆禾	高丽大学	1996
李渔戏曲表演论	金光永	韩国中国语文学会	1996
明代以后南戏变迁研究1	吴秀卿	韩国中国语文学会	1996

文献名称	著/编/译者	发行处	发行年
王九思《中山狼院本》研究：与康海《中山狼》杂剧比较	权应相	韩国中国语文学会	1997
李渔戏曲特殊性：以其通俗性为主	朴泓俊	韩国中国语文学会	1997
李渔编剧理论：以结构为主	朴成勋	中国语文研究会	1997
李渔剧本演出论	朴成勋	中国语文研究会	1998
关于明代短剧的构成及成立试论	李昌淑	岭南中国语文学会	1998
李渔戏曲研究现况与展望：兼《李渔通俗戏曲研究》的介绍	朴泓俊	中国语文学会	1998
关于中国古代戏曲各色体制的语义考察：关于南戏与北剧的展开样相	安祥馥	韩国中国语文学会	1998
元杂剧《水浒》戏与小说《水浒传》比较研究	申智瑛	韩国中国语文学会	1998
明代戏曲《西游记》的祭仪构造	郑元祉	岭南中国语文学会	1999
从悲剧角度来看中国初期近代剧	金锺珍	中国语文研究会	1999
叶时章及其剧作：明末清初苏州剧作家群简论	朱禧	中国语文论译学会	1999
元前期杂剧时代精神考察	李相雨	中国语文学研究会	1999
宋代杂剧在中国戏剧史上的地位	안상복	韩国中国语文学会	1999
中国都市贫民艺术：相声	丁一	韩国中国语文学会	1999
四大徽班与京剧形成的关系	金英美	中国语文学会	1999
《燕行录》的中国戏曲史料价值探索	李昌淑	韩国中国语文学会	2000
从王骥德《曲律》到李渔《闲情偶寄》的戏曲理论	朴泓俊	韩国中国语文学会	2000
元代戏曲《伦理道德》主题考察	李相雨	中国语文学研究会	2000
中国古典戏曲的意义与教育	梁会锡	中国语文研究会	2000
明代戏曲的本色当行论研究	卢相均	韩国中国语文学会	2000
吕洞宾剧"纯阳"指向意象	金道荣	中国语文研究会	2001
李渔演技美学：以体验与表现为主	朴成勋	中国语文研究会	2001
明清临川派的爱情剧研究	车泫定	中国语文学会	2001
元杂剧、明杂剧比较	李相雨	中国语文学研究会	2001
朱权《太和正音谱》的戏曲理论	车美京	中国语文研究会	2001

文献名称	著/编/译者	发行处	发行年
中国初期近代剧的美学摸索：以冯叔鸾为主	金锺珍	中国语文研究会	2001
21世纪初中国改良传统剧演出方式的事实化倾向	赵得昌	中国语文研究会	2001
祁彪佳《远山堂二品》考：以体例与情节论为中心	金光永	韩国中国语文学会	2001
中国传统剧结末处理小考	河炅心	中国语文学研究会	2002
南戏《张协状元》考论	俞爲民	中国语文学会	2002
唐宋傩礼、傩戏及《驱傩行》的傩戏及假面戏	安祥馥	韩国中国语文学会	2002
明代后期关于角色体验的戏曲表现论	蔡守民	中国语文研究会	2002
寓言与梦：明清人的戏曲观探索	하경심	中国语文学研究会	2002
京剧音乐的叙事功能	金英美	中国语文学会	2002
作为世界文化遗产的中国昆曲艺术	陈爲蓬	岭南中国语文学会	2002
吴梅戏曲批评方法的继承与创新	赵得昌	中国语文研究会	2002
元明代南方戏曲相关用语再检讨	李廷宰	韩国中国语文学会	2002
祁彪佳的曲调论与意境论研究：以《远山堂二品》为中心	金光永	韩国中国语文学会	2002
元杂剧演出与戏台	朴成勋	中国语文研究会	2003
潘之恒演剧论理解	河炅心	中国语文学研究会	2003
《缀白裘》中《琵琶记》折子戏的特征	金英淑	中国语文学研究会	2003
关于戏曲艺人教育发展的试探	申智英	中国语文学会	2003
中国京剧的听觉美	沈小喜、金英美	中国语文学研究会	2003
吕天成《曲品》中的戏曲论研究	金光永	韩国中国语文学会	2003
韩中近代剧的新派剧：新剧的实践比较	金锺珍	中国语文研究会	2003
中国电影等级建立	임대근	韩国外国语大学	2001
80年代以后中国电影解读的"文革"	金震共	韩国中国语文学会	2001
中国戏曲电影相关考	申智英	中国语文学会	2001
中国电影《霸王别姬》字幕研究	罗敏球	韩国中语言语学会	2002

文献名称	著/编/译者	发行处	发行年
现代电影中的中国传统形象探索：相对的时间与精神上的获得	김영미	岭南中国语文学会	2002
中国当代电影所反映的社会心理结构研究：以 80 年代城市生活作为素材的作品为中心	장용화	中国语文学研究会	2003
都市寓言的结构与解构：张杨电影的艺术实验	李廷植	中国语文学研究会	2003
近代中国文化形成过程的一个例子：以关于电影的流入现象的比较考察为中心	林大根	中国语文论译学会	2003
《乐记》的文本范式要求	刘顺利	中国语文论译学会	1997
美声唱法与中国民族唱法的比较研究：以发音法为中心	박옥민	淑明女子大学	2000
《乐记》的乐论研究	이하라	全北大学	2003
石涛《画谱》上	주약극	岭南中国语文学会	1980
石涛《画谱》下	주약극	岭南中国语文学会	1981
中国绘画的文学性	손정숙	岭南中国语文学会	1981
苏、黄关系论：以诗画书为主	오태석	岭南中国语文学会	1984
宋代绘画的文学化倾向和苏东坡诗书画理论	安永吉	岭南中国语文学会	1986
从万卷堂看丽元画坛交流	陈明华	檀国大学	1988
谢赫《古画品录》序的断句、标点研究	金炳基	岭南中国语文学会	1996
郑板桥题画研究	李仁淑	岭南中国语文学会	1999
诗书画的统合系统及中世教育的再认识	권석환	中国语文学研究会	2000
黄公望山水画的隐逸画境	朴美贤	高丽大学	2002
从图像解释学角度来看的汉代画像石 1：以西王母图像为中心	金善子	中国语文学研究会	2002
从图像解释学角度来看的汉代画像石 2：以伏羲与女娲的图像为中心	金善子	中国语文学研究会	2003

16. 词典研究

文献名称	著/编/译者	发行处	发行年
台湾版新旧《辞源》简评	공경신	岭南中国语文学会	1981

文献名称	著 / 编 / 译者	发行处	发行年
字典和辞书的利用方法	孔庆信	岭南中国语文学会	1981
中国出刊朝鲜文词典	金东昭	晓星女子大学	1988
《玉篇》在字典学史上的价值	柳东春	韩国中国语文学会	1989
《朝鲜馆译语》研究	이돈주	岭南中国语文学会	1991
许慎《说文》会意字与形声字归类之原则研究	김종찬	台湾师范大学	1992
许慎与《说文解字》考	许璧	中国语文学研究会	1992
朝鲜时代汉语词典	朴在渊	韩国中国文化学会	1994
朝鲜时代汉语词典	朴在渊	中国语文研究会	1995
《说文通训定声》体例考	朴兴洙	韩国外国语大学	1997
韩国汉字字典《玉篇》部首体系研究	河永三	岭南中国语文学会	1997
朝鲜时代中韩词典	朴在渊	韩国外国语大学	1998
关于汉语词典正体字收录问题	이상도	韩国中语言语学会	1998
《说文解字》（译注）（1、2）	李炳官	中国语文学研究会	2000
现行字典类的属部字问题	秦光豪	岭南中国语文学会	2000
汉语词典正在拒绝同义相训：中国语文词典的新趋势	杨金华	大韩中国学会	2000
《说文解字》中出现的中国古代社会相考	김동진	中国语文学研究会	2001
汉语、汉字词典的几个问题：字典检索方法及214个部首	박추현	延世大学	2001
汉语、汉字字典的几个问题：韩、中、日三国相似汉字、词汇的样式及处理	이상혁	延世大学	2001
《说文解字》（译注）（3、4）	李炳官	中国语文学研究会	2002
《说文解字》标题字选定原则变例考：以"先古籀后篆"类型为中心	尹彰浚	中国语文学研究会	2002
试析中国大陆缩略语词典中存在的问题	郑阳寿	韩国中国学会	2002
《说文解字》（译注）（5）	李炳官	中国语文学研究会	2003
关于《中朝大辞典》编撰	朴在渊	韩国词典学会	2003

17. 语言信息处理

文献名称	著/编/译者	发行处	发行年
韩汉文字情报处理方法比较研究	王斯生	成均馆大学	1995
中国语文现代化应从高度信息化做起	박상령	湖南大学	1998
浅议中文信息处理现状	曹右琦	国语情报学会	2000
情报化时代中国学研究	赵宽熙	中国语文学研究会	2001
Cyber 上的汉语表记法研究	裵宰奭	中国语文学研究会	2002
情报化时代的汉语变化	徐永彬	新罗大学	2002
信息论与语言研究	太平武	韩国中国语言文学研究会	2003
为汉语信息检索的扩张二元语法分割法	김운，강지훈，맹성현	韩国信息科学会	2003
以信息处理为目的的汉字输入方法考察	安熙珍	韩国中国文化学会	2003

18. 社会语言学

文献名称	著/编/译者	发行处	发行年
东南亚西亚的民族和语言：特以华侨问题为中心	金永基	成均馆大学	1961
中国文字政策考：以选择常用汉字为中心	성원경	高丽大学	1985
居住在中国丹东的朝鲜族语言相关的社会言语学研究	许世旭	古代中国语文研究会	1988
朝鲜语与汉语称呼的社会语言学对比考察	최건	二重言语学会	1990
汉语的词汇使用及其社会时代面貌的表现	柳晟俊	韩国外国语大学	1990
中国语文政策及其实行研究	洪寅杓	韩国中国语文学会	1990
东洋三国语言政策讨论会	安秉禧	国立国语研究院	1991
中国的对外汉语教育政策	허택	延世大学	1992
香港的语言现象与展望	李海雨	中国语文学研究会	1995
汉语的"母亲"名称相关考	박기숙	韩国语内容学会한국어내용학회	1996
汉语的"朋友"名称相关考	남궁양석	韩国语内容学会	1996

文献名称	著 / 编 / 译者	发行处	发行年
两种言语的冲突和融合：以中世纪的口诀文为中心	金相大 著，文涛 译	中韩人文科学研究会	1997
中国语文政策研究	李载胜、姜命相	庆南大学	1999
新加坡的社会语言现象	이해우	中国语文研究会	2000
中国广告文案相关语言学研究	박종한	韩国中语中文学会	2001
拉丁化新文字运动的始末	예해서	中国语文论译学会	2001
中国人的网络汉语使用现象	지세화	祥明大学	2001
汉语名牌命名研究	박종한	学古房	2002
现代汉语称谓语系统的困境及其社会语言学分析	상경풍	中国语文论译学会	2002
汉语聊天语言的社会语言学研究	南宫良锡	中国语文研究会	2002
汉语标准化政策研究	김중섭	济州大学	2002
从语言区分角度来看的中国少数民族分类考察	李妍周	岭南中国语文学会	2003
济州道内汉语导游手册考察	김중섭	韩国语言研究学会	2003
现代汉语中女性语言的特征	苏恩希	中国文化研究学会	2003

19. 历史语言学

文献名称	著 / 编 / 译者	发行处	发行年
汉语对韩语的影响：韩语音素体系的变迁	朴恩用	启明大学	1968
汉语对韩语的影响：音韵篇	朴恩用	大邱晓星加图立大学	1970
中国的韩中二重言语状况与汉语的影响	孟柱亿	京畿大学	1990
中国的韩汉双语情况和汉语对韩语的影响	孟柱亿	京畿大学	1990
关于古代汉语语源相关考察	曾光平 著，金济福 译	岭南中国语文学会	1991
从文献的角度考察韩中语言关系	方善柱	翰林大学亚洲文化研究所	1996
汉语史研究与语料的鉴别	王捝伟	中国语文学研究会	1996

文献名称	著/编/译者	发行处	发行年
依据古代韩中语言接触的上古汉语研究	金庆淑	韩国中语中文学会	1997
中国朝鲜语语义变化原因研究：以汉语影响为主	朴莲花	首尔市立大学	1997
关于《磻溪随录》语言中汉语词汇的韩语词汇化过程	강헌규	仁荷国语教育学会	1999
东汉所见特殊语言现象	朴万圭	中国语文研究会	2000
关于先秦两汉间的汉语转移相关历史语言学考察	白恩姬	韩国中国语文学会	2001
初期汉学书中的蒙古语成分	梁伍鎭	韩国中语中文学会	2002
论汉、韩、日语言循环影响与规律：兼论东北亚语言扩散的理论思考	송지현	北京大学	2003

20. 海外汉学与文化交流

文献名称	著/编/译者	发行处	发行年
高本汉的生涯及中国学研究	Egerod，Soren 著，丁一 译	岭南中国语文学会	1882
韩中日三国近代初期新闻比较研究	김명애	梨花女子大学	1974
中国学入门书籍的要点及其读法	梁启超 著，李桂柱 译	檀国大学	1976
澳大利亚的中国学	이신의	岭南中国语文学会	1980
中国学相关英文定期刊物	이철리	岭南中国语文学会	1981
《太平广记》东传之始末及其影响	서장원	岭南中国语文学会	1984
《文选》的韩国传入及流行小考	허권수	岭南中国语文学会	1984
苏东坡诗文的韩国收容	허권수	岭南中国语文学会	1988
中国语学研究在历史语言研究所	李在敦	岭南中国语文学会	1988
苏联的中国语文学研究动向（上）：60年代以来苏联的中国古典文学研究	황선주	岭南中国语文学会	1989
京都大学的中国文学研究	李章佑	岭南中国语文学会	1989
《红楼梦》的韩国传入及其影响研究	崔溶澈	高丽大学	1991

文献名称	著 / 编 / 译者	发行处	发行年
北美地域的中国语法研究：以美国的主要论著为主	许璧	延世大学	1992
法国的汉语学研究动向：以《汉语历史通论》为主	罗敏球	韩国外国语大学	1992
马来西亚中国语儿童文学的特色	爱薇	韩国儿童文学研究院	1994
美国的汉语语言学界	严翼相	韩国中语言学会	1995
构造主义与变形语法：美国的中国语言语学传统与倾向	严翼相	中国语文学研究会	1995
古代汉语兼语文研究：以春秋战国时代为中心	李滢镐	成均馆大学	1995
19 世纪前期中国开明人士与西方新教宣教师中间的知识的交流	김선경	梨花女子大学	1995
海上丝路传来的春风：韩国折叠扇传入中国考	高国蕃	高丽大学	1995
关于利玛窦适应主义的宣教方法考察	박영신	淑明女子大学	1995
韩国的中国语文学系的昨天与今天	이재승	社团法人韩国大学长协会	1996
朝鲜时代中国通俗小说的传播范围与方式	郑沃根	中国语文研究会	1997
论《世说新语》的韩国流入时期	金长焕	中国语文学研究会	1997
大学附属汉语研究所的课题与方向	元廷植	首尔大学	1998
法国的中国语言学研究	李妍周	岭南中国语文学会	1999
唐宋乐舞的高丽传入相关考察	金贞熙	中国语文研究会	1999
谈西洋人对中国艺术史的研究	郭继生	韩国大学博物馆协会	1999
美国的中国文学研究动向	柳昌娇	韩国中语文学会	2000
中国语学在韩国的研究状况	孔在锡	中国语文研究会	2000
中国研究的几个方法论视角	허원	中国语文学会	2000
中国学：以什么为目的的学问	金槿	中国语文学会	2000
韩国人的中文学研究与翻译意义	许世旭	中国语文论译学会	2000
美国的中国女性文学研究资料：从女性文学一般到当代的女性文学	柳昌娇	中国语文学会	2001
韩国的中国学现况及方向	郑雨光	中国语文研究会	2001

文献名称	著 / 编 / 译者	发行处	发行年
高丽版《藏经音义随函录》研究	김애영，李在敦，李圭甲	中国语文学研究会	2001
美国的中国女性文学研究资料：从宋代的女性文学到清代的女性文学	柳昌娇	中国语文学会	2002
朝鲜申叔舟的汉语观	金泰成	韩国中语言语学会	2002
韩国使用汉字文化的历程	卢国屏	东亚人文学会	2002
韩国的中国语言学和韩国性中国语言学	严翼相	中国语文学研究会	2002
为探求汉文与汉语的教育方法的征途	李庚齐	韩国中国语文学会	2002
从主要著书来看日本的中国语法研究	许璧	延世大学	2003
美国的《红楼梦》研究概况	赵美媛	中国语文学研究会	2003
中国语学史料学	임원빈	韩国外国语大学	2003
大邱庆北地区的中国语文学研究史：从 1945 年到现在	安重源	岭南中国语文学会	2003
韩国类书综合研究：中国类书的传入与流行 1	崔桓	岭南中国语文学会	2003
一个朝鲜使臣眼里的清国：无名氏《燕辕日录》研究	刘顺利	中国语文论译学会	2003
韩中文化交流现况与课题：以"韩流"现象为中心	崔美贞	大邱大学	2003
两岸通俗文化交流对中国大陆的影响	전보옥	中国语文学研究会	2003
从朝鲜时代中国小说看儒教制度的巩固过程（2）：从朝鲜燕山朝到中宗朝	정옥근	中国语文学研究会	2003

21. 人物传记及研究

文献名称	著 / 编 / 译者	发行处	发行年
三国志魏书王粲传考释	李徽教	檀国大学	1974
苏东坡的假传考	安秉皍	檀国大学	1975
崔世珍研究	郑光	德成女子大学	1977
颜之推生平小考	姜信雄	韩国中国语文学会	1980
文天祥家族史迹的新资料	정양수	岭南中国语文学会	1980
北海丁来东老师的人品与学问	이근효	岭南中国语文学会	1981

文献名称	著 / 编 / 译者	发行处	发行年
潘重规教授的履历及学问精神	홍우침	岭南中国语文学会	1981
寿邨居士自传	학회자료	岭南中国语文学会	1981
关汉卿的生平考	신홍철	岭南中国语文学会	1981
论顾颉刚与古史研究	정양수	岭南中国语文学会	1984
崔致远的在唐生涯小考	허권수	岭南中国语文学会	1985
韩愈研究资料介绍：韩愈研究概况	이장우	岭南中国语文学会	1985
庾信生平考	노요희	岭南中国语文学会	1986
《续唐诗话·韩愈》条考	심병손	岭南中国语文学会	1986
论元好问"崔立碑"疑案	洪光勋	檀国大学	1988
阮籍的活法	边成圭	韩国中国语文学会	1990
欧阳修的祖先及其生平	权镐锺	韩国中国语文学会	1990
柳宗元碑志研究	洪承直	高丽大学	1992
茅盾生平研究	金荣哲	高丽大学	1994
李商隐南游行迹考	河运清	岭南中国语文学会	1994
曹操大传	유성준	岭南中国语文学会	1994
徐志摩论	俞景朝	中国语文学研究会	1994
骆宾王生卒年小考	安炳国	韩国中国语文学会	1995
孟浩然交游考 1	李南锺	韩国中国语文学会	1996
关于嘉祐 2-6 年间王安石的官职移动时间考：关于顾栋高《王荆公年谱》的检讨之一	柳莹杓	韩国中国语文学会	1997
牛僧儒传考	朴敏雄	中国语文学研究会	1997
韩愈潮州刺史左迁时往返路程考	黄理喜	中国语文研究会	1997
刘禹锡小考	申贞熙	韩国中国语文学会	1998
钟嵘《诗品·谢灵运》条考	李光哲	中国语文学研究会	1998
诗佛王维苦恼初探	朴三洙	岭南中国语文学会	1998
关于吴贯中贯籍的相关研究动向	정원기	中国语文论译学会	1999
嵇康生平考论	정환종	岭南中国语文学会	1999
王力与吕叔湘比较研究	许璧	延世大学	2000
王绩"三仕三隐"研究	朴炳仙	中国语文学研究会	2000

文献名称	著／编／译者	发行处	发行年
周作人与日本	金美廷	韩国中国语文学会	2001
苏轼和高丽	柳种睦	韩国中国语文学会	2002
东国文学之祖崔志远与唐末文人交游考述	党银平、闵庚三	中国语文研究会	2003
王禹称生平与诗	李南锺	韩国中国语文学会	2003

22. 书评与简介

文献名称（被评文献名称）	著／编／译者	发行处	发行年
《〈红楼梦〉版本研究》	王三庆 著，洪宇钦 评	岭南中国语文学会	1982
《中国随笔小史》	许世旭 著，金学主 评	岭南中国语文学会	1982
《汉诗韵律论》	洪宇钦 译，金周汉 评	岭南中国语文学会	1984
《鲁迅评传》	丸山升 著，金槿 评	岭南中国语文学会	1984
《西昆酬唱集注》	宋彦亿 编，权镐镜 评	岭南中国语文学会	1984
《中国古代文学史》	金学主 著，金寅浩 评	岭南中国语文学会	1984
《中国经济史》	皮锡瑞 著，이재훈 评	岭南中国语文学会	1984
《中国美术思想相关研究》	权德周 著，孙贞淑 评	岭南中国语文学会	1984
《中国文学理论》	刘若愚 著，郑在书 评	岭南中国语文学会	1984
《中国音韵学》	高本汉 著，李哲理 评	岭南中国语文学会	1985
《中国文化概观》	이상엽 评	岭南中国语文学会	1986
《西浦漫笔》	金万重 著，洪寅杓 译，金兰英 评	岭南中国语文学会	1987
《中国语学入门》	Kosaka Junichi 著、정헌철 译、金槿 评	岭南中国语文学会	1987
《中国语学》	공재석，이재돈 著，정인숙 评	岭南中国语文学会	1987
《墨子》	金学主 著，이종진 评	岭南中国语文学会	1988
《续唐诗话·韩愈条》	이장우 译，鲁长时 评	岭南中国语文学会	1988
《中国古代音韵学》	조기정 评	岭南中国语文学会	1988
《中国古典文学理论批评史》	이병한，이영주 编，오태석 评	岭南中国语文学会	1988
《中国文字学概说》	임윤 著，권택룡 译，진광호 评	岭南中国语文学会	1988
《秦观词研究》	宋龙准 著，柳种睦 评	岭南中国语文学会	1989

文献名称（被评文献名称）	著 / 编 / 译者	发行处	发行年
《中国文学史》	金学主 著，李永朱 评	岭南中国语文学会	1989
《中国现代诗的理解》	钱光培、向远 著，朴云锡 译，全炯俊 评	古代中国语文研究会	1989
《中国现代文学史》	권철，김제봉 著，姜鲸求 评	岭南中国语文学会	1989
《中国小说美学》	叶朗 著，崔桓 评	岭南中国语文学会	1989
《黄庭坚诗研究》	吴台锡 著，柳莹杓 评	岭南中国语文学会	1991
《茅盾文学思想》	朴云锡 著，신홍철 评	岭南中国语文学会	1991
《唐宋词通论》	吴熊和 著，李鸿鎮 译，宋龙准 评	岭南中国语文学会	1991
《中国诗话史》	蔡鎮楚 著，吴台锡 评	岭南中国语文学会	1991
《中国古代小说史》	全寅初 著，崔桓 评	岭南中国语文学会	1993
《中国古典诗学理解》	李炳汉 编著，吴台锡 评	岭南中国语文学会	1993
《唐宋词风格论》	杨海明 著，李锺振 译，柳种睦 评	岭南中国语文学会	1994
《中国诗歌艺术研究》	원행패 著，朴锺赫 译，吴台锡 评	岭南中国语文学会	1994
《中国唐诗研究》	柳晟俊 著，李锺汉 评	岭南中国语文学会	1994
《中国现代散文史》	林非 著，김혜준 译，赵诚焕 评	岭南中国语文学会	1994
《中国小说批评史略》	方正耀 著，洪尚勋 译，崔桓 评	岭南中国语文学会	1994
《80 年代中国语法研究》	陆俭明 著，李鸿鎮 译，许成道 评	岭南中国语文学会	1995
《从小说看现代中国》	李时活 评	岭南中国语文学会	1995
《汉语翻译基础》	박순 评	吉林省民族事务委员会	1995
《现代中国语法研究》	许成道 著，孙庆玉 评	岭南中国语文学会	1995
《中国当代文学史》	邱岚 著，金锺贤 评	岭南中国语文学会	1995
《中国语翻译基础》	장의원 著，최인애 评	岭南大学	1995
《20 世纪中国文学理解》	陈思和 著，姜鲸求 评	岭南中国语文学会	1996
《唐宋词史》	杨海明 著，宋龙准、柳种睦 译，李东鄉 评	岭南中国语文学会	1996
《现代中国文学的理解》	전형준 著，金时俊 评	岭南中国语文学会	1996
《中国文学的飨宴》	车柱环 著，李章佑、鲁长时 评	岭南中国语文学会	1996
《中国语学总论》	罗杰瑞 著，金广鎮 译，金光照 评	岭南中国语文学会	1996

文献名称（被评文献名称）	著/编/译者	发行处	发行年
《〈山海经〉研究》《中国神话研究》——两本书或者两个神话	郑在书 评	岭南中国语文学会	1997
《现代中国语法论》	朱德熙 著，许成道 译，吴文义 评	岭南中国语文学会	1997
《中国语法发展史》	王力 著，朴德俊 译，许成道 评	岭南中国语文学会	1997
《唐代文人列传》（上）	欧阳修 著，吴洙亨 评	岭南中国语文学会	1998
《现代汉语被动句研究》	김윤경 评	中国语文学会	1998
《训诂学的理解》	周大璞 著，정명수、장동우 译，宋龙准 评	岭南中国语文学会	1998
《中国诗歌研究》	柳晟俊 著，吴台锡 评	岭南中国语文学会	1998
《中国现当代文学批评家辞典》	赵诚焕 编，金良守 评	岭南中国语文学会	1998
《朱子诗索引》	张世厚 编著，이영주 评	岭南中国语文学会	1998
《杜甫初期诗译注》	이영주 译，李章佑 评	岭南中国语文学会	1999
《汉字如何统治中国》	李世东 评	岭南中国语文学会	1999
《唐诗选》	李炳汉、李永朱 译，宋龙准 评	岭南中国语文学会	1999
《新罗殊异传辑校与译注》	李剑国、崔桓 著，徐敬浩 评	岭南中国语文学会	1999
《中国古代音乐史》	杨荫浏 著，柳种睦 评	岭南中国语文学会	1999
《中国诗与诗人：唐代篇》	이병한 著，李永朱 评	岭南中国语文学会	1999
《汉字字义论》	이영주 著，李圭甲 评	岭南中国语文学会	2000
《己亥杂诗评释》	崔锺世 著，金永文 评	岭南中国语文学会	2000
《论语的语法理解》	류종목 著，李世东 评	岭南中国语文学会	2000
《三国志事典》	沈伯俊、谭良啸 著，정원기 译，南敏洙 评	岭南中国语文学会	2000
《徐渭戏曲研究》	权应相 著，吴秀卿 译	岭南中国语文学会	2000
《己亥杂诗评释》	龚自珍 著，김영문 评	岭南中国语文学会	2000
《中国古典文学创作论》——传统与现代之间的对话	张少康 著，李鸿镇 译，全炯俊 评	岭南中国语文学会	2000
《中国戏曲理论史》	传晓航 著，李龙镇 译，李昌淑 评	岭南中国语文学会	2000

文献名称（被评文献名称）	著/编/译者	发行处	发行年
《道教与文学及想象力》	郑在书 著，李锺汉 评	岭南中国语文学会	2001
《杜甫：忍苦的诗史》	全英兰 著，李永朱 评	岭南中国语文学会	2001
《故事、小说、Novel：从西方学者角度来看的中国小说》	김진곤 编译，全弘哲 评	岭南中国语文学会	2001
《中国当代文学思潮史研究》（1949–1993）	金时俊 著，柳中夏 评	岭南中国语文学会	2001
《中国古典文学风格论》	彭铁浩 著，배득렬 评	岭南中国语文学会	2001
《中国文学史论》	金学主 著，彭铁浩 评	岭南中国语文学会	2001
《中国文字学》	구석규 著，李鸿镇 译，柳东春 评	岭南中国语文学会	2001
《中国现代新现实主义的代表作家作品集》	전형준 评	岭南中国语文学会	2001
《中国现代新写实主义代表作家小说选》	全炯俊 评	岭南中国语文学会	2001
《中国语法的分析式理解》	廖振佑 编著，이종한 译，白恩姬 评	岭南中国语文学会	2001
《沧浪诗话》	김준연 评	岭南中国语文学会	2002
《汉字王国》	李圭甲 评	岭南中国语文学会	2002
《苏舜钦诗译注》	선정규 评	岭南中国语文学会	2002
《唐诗学的理解》	오태석 评	岭南中国语文学会	2002
《中国神话理解》：中国神话研究的新局面	임동석 评	岭南中国语文学会	2002
《中国现代小说史》	田仲济、孙昌熙 著，이종민 评	岭南中国语文学会	2002
《美国的中国文学研究》	이장우 评	岭南中国语文学会	2003
《中国甲骨学史》	吴浩坤、潘悠 著，梁东淑 译，张惠荣 评	岭南中国语文学会	2003
江西师范大学简介	최웅혁	岭南中国语文学会	1995
北京师范大学的中国语言文学系介绍	诸海星	岭南中国语文学会	1995
北京大学中国语言文学系简介	张健	岭南中国语文学会	1997

23. 目录与索引

文献名称	著/编/译者	发行处	发行年
近刊国内外学术杂志目录	노명선	岭南中国语文学会	1981
中国目录学再考	김득수	岭南中国语文学会	1981
中国语学关系杂志目录	집부 编	韩国中语中文学会	1982
釜山大学校所藏中国语文学关系图书总目录	大韩中国学会	大韩中国学会	1984
韩国中国语文学相关学位论文总目录	大韩中国学会	大韩中国学会	1984
近刊学术资料目录	이종한	岭南中国语文学会	1984
韩国主要图书馆收藏《文选》旧版目录	학회자료	岭南中国语文学会	1984
韩国主要图书馆收藏《韩愈著述》古版本目录	이희활	岭南中国语文学会	1985
韩国主要图书馆收藏《苏轼著述》与书帖古本目录	李义活	岭南中国语文学会	1985
近刊学术资料目录（中国语文学第9辑）	이종한	岭南中国语文学会	1985
东亚地域图书馆协力的可能性：以中国语、日本语、韩国语（C.J.K）资料目录的观点	黄世兴	国立中央图书馆	1985
中国语文学研究论文目录（4）（1985.11—1986.11）	학회자료	韩国中文学会	1986
近刊学术资料目录（中国语文学第11辑）	이종한	岭南中国语文学会	1986
近刊学术资料目录（中国语文学第12辑）	김영덕	岭南中国语文学会	1986
与苏东坡有关的文献目录保存	진영희	岭南中国语文学会	1986
与苏东坡有关的文献目录和资料出处	임어당	岭南中国语文学会	1986
中国古典文学研究者人名录（中国）	编辑部	岭南中国语文学会	1986
《中国文学研究年鉴》1985	鲁长时	岭南中国语文学会	1987
中国文学史长编（14）：硕博学位论文目录	학회자료	岭南中国语文学会	1988
近刊学术资料目录（国内）	이웅길	岭南中国语文学会	1989
苏联的汉语文学相关书目（1949—1983）	이국희	岭南中国语文学会	1990
近刊学术资料目录	장세후	岭南中国语文学会	1990
近刊学术资料目录（国内）	우재호	岭南中国语文学会	1991
近刊学术资料目录（国内）	우재호	岭南中国语文学会	1992
1949年后中国出版的中国文学史著作目录	최환	岭南中国语文学会	1993
近刊学术资料目录（国内）	우재호	岭南中国语文学会	1993
近刊学术资料目录（国内）	이갑남	岭南中国语文学会	1994

文献名称	著 / 编 / 译者	发行处	发行年
近刊学术资料目录（国内）	박종연	岭南中国语文学会	1995
20 世纪中国文化语言学著作一览	李亚明，류경남	岭南中国语文学会	1995
朱子诗索引	이영주	岭南中国语文学会	1998
宋代以后目录书中小说的地位	崔眞娥	中国语文学研究会	2000
中国文学与目录学中类书的地位	安正燻	韩国中国语文学会	2003
论章学诚教授之学所显的目录学成就	徐元南	中国语文学研究会	2004

24. 少数民族语言文化研究

文献名称	著 / 编 / 译者	发行处	发行年
Burinsk 条约的满洲文与蒙古文	최형원	韩国阿尔泰学会	1998
用八思巴字注音的韵书出现背景考察	王玉枝	中国语文论译学会	1999
喇叭沟门满族乡语言调查报告	彭燕、宋之贤	中国语文学研究会	2000
中国少数民族语种相关研究理论及方法考察	李妍周	岭南中国语文学会	2003

（二）汉语教学研究

1. 语言要素教学

（1）语音

文献名称	著 / 编 / 译者	发行处	发行年
汉语发音教育方案	卢东善	韩国外国语大学	1976
关于汉语发音教育的研究：以教学上应注意的问题为中心	孟柱亿	中国学研究会	1985
中国语文教学中音韵论的实用性	전광진	庆熙大学	1994
汉语发音教育与教授法	李根孝	庆星大学	1997
汉语拼音字母 /ě/ 音位的教授	金钟赞	安东大学	1997
汉语发音教育中注音符号的音韵学特性和活用	金荣晚	中国语文研究会	1999
关于汉语发音教育中的问题点	孟柱亿	韩国外国语大学	1999
汉语上声的调型模糊取向与教学特征	종영화	中国语文论译学会	1999

文献名称	著 / 编 / 译者	发行处	发行年
通过高中汉语语音教学的实况调查和教材分析得出的指导方案研究	안소윤	梨花女子大学	2000
韩国高中汉语声调教学的实态分析及其指导方案研究	심민지	梨花女子大学	2000
汉语声调的认知与教育	沈小喜	大韩音声学会	2000
关于汉语音调教育	禹政夏	国民大学	2000
以提高汉语听取能力为目的的有效指导方案研究：以高中汉语教学为中心	김은주	梨花女子大学	2000
汉语语音教学中化韩语弊为利略探	朴敬瑞	中国语文研究会	2000
现代汉语发音教育的现状与有效的指导方案相关研究	李贞和	庆星大学	2000
高中汉语基础发音教学用 CD-ROM title 的设计与呈现	정을림	梨花女子大学	2001
对韩国学生的汉语声调教学探索	王立杰	韩国中文学会	2001
汉语发音教育方法研究：以语言学习脑力成熟的学习者为中心	왕옥지	中国人文学会	2001
汉语教学中所发生的声调问题	康惠根	中国语文学研究会	2001
通过对汉语教育现状分析开展有效的发音指导方案研究	김경민	仁荷大学	2002
关于汉语音声语言教育的基础过程指导	孟柱亿	韩国教员大学	2002
《汉语拼音方案》与世界汉语语音教学	王理嘉	韩国中国语言文学研究会	2003
汉语发音指导方案研究：以第 7 次教育课程的高中教科书为中心	金志暎	忠南大学	2003
汉语发音相关教学研究	韩承爱	淑明女子大学	2003

（2）语法

文献名称	著 / 编 / 译者	发行处	发行年
汉语的语法与教育	李相殷、张深铉、李汉祚、张基槿	震檀学会	1962
汉语文法教育试案	柳明奎	韩国外国语大学	1976
韩汉句型对比研究：以初级汉语例句为中心	박정현	延世大学	1994

文献名称	著/编/译者	发行处	发行年
韩国的汉语语法教育现况及改善方案	洪淳孝	忠南大学	1996
现代汉语把字句研究（2）：依据出现频率的教学方案	朴建荣	韩国中语中文学会	1998
关于"名受＋（名施）＋动"句子之应用：以教学为中心	周翠兰	中国语文学研究会	1999
汉语语法理论及语法教学	朴正九	韩国中语言语学会	2000
汉语复句教学方法研究	朴德俊	韩国中语中文学会	2000
汉语之教学语法的等级与其应用之初探：以母语为韩语者为例	朴庸鎮	韩国中语中文学会	2000
试论用疑问句引导语义教学	王玮	中国语文论译学会	2000
关于现代语法教育的几个提案	李炳官	中国语文学研究会	2001
结构助词"得"的功能与程度表现相关教学语法	성윤숙	言语科学会	2002
有效的"了"指导方案研究：通过分析教学上的问题点	张炳圭	仁荷大学	2002
韩中两种语言的结构差异与汉语教学：从非名词性成分主语谈起	李宇哲	岭南中国语文学会	2003
"着""了""过"的语法难度、使用频率及其教学顺序	김입흠	中国语文学研究会	2003
文本的结束性与汉语语法教学	白水振	中国语文学研究会	2003
汉语教学中的难点：范围副词	韩容洙、许世立	中国人文学会	2003
对动结式离合词的研究：以《为了韩国人的教授法》为中心	박선영	成均馆大学	2003
汉语实义副词教学初探	朴相领	中国人文学会	2003
现代汉语补语学习指导研究	金时乃	庆熙大学	2003

（3）汉字

文献名称	著/编/译者	发行处	发行年
试论对外汉语教学中汉字与词、语、句的内在联系	卢福波	中国语文论译学会	1999
以中文系学生为对象的汉字识字法研究	朴容来、韩钟镐	釜山经商大学	2001

文献名称	著 / 编 / 译者	发行处	发行年
通过初中汉语教学汉字来分析共通指导实行方案：以汉字的字形和字义为中心	임종대	公州大学	2001
韩汉基本常用汉字比较研究：以韩国的初中教育用基础汉字与 HSK 甲级字为中心	정미경	韩神大学	2002
汉语课堂汉字教学法：以外语系教育课程（Ⅱ）基本词汇表为中心	李炫性	东国大学	2003
小学汉字教育的适用性与指导方法研究	조시창	群山大学教育大学院	2003
韩国的汉字教育与汉语教育	임동석	韩国中语言语学会	2003

2. 语言技能教学

（1）听力

文献名称	著 / 编 / 译者	发行处	发行年
关于提高汉语听力能力的方案研究：以高中外语教学为中心	赵大衡	韩国外国语大学	1999
提高汉语听力能力的方法与评价相关研究	박수정	仁荷大学	2000
汉语听力口语能力提高方法研究	李垠典	忠南大学	2001
听力理解的认知结构对听力教学的启示	张进军、朴相领	中国人文学会	2002
提高高中汉语听力能力的教学法研究	정진영	梨花女子大学	2003
提高高中汉语听力指导方案	안경희	梨花女子大学	2003
提高汉语听力能力的课程方法研究	여혜경	天主教大学	2003
有效的汉语听力教育方案研究	沈素英	忠南大学	2003

（2）口语

文献名称	著 / 编 / 译者	发行处	发行年
昭明汉语会话	왕계문	昭明 소명	1991
汉语教育中的沟通表达能力开发方案	申莲珠	京畿大学	1994
汉语教育中的沟通表达能力开发和文化相关教育	정기은	培材大学	1997
提高汉语口语能力的教学方案研究：以高中《中国语 1》为中心	김성진	梨花女子大学	2000

文献名称	著 / 编 / 译者	发行处	发行年
关于汉语断句教育的摸索	朴德俊	韩国中语言语学会	2000
略谈汉语会话教学	张红	济州大学	2001
提高沟通能力方案研究：以口语为中心	李尚茂	庆熙大学	2001
经济、礼貌原则与汉语会话教学	宇仁浩	中国语文研究会	2002
提高汉语日常交际能力的口语教学法考察	金恩净	圆光大学	2002
浅论提高口语教学效果	董爱国	中国语文学会	2002
汉语会话	임장춘	全国汉字教育促进总联合会	2003
对中级中国语学习者口头表现力的课堂指导：以口头发表活动为中心的成段表达课堂教学技巧	金香辰	中国语文学研究会	2003
使用自然教学方法的汉语会话指导方案	李美美	庆熙大学	2003
关于中国人默读意义群断句的研究	朴庸鎭	中国语文学研究会	2005

（3）阅读

文献名称	著 / 编 / 译者	发行处	发行年
提高汉语阅读能力的指导方案研究：以人文系高中汉语教育为中心	윤현선	梨花女子大学	2000
韩国大学生汉语学习中阅读与词汇使用中的主要问题及指导方案	황일권	启明大学	2002
活用文学文本的汉语阅读能力提高方案研究	김지연	梨花女子大学	2003
基于网络的汉语阅读战略	朴德俊	学古房	2003

（4）写作

文献名称	著 / 编 / 译者	发行处	发行年
汉语组织论：以文章构造、语词配列为中心	宋昌基	首尔大学	1967
汉语写作的偏误分析与教学模型构建	朴德俊	岭南中国语文学会	1993
体裁风格的特征	彭铁浩	岭南中国语文学会	1993
分析汉语作文的偏误提出有效的作文教学法：以"虚词"使用中的偏误分析为主	朴成敏	京畿大学	1997
体裁与文类	李章佑	岭南中国语文学会	1997

文献名称	著/编/译者	发行处	发行年
汉语作文教育现况及其改善方案	李锺振	中国语文学会	1997
汉语作文教学的新尝试	朴德俊	韩国中语言语学会	1999
浅谈汉语写作教学及连句成段的重要性	宇仁浩	中国语文研究会	2001

3. 习得研究

文献名称	著/编/译者	发行处	发行年
汉语训练过程	하희대	中央公务员教育院	1989
汉语学习过程中的中介语	孟柱亿	京畿大学	1990
机能主义的心身理论研究：以认知科学的哲学含义为中心	여명숙	梨花女子大学	1992
汉语作文偏误小考	宇仁浩	韩国外国语大学	1995
韩国人现代汉语韵母发音样相分析	卞志源	首尔大学	1996
汉语学习上的误谬分析	李仁泽	蔚山大学	1997
韩国人汉语学习中常见错误类型	섭홍영	全州大学	1997
韩国人学汉语难点分析	朱景松	岭南中国语文学会	1997
韩国学习者汉语作文中的语法谬误分析	白水振	大韩中国学会	1998
对比偏误分析与课堂教学	宇仁浩	韩国外国语大学	1999
以提高沟通能力为目标的汉语教授学习方案	李承娟	忠南大学	1999
汉语写作时发生的词汇选定误谬研究：以韩汉同形汉字词为中心	金新爱	梨花女子大学	1999
汉语学习中的映像媒体效果相关研究	陈素铃	中央大学	1999
关于韩国人汉语句子断句的相关考察	沈小喜	韩国中语言语学会	1999
韩国学生"了"使用上的偏误分析	毛海燕	中国语文学会	1999
韩国学生学习汉语的声调偏误分析	송현선	韩国外国语大学	1999
韩国学生掌握汉语语法规律的情形分析：以动词为主	장숙분	韩国外国语大学	1999
韩国人中文发音声调的问题与改善	沈小喜	中国语文学会	1999
关于汉语关联词学习上出现的错误	金珍我	韩国外国语大学	2000
汉语学习过程中的偏误分析：以汉语作文为中心	金海呈	忠南大学	2000

文献名称	著/编/译者	发行处	发行年
诱发汉语学习动机研究	金俊熙	庆熙大学	2000
汉语学习中的韩语干涉现象	임효섭	东亚大学	2000
汉语学习中词汇谬误现象	刘永基	韩国中语言语学会	2000
把字句的误用辨析及其教学	李载胜	庆南大学	2000
韩国学生的汉语语序偏误分析	白恩姬	韩国中国语文学会	2000
韩国学生汉语学习的语音偏误试探	李秀	中国语文学研究会	2000
中国朝鲜民族双语教育研究：以动词学习为主	黄玉花	暻园大学	2000
汉语学习中的偏误分析	김해정	忠南大学	2000
汉语的误读：韩国人学习汉语言文字的错解研究	박용래	华东师范大学	2000
关于汉语听力学习效果研究：以分析听力测试实验结果为中心	姜承美	韩国外国语大学	2001
汉语发音偏误分析：以元音和辅音为中心	황기하	木浦大学	2001
韩国人的汉语发音问题：以语言负迁移的复杂性为中心分析语调与音长	宋之贤	中国语文学研究会	2001
韩国学生上声连读变调的偏误分析与上声教学	关英伟	中国人文学会	2001
现代汉语时态助词学习指导研究：以"了""着""过"为中心	李智满	庆熙大学	2001
现代汉语近义词指导方案研究：以近义词偏误分析为主	李庆淑	韩国外国语大学	2001
ARCS 模型对汉语初级学习者学习能力的影响	金圣哲	韩国外国语大学	2002
谈韩国留学生普通话连读中的语音偏误	马洪海	中国人文学会	2002
基于数据纵向研究方法的汉语学习者情况研究	朴庸鎮	中国语文学研究会	2002
戏剧对汉语学习效果的研究	李宗相	韩国外国语大学	2002
汉语学习专用词汇选定	이상도	大韩中国学会	2002
关于韩国汉语学习者易误用的词汇研究：以高中教科书中的词汇为中心	吴济吴	圆光大学	2002
韩国人汉语写作偏误的倾向性分析：以词汇、句法偏误为中心	宇仁浩	高丽大学	2002
韩国大学生汉语学习者的需求分析	林淑珠	中国语文学研究会	2002
韩国人汉语词汇偏误分析	孟柱亿	中国学研究会	2002

文献名称	著/编/译者	发行处	发行年
韩中肯定回答对比及偏误分析	延东淑	中国学研究会	2003
高中汉语教育协同学习的研究	최미현	梨花女子大学	2003
WBI汉语学习模型开发：作为教科书辅助工具的活用	강정신	祥明大学	2003
高中统一教育活性化方案：以蔚山地域高中生的统一意识调查为中心	양철봉	蔚山大学	2003
利用文化内容的汉语学习方法研究：以现行高中汉语教科书中的文化内容分析为中心	박경희	祥明大学	2003
试论韩国学生心理因素对汉语学习的影响及应对策略	骆明弟	中国人文学会	2003
对韩汉语教学的中介语初探	甘瑞援	中国语文学研究会	2003
汉语动词重叠规则常见偏误研究	林五淑	韩国外国语大学	2003
汉语中的易错发音及汉字：汉语强力纠错手册	高枝淑	济州大学	2003
韩国学生普通话语音偏误浅论	马洪海	中国人文学会	2003
韩国学生语法偏误的分析与纠正偏误的思考	胡晓研	中国人文学会	2003
关于韩国学生汉语学习的偏误	민순기	祥明大学	2003
汉字文化圈汉字词汇学习指导方案：以韩、中、日汉字对比分析为主	김현경	韩国外国语大学	2003
初级汉语作文中出现的语法偏误案例与原因分析	제해성，황일권	韩国中语中文学会	2003
韩国学习者的汉语疑问句语调分析研究	배재석，서미령	学古房	2003

4. 文化教学

文献名称	著/编/译者	发行处	发行年
汉语教育中的文化教育内容及方法研究	李英玉	京畿大学	1994
谈谈文化因素在汉语教学中的地位和作用	田柱民	忠南大学	1998
现行高中汉语教育中的文化教育实态与改善方案研究	赵承姬	庆熙大学	2001
汉语教育与文化教育同时进行研究	吴吉龙	学古房	2002
汉语教育中文化教育活性化方案：以测量高中学生的文化理解度为中心	이영희	仁荷大学	2002

文献名称	著 / 编 / 译者	发行处	发行年
关于汉语教育与文化教育并行相关研究：以大学教养汉语为中心	오길룡	韩国中语言语学会	2002
汉语教育中文化教育的现况与改善方案：以第 7 次教育课程中高中汉语教科书为中心	全美香	蔚山大学	2002
高中汉语教育中文化教育研究	최영진	仁荷大学	2003

5. 教材及师资研究

文献名称	著 / 编 / 译者	发行处	发行年
现行汉语教材分析研究	殷富基、金在乘	全南大学	1980
《老乞大谚解》与《华音启蒙谚解》形态比较	卢夏德	成均馆大学	1981
《老乞大》《朴通事》研究：从原刊到新释再到重刊的语法变化研究	강식진	岭南中国语文学会	1982
《老乞大》《朴通事》研究：以入声字的派入形式为中心	康寔鎭	釜山大学	1982
《老乞大》《朴通事》研究	장태원	岭南中国语文学会	1988
韩中国语课本教育比较研究：以小学的国语课本为主	赵荣一	弘益大学	1988
朝鲜时代汉语教学教材考察	林东锡	中国语文学研究会	1989
《译语类解》小考	沈小喜	中国语文学研究会	1992
现行高中汉语教科书分析考察	梁承玉	公州大学	1992
现行初高中汉文教科书的问题点研究：以"转注"的概念、"之"的用法、"补语"的问题为中心	李炳官	中国语文学研究会	1995
在中国出版的外国人用汉语教材基本语法研究	柳乙洙	韩国外国语大学	1996
关于《老乞大》《朴通事》汉语的特征研究	양오진	韩国语学会	1998
关于汉语教材的编撰	정윤철	韩国外国语教育学会	1998
现行高中汉语教科书的文化内容分析	徐廷珍	韩国外国语大学	1998
现行高中汉语教科书的文化内容分析及改善方案	郑恩珠	庆熙大学	1998

文献名称	著/编/译者	发行处	发行年
高中汉语教材中语法教学的问题点及其改善方案	권진경	蔚山大学	1999
汉语教科书词汇研究	黄美连	庆熙大学	1999
汉语课本中出现的翻译错误案例分析	薛芝媛	启明大学	1999
现行高中汉语教科书词汇研究：以词汇选定和出现频度为主	李在敦、李珠荣	梨花女子大学	1999
现行高中汉语教科书的被动句分析	姜先周	庆熙大学	1999
助词"了"研究：第6次教育课程汉语课本分析	林东昱	庆熙大学	1999
根据社会语言学因素研究高中学校汉语教科书	장경	梨花女子大学	2000
关于大学中级口语教材编写问题	梁菲	中国语文学会	2000
关于汉语口语教科书相关历史性考察	梁伍鎭	德成女子大学	2000
关于现行高中汉语教科书中反映的日常交际功能的分析	裵银善	庆熙大学	2000
汉语教材与文化教育	延东淑	韩国外国语大学	2000
现行高中《中国语1》课文汉字的常用性研究	金玉顺	韩国外国语大学	2000
中国小学教科书《语文》中的"把"字句用例分析	문미진	梨花女子大学	2000
关于对外汉语教材编写原则的一些思考	金立鑫、康寯鎭	釜山大学	2001
汉文本《老乞大》解题	玉泳晟	岭南大学	2001
为开发汉语教材的汉语句型研究：以初高中汉语分析为重点	황인옥	梨花女子大学	2001
现行高等汉语教科书品词的兼类现象及区分方法：以名词、动词、形容词为中心	金贤雅	庆熙大学	2001
现行高中汉语教科书中使用图片的文化性考察	朴现圭、陈秀美、柳知惠	韩国中国文化学会	2001
现行汉语教科书分析：以词汇与文化为主	安善姬	忠南大学	2001
朝鲜时代汉语课本与近代汉语研究	汪维辉	延世大学	2002
第7次教育课程的高中课本《中国语1》分析	최주희	忠南大学	2002

文献名称	著 / 编 / 译者	发行处	发行年
第 7 次教育课程高中汉语课本所反映的"沟通功能"分析	李受娟	全北大学	2002
高中汉语教科书听力材料分析：以交际技能为中心	吴贤珠	庆熙大学	2002
贸易汉语教材《老乞大》研究	이순미	梨花女子大学	2002
少儿汉语教材分析	김명은	梨花女子大学	2002
现行高中汉语教科书比较研究	朴星爱	京畿大学	2002
现行汉语教科书所反映的中国文化分析及指导方案	김현	庆熙大学	2002
现行汉语与汉语教科书的双音节词比较研究	金泰叔	京畿大学	2002
现行教科书所反映的文学文本及文学教育实态分析	박수나	庆熙大学	2002
中国的外国人汉语教育与教材	김윤경	二重言语学会	2002
以提出有效的汉语解读指导方案为目的的中韩两国语言的对比分析：以现行高中汉语教科书为中心	林尧燮	忠南大学	2002
《伍伦全备（谚解）》作为教材的价值与特性研究	유재원	韩国外国语教育学会	2003
初中《生活中国语—你好》教材改进方案	부길런	梨花女子大学	2003
从韩中文化差异角度来看的现行汉语教科书文化分析	俞俊渊	韩国外国语大学	2003
第 7 次教育课程的高中汉语教科书交际技能分析：以课文内容为中心	朴锺淑	韩国外国语大学	2003
第 7 次教育课程的高中汉语教科书文化内容分析：以中国人的视角为中心	홍문숙	淑明女子大学	2003
第 7 次教育课程的高中课本《中国语 1》分析	金时殷	仁荷大学	2003
第 7 次教育课程的高中课本《中国语 1》分析	송치훈	东亚大学	2003
第 7 次教育课程的高中课本《中国语 1》分析	崔珠姬	忠南大学	2003
高级汉语教材编写问题	肖奚强	中国语文学会	2003
高中《中国语 1》动作动词教学法研究	조은경	梨花女子大学	2003
高中《中国语 1》口语资料分析	金希宣	淑明女子大学	2003

文献名称	著 / 编 / 译者	发行处	发行年
高中《中国语 1》听力学习资料分析	박혜민	淑明女子大学	2003
高中第 7 次教育课程教科书《中国语 1》的词汇分析	吴美善	仁荷大学	2003
高中汉语教科书 I 有效的介词习得研究：以第 7 次教育课程为中心	이윤진	淑明女子大学	2003
高中汉语教科书 I 中练习题分析：以交际技能为中心	전선희	淑明女子大学	2003
高中汉语教科书的文化内容分析	朴淳心	韩国外国语大学	2003
高中汉语教科书中文化内容分析及指导方案：第 7 次教育课程为中心	金沃姬	祥明大学	2003
关于高中汉语教科书词汇选定考察：以第 7 次教育课程为中心	金淑香	顺天大学	2003
关于高中汉语教科书的评价研究：以考试试题分析为中心	金美希	蔚山大学	2003
国内儿童用中国语教材构成相关研究	李闰庆	韩国外国语大学	2003
汉语教科书词汇选定相关研究	이하영	淑明女子大学	2003
汉语教科书分析：以第六次、第七次教育课程为中心	이지영	淑明女子大学	2003
论原本《老乞大》的文化史价值	梁五鎭	韩国中国学会	2003
提高本土汉语学习效果的实验教科书	韩相彬	祥明大学	2003
现行高中《汉语 1》教科书分析：以构成方式及内容教学方法为中心	柳知惠	顺天乡大学	2003
现行高中汉语教科书词汇选定考察：与第 7 次教育课程的基本词汇、《汉语水平词汇与汉字等级大纲》比较分析	김훈호，김숙향	顺天大学	2003
现行高中汉语教科书的文化内容分析	郑醒旻	成均馆大学	2003
依据第 7 次教育课程的高中《中国语 1》词汇研究	조은희	梨花女子大学	2003
依据第 7 次教育课程的高中《中国语 1》分析	송치훈	东亚大学	2003
依据第 7 次教育课程的高中《中国语 1》评估问题研究	송계현	梨花女子大学	2003

文献名称	著 / 编 / 译者	发行处	发行年
依据第 7 次教育课程的高中教科书《中国语 1》分析	김시은	仁荷大学	2003
依据现行高中汉语教科书日常交际功能分析的汉语口语指导方案	朴正姬	韩国外国语大学	2003
中国的外国人专用汉语教材中的几个语法说明相关小考	류기수	韩国外国语教育学会	2003
对汉语教师选拔的研究：以汉语教师任用考试题型分析为中心	노미숙	梨花女子大学	2000
汉语教育中韩国教授与母语教授的角色分担：以母语教授的现况与问题点为中心	李彰浩	韩国中国语文学会	2002
关于高中随行评价的汉语教师的认识与实态相关研究	金钟瑞	韩国外国语大学	2003
汉语文学研究教育者的角色及指向	金庠澔	韩国中国语文学会	2003
汉语文学研究教育者的现况与需要变化样态	李康齐	韩国中国语文学会	2003

6. 教学方法

文献名称	著 / 编 / 译者	发行处	发行年
赫伊津哈的游戏论考察	김경숙	梨花女子大学	1981
关于如何提高韩国大学生汉语听说能力的思考	李海雨	又石大学	1996
韩国儿童汉语教育方案研究：以初级班为中心	소소주	檀国大学	1997
我对汉语教学中"听、说、读、写"的认识	张春芳	诚信女子大学	1997
汉语授课模型的理论与实践：以高中汉语教育为中心	柳志勋	东国大学	1998
教养汉语如何教：实态与对策	류창교	首尔大学	1998
论初级汉语教育方法	김종현	东亚大学	1998
从案例看汉语教学法研究	강춘화	德成女子大学	1999
蔚山庆南地区高中的汉语教育活性化方案研究	이동욱	蔚山大学	1999
活用多媒体的汉语教育：以活用实态与效果为中心	李暎珠	韩国外国语大学	2000
活用多媒体软件的汉语教学方法研究	李圣圭	仁荷大学	2000

文献名称	著/编/译者	发行处	发行年
网络汉语教学模式研究：以高中学生为中心	임경하	梨花女子大学	2000
以听音、辨音、记音进行的汉语语音训练课程设计：以汉语科1年级学生为对象	崔桂花	安阳大学人文科学研究所	2000
关于教室汉语课的模式研究	구연희	梨花女子大学	2001
关于提高汉语日常交际能力的方案研究	文莲实	圆光大学	2001
关于通过活用游戏提高汉语日常沟通能力的研究	禹惠莲	韩国外国语大学	2001
汉语沟通能力提升方案研究	이우정	圆光大学	2001
汉语教学研究方法试论	朴庸鎭	中国语文学研究会	2001
活用"游戏"和"信息缺口活动"的汉语教育方法	曹焌	韩国外国语大学	2001
为开发沟通能力的汉语教学法研究	朴锺卿	水原大学	2001
关于提高汉语日常交际能力的指导方案	김혜경	庆熙大学	2002
韩国学生基础汉语教学浅论	马洪海	中国人文学会	2002
韩中国语课教育过程比较研究：以初中教育过程为中心	任晓礼	庆尚大学	2002
汉语游戏活动模型研究：以初级汉语学习者的口语教学法为中心	金香辰	中国语文学研究会	2002
汉语早期教育方案研究	李东纶	岭南大学	2002
活用多媒体的汉语教育方案	李知泫	成均馆大学	2002
活用角色扮演法的汉语教学方案	김성미	江陵大学	2002
活用新闻的汉语教学方案研究	최희진	梨花女子大学	2002
基于网络的汉语教学模式开发	洪锡美	淑明女子大学	2002
少儿汉语教育研究：以初级班为中心	李银河	圆光大学	2002
谈中韩教师汉语教学上的合作教学（team-teaching）模式	王一平、梁万基	中国人文学会	2002
为树立正确的短期汉语研修方向的提案	이강재	韩国中语言语学会	2002
为提高汉语日常交际能力的指导方案	金惠京	庆熙大学	2002
在韩国大学汉语教育资源活用方案	吴文义	韩国中国语文学会	2002
采用小组学习法的汉语课程模式研究	金哉希	韩国外国语大学	2003

文献名称	著 / 编 / 译者	发行处	发行年
高中汉语教学中以文化教育为目的的网络活用方案研究：以网站活用为中心	黄银美	庆熙大学	2003
关于高中汉语课程中活用游戏研究	노상림	梨花女子大学	2003
关于汉语教育中活用网络的研究	李恩京	忠南大学	2003
汉语教育中电影活用方案研究	변수경	梨花女子大学	2003
汉语学习辅助材料有效的活用方案	韩孝淑	仁荷大学	2003
汉语早期教育教学方法研究	李受禧	蔚山大学	2003
活用 ICT 的高中汉语教学网站的设计及表现	박혜성	梨花女子大学	2003
活用多媒体的汉语教学类型研究	韩娅喜	忠南大学	2003
活用歌曲的高中汉语教育方案研究	김은주	梨花女子大学	2003
活用互联网高中汉语教学方法研究	尹炫玉	蔚山大学	2003
活用互联网的汉语教学模式研究：以高中汉语教育为主	卞恩住	韩国外国语大学	2003
活用角色扮演法的汉语指导方案研究	김은실	庆熙大学	2003
基于以沟通为中心教学法的汉语指导方案研究	裵仑希	祥明大学	2003
教学方案研究：以教具制作活用为中心	郭正九	公州大学	2003
提高听、说、读、写综合能力的中国语教育的一种模式：以大学专攻课程初级、中级为中心	黄一权	岭南中国语文学会	2003
通过 NIE 增进小学儿童对汉语的兴趣的方案	林锺乙	韩神大学	2003
通过活用游戏与教室汉语的汉语教授方案研究	金兴洙	顺天大学	2003
网络大学汉语教育活性化方案研究	南宫良锡	中国学研究会	2003
为提高沟通能力的汉语教育方法研究	柳闰淑	圆光大学	2003
为提高汉语日常交际能力的角色扮演的活用方案：以高中汉语课为中心	박수희	梨花女子大学	2003
为提高汉语日常交际能力的指导法研究	申美淑	京畿大学	2003
小学汉语指导方案研究	곽희라	东国大学	2003
依据第 7 次教育课程的汉语课堂指导方法研究	金忠宪	韩国外国语大学	2003
以 "音" 为主的汉语教学重要性的提高	정문기	教育部	2003
韩国汉语教学方法中的问题点与解决方案研究	李根孝	庆星大学	2003

7. 语言测试

文献名称	著 / 编 / 译者	发行处	发行年
关于大学外语课程考查制度的相关意见书	李炳汉	首尔大学	1990
韩国人汉语学习及评估相关考察：以 HSK 资料分析为中心	이충양	高丽大学	1997
汉语随行评价施行方案研究	崔永镐	仁荷大学	2000
中韩古典试论的相关性研究	李致洙	中国语文研究会	2001
朝鲜后期汉语考试研究：以评价领域为主	김지윤	梨花女子大学	2001
提高中高级汉语词汇能力的指导方案：通过分析汉语水平考试（HSK）出题类型	이영월	庆熙大学	2002
"高中汉语课"大学入学考试研究：以历代考试问题的分析为基础	박소연	梨花女子大学	2002
关于高中汉语评价相关研究：以定期考察的问题点及改善方案为中心	朴美贞	韩国外国语大学	2002
依据第 7 次教育课程的汉语随行评估方案研究	윤영채	庆熙大学	2002
如何知道学生提高中高级汉语词汇能力：通过分析汉语水平考试（HSK）的出题类型	이영월	庆熙大学	2003
中国汉语水平考试（HSK）的发展与展望	张国庆	韩国中国语言文学研究会	2003
漫谈实用汉语会话课考试	倪明亮	中国文化研究学会	2003

8. 学科建设与课程设置

文献名称	著 / 编 / 译者	发行处	发行年
中国文化大学中文学科与研究生学院现状	李义活	岭南中国语文学会	1981
周法高先生对中国语言学界的贡献	李炳官	公州大学	1994
中国大陆训诂学专业的现状与前景	路广正	中国语文学会	1996
汉语语学出版的现况与课题	孟柱亿	韩国出版研究所	1996
训诂学与中国古典文献学	路广正	中国语文学会	1997
中国言语学研究的新潮流：文化言语学	정진강	中国语文论译学会	1997
中国语文学界学会与学术刊物的现况与前景	金俊渊	首尔大学	1998
中国语文研究课题的新摸索	이종진	中国语文论译学会	1999

文献名称	著 / 编 / 译者	发行处	发行年
汉语信息处理科的教育过程开发研究	박택륜，안말숙，박선애	东明大学	2000
关于 4 年制大学汉语教育体系构建的摸索	朴德俊	韩国中语言语学会	2000
变化中的美国中国语言学界	严翼相	韩国中语言语学会	2001
中国语源学小考	오제중	学古房	2002
中国语文学与国家权力或者政治意识形态	中国人文学会	中国人文学会	2003
第 6 次高中汉语课教学课程（试案）的重要内容	박정도	韩国教员大学	1992
对汉语教育课程的考察	李滢镐	韩国中文学会	2001
大学教养汉语课程的现况及改善方案	李庚齐	韩国中国语文学会	2002
中韩汉语专业课程设置之比较	여구진	中韩人文科学研究会	2002
韩国大学的汉语教育课程考察	송민영	建阳大学	2002
大学教养汉语教学目标及其实践方案：以大田大学的实例为中心	金庠潃	韩国中国语文学会	2002
初中汉语教育课程分析及指导方案	李承晓	庆熙大学	2003
21 世纪韩国的汉语文学大学院课程会培养怎样的人才：现行教学过程检讨与今后改善方案建议	闵正基	韩国中国语文学会	2003

9. 教育技术及语料库

文献名称	著 / 编 / 译者	发行处	发行年
作为教学媒体的网络活用方案研究：以高中汉语教育为中心	조윤경	梨花女子大学	2001
因特网信息的有效搜集和检索	박상령	湖南大学	2001
汉语输入器	유정원,변정용	韩国信息科学会	2002
大型文本语料库汉语 NLPR 类型认知模型化工具（1.0 版）	Hong Zhang	韩国语信息学会	2002
汉语教育中网络的活用研究	김연선	江陵大学	2003
基于网络的现代汉语中介语语料库开发	朴庸鎮	学古房	2003

10. 语言文学教育

文献名称	著 / 编 / 译者	发行处	发行年
词曲教学研究	李京奎	中国语文研究会	2000
中国古典小说教学上的问题点与改善方案	金长焕	中国语文研究会	2000
中国的语文教育：以小学为中心	李圭甲	中国语文学研究会	2000
文学教育与中国古文教育	李基勉	中国语文研究会	2000
中国古典诗歌教学的意义与方案	신하윤	中国语文学会	2001
汉语文学 Cyber 教育的历史理论实务	李寅浩	中国语文学会	2002
中国古典文学与汉语教育的关联性	孙志凤	韩国中国语文学会	2002
中国古典文学与汉文教育	申夏闰	韩国中国语文学会	2002
中国古典文学教学的现况与课题	权应相	韩国中国语文学会	2003
中国的国语教育	梁伍镇	韩国语文教育研究会	2003
中国语学教育的现况与课题	朴正九	韩国中国语文学会	2003

11. 海外汉语教学

文献名称	著 / 编 / 译者	发行处	发行年
韩国的汉语教育简史	张河一	韩国外国语大学	1959
日本的大学中文课及我的教学方法	麦生登美江	韩国中国语文学会	1992
关于朝鲜早期汉语教育考察：以崔世珍的著述为主	이상도	韩国外国语教育学会	1995
对韩国汉语教学的几点看法	王淑谊	中国语文学会	1996
汉语教育中的问题点与改善方案	严翼相	江原大学	1997
韩国的汉语教育现况及课题	이종진	韩国中国学会	1999
教养汉语新探	李吉子	明知大学	2000
韩国汉语教育之历史的考察与展望	李姬玉	庆熙大学	2001
浅谈韩国中语专业基础阶段的汉语教学	赵锡潭	忠清大学	2001
韩中汉语教学探考	한용수	东国大学	2001
韩国大学汉语教学的量化与标准化初探	우묘	岭南中国语文学会	2002
通过案例分析看汉语教育的改善方案	朴兴洙	韩国中国语文学会	2002
韩国近代时期汉语教育	韩容洙	中韩人文科学研究会	2002

文献名称	著 / 编 / 译者	发行处	发行年
关于初级汉语教学	曹囍	东国大学	2003
为实现人文教学的提议	金越会	韩国中国语文学会	2003
大学的理念与中语中文教育	李先玉	韩国中国语文学会	2003
略论汉语教学的效率和课题	李滢镐	中国人文学会	2003

第二部分　电子资源

一　综合类教材及教辅

文献名称	著/编/译者	发行处	发行年
汉语基础读本	김태명	大潮出版文化社	1948
（新编）汉语教本（卷三）	尹永春	同和出版公社	1949
（高中外国语科）汉语读本（一、二年级用）	车相辕，김정록，차주환	宇钟社	1956
汉语（第1卷）	金用贤	正音社	1957
（人文系高中）汉语3	车柱环	宇钟社	1967
（高中外国语科）汉语读本（一年级用）	车相辕，김정록，차주환	宇钟社	1967
（最新）大学汉语	유명규	新雅社	1973
（新亚）汉语	장기근	第一文化社	1974
（现代）汉语：初级篇	中国语文化研究会	瑞麟文化社	1981
新编汉语	유성준	学文社	1981
（简明）中国文学史	中国语文研究会	学文社	1982
（实用）综合汉语	권호연	进明出版社	1983
（最新）汉语	김재우	教学研究社	1984
现代汉语	中国语教材编纂委员会	延世大学	1984
（汉语）标点符号用法	宋在禄	问题与研究社	1984
基础汉语	李台熏	韩国广播事业团	1985
（汉语科）汉语练习：2（1–10）	韩国放送通信大学	韩国放送通信大学	1986
新制汉语	김재우	日新社	1986
（90日完成）中国语基础实力	강청일	书林文化社	1986
（教养）初级汉语：2（1–10）	韩国放送通信大学	韩国放送通信大学	1986

文献名称	著／编／译者	发行处	发行年
北京汉语会话	유성준	青年社	1986
（Ace-Phone）汉语教程	世一社编辑局	世一社	1987
（汉语科）汉语练习：1（1–10）	韩国放送通信大学	韩国放送通信大学	1987
基础汉语	KBS 韩国广播事业团	KBS 韩国放送事业团	1987
（高中）汉语：教师用指导书	文教部韩国外国语大学一综图书研究开发委员会	大韩教科书	1988
（北京式）标准汉语：初级篇	韩中文化研究会	清韩文化社	1988
（会话式）汉语初步	강청일	书林文化社	1988
（基础）汉语	왕필명	三荣书馆	1988
汉语	김용운，이준식，김종현	东亚大学	1988
解说新汉语：1–5	北京语言学院	中国语世界社	1988
实况汉语：1–2	洪越碧	新世界出版社	1988
实用汉语	박동석，김경현	萤雪出版社	1988
（最新）大学汉语	홍순효，김억수	萤雪出版社	1989
（北京式）现代汉语教本：1–2	上海外国语学院 编著，任弘彬 译	时事文化社	1989
（实用）中级汉语	강계철，宇仁浩	进明出版社	1989
（实用）中级汉语	정원지	进明出版社	1989
（自己学习的）北京汉语初步	이승민	青年社	1989
笑话汉语	백수진	明志出版社	1989
（30 日完成）汉语初步	弘新文化社编辑部	弘新文化社	1989
（Ace-phone）标准汉语：1–5	北京语言学院、韩中文化研究会	Ace-phone Korea	1990
（中语中文学科）高级汉语：2（1–10）	韩国放送通信大学	韩国放送通信大学	1990
（汉语科）中级汉语 I	韩国放送通信大学	法典出版社	1990
大学汉语	정범진，이준식	学研社	1991
（高中）汉语：1（1–4）；2（1–2）	에버그린음반공사	富民文化社	1991
（汉语科）中级汉语：1（1–10）	韩国放送通信大学	韩国放送通信大学	1991

文献名称	著 / 编 / 译者	发行处	发行年
汉语	台湾师范大学国语教学中心	进明出版社	1991
基础汉语	최정선	学一出版社	1991
基础汉语：1–5	富民文化社	富民文化社	1991
（高中）汉语（上、下）	최준식，한무희	富民文化社	1992
（高中）汉语（上、下）	노동선，강계철	进明文化社	1992
（高中）汉语（上、下）	송창기	法文社	1992
（高中）汉语（上）	류성준，박재우	松山出版社	1992
（高中）汉语（下）	류성준	松山出版社	1992
大学汉语	성원경，임동석，이수웅	建国大学	1992
（中语中文学科）实用汉语：2（1–10）	韩国放送通信大学	韩国放送通信大学	1992
（中语中文学科）汉语作文：2（1–10）	韩国放送通信大学	韩国放送通信大学	1992
高级汉语1	한창수	韩国放送通信大学	1992
实用汉语2	金时俊，안병국，이동삼	韩国放送通信大学	1992
中国语难字解说集	표장민	第一文化社	1992
（中语中文学科）汉语练习：2（1–10）	韩国放送通信大学	韩国放送通信大学	1993
（中级汉语教科书）听力练习：3（1–3）	北京语言学院来华留学生三系	知永社	1993
（中级汉语教科书）新北京语入门书：1–4	北京语言学院来华留学生三系	知永社	1993
（初级汉语教科书）听力练习：2（1–4）	北京语言学院来华留学生三系	知永社	1993
（初级汉语教科书）听力练习1	北京语言学院来华留学生三系	知永社	1993
（趣味）卡通汉语	백형술	松山出版社	1993
汉语特讲：入门1–3	产业经营教育院	产业经营教育院	1993
基础汉语	송정화	弘新文化社	1993

文献名称	著/编/译者	发行处	发行年
基础汉语	이희옥	内外文学	1993
实用汉语1	한창수	韩国放送通信大学	1993
教养汉语	유춘화	学文社	1993
（中语中文学科）中级汉语：1（1-10）	韩国放送通信大学	韩国放送通信大学	1994
（北京大学）汉语最初步：初级教程1	北京语研	北京语研	1994
（自学）标准汉语：1-3	上野惠司 著，金泰成 编译	翰林出版社	1994
读解汉语	梁镐永	世进社	1994
北京基础汉语	박재우	青年社	1994
（中语中文学科）汉语作文：1（1-10）	韩国放送通信大学	韩国放送通信大学	1995
（北京大学）汉语最初步：初级教程2-3	北京语研	北京语研	1995
（趣味）卡通汉语2	백형술，전병억	松山出版社	1995
高级汉语2	한창수，안병국	韩国放送通信大学	1995
汉语入门	조중병	礼书苑	1995
（教养）初级汉语2	韩国放送通信大学	韩国放送通信大学	1995
（中语中文学科）高级汉语：1（1-10）	韩国放送通信大学	韩国放送通信大学	1996
（中语中文学科）实用汉语2	韩国放送通信大学	韩国放送通信大学	1996
汉语实用口语：1-10	李家春	E&S	1996
（Best）现代汉语（上、下）	李在敦	常绿树	1996
（初级学习者用）汉语入门：1（1-5）	大石智良 等	时事教育	1996
（初级学习者用）汉语入门：2（1-5）	大石智良 等	时事教育	1996
（好汉语）Chinese 600	韩国外国语会话社中国语研究室	韩国外国语会话社	1996
（自学）请给我《进明汉语1》	김낙철	进明文化社	1996

文献名称	著 / 编 / 译者	发行处	发行年
汉语入门	장범성	翰林大学出版部	1996
现代汉语：教养编	中国语文研究会	学文社	1996
（好汉语）三百字故事：用故事学汉语 1–4	中国语研究室	韩国外国语会话社	1996
（好汉语）七百字故事：用故事学汉语 1–5	中国语研究室	韩国外国语会话社	1996
北京汉语（上、下）	강영매	凡宇社	1996
（进明）北京汉语（上、下）：1–9	北京语言学院	进明文化社	1996
（简单快速）北京汉语 40：基础 1–2	北京外交人员文化中心	时事教育	1996
北京汉语中级阅读 2：中国文化篇	北京外交人员文化中心	时事教育	1996
大学汉语	김종배，송천호，김정규	松山出版社	1997
大学汉语	岭南大学中国文化研究室	岭南大学	1997
（北京）新校园汉语：1（1–6）	北京语言文化大学汉语速成学院	时事教育	1997
（高中）汉语：1（1–4）	한무희，윤영근 著，汉语教育开发院 编	富民文化社	1997
（中语中文学科）汉语高级会话：1（1–10）	韩国放送通信大学	韩国放送通信大学出版社	1997
（北京）新校园汉语 1	郭志良	时事教育	1997
（新篇）基础汉语：从发音基础到口语阅读 1（1–5）	한무희，윤영근	富民文化社	1997
汉语入门：1（1–4）	이가춘	三志社	1997
进明汉语 128：1（1–12）	上野啓治	进明文化社	1997
现代汉语（上）	고팔미，张春芳	东方传媒	1997
读解汉语	소선희，이정훈	太学馆	1997
汉语问题集	곡봉부，이화영，조수연	进明文化社	1997
（简单快速）北京汉语 40：基础篇	北京外交人员文化中心	时事教育	1997
北京汉语 1–2	왕계문	学文出版	1997
（新编）北京汉语（上、下）	来思平、许祖贻	进明文化社	1997

文献名称	著/编/译者	发行处	发行年
（北京）新校园汉语：2（1–7）；4（1–7）	郭志良、杨惠元、高彦德	时事教育	1998
（高中）汉语：2（1–5）	한무희，윤영근 著，汉语教育开发院 编	富民文化社	1998
（Check up）汉语：1–2	尹景春	时事教育	1998
（中级）汉语	이가춘	三志社	1998
（自学）请给我《进明汉语2》	김낙철	进明文化社	1998
（新）北京汉语40：中级1–2	北京外交人员文化中心	时事教育	1998
（北京）新校园汉语：3（1–7）	北京语言文化大学汉语速成学院	时事教育	1999
初级大学汉语：1–2	中国语教材编纂委员会	延世大学	1999
（最简单）新汉语入门：1–2	程相文 等	时事教育	1999
汉语精读：中级2	박은경	萤雪出版社	1999
宋在禄新汉语：1–4	宋在禄	时事教育	1999
现代汉语	蔡雅琳 编著，刘丽雅 编译	国学资料院	1999
新汉语入门：1–2	장영지	时事教育	1999
（车先生）自学汉语：1–3	차경섭	研学社	1999
（你好老师）汉语教学：1–2	Yuko Nishikawa，Studio. Nedomanma	学一出版社	1999
汉语问题库1	이훈술 等	松山出版社	1999
（新千年）基础汉语1	김경국 等	常绿树	1999
李小龙北京汉语：1–4	박만규	加山出版社	1999
新攻略汉语：基础篇	马箭飞	多乐园	2000
新攻略汉语：初级篇	马箭飞	多乐园	2000
新攻略汉语：1–2	马箭飞，苏英霞，翟艳，변형우，강필임 编译	多乐园	2000
标准汉语教科书：1–5	黄政澄 著，강준영 译	知英社	2000
（21世纪新倾向）汉语入门	박신영	正进出版社	2000
（www.install）基础汉语：1–4	复旦大学出版社 编，위행복 编译	常绿树	2000

文献名称	著 / 编 / 译者	发行处	发行年
（升级）中级汉语：1-3	复旦大学国际文化流学院编，위행복 编译	常绿树	2000
（最简单）汉语入门：1-4	아사쿠라, 마리코, 朝倉摩理子 著	world. com	2000
汉语：1-3	박정규	Bookmaru	2000
（听和说）中级汉语：1-2	北京语言文化大学出版社，임대근 编译	多乐园	2000
熊猫的汉语入门：1-3	朴恩京、赵杰、周郁华	萤雪出版社	2000
（最简单）汉语入门：1-6	서유원	东洋文库	2000
新攻略汉语：1-3	马箭飞，苏英霞，翟艳，변형우，강필임 编译	多乐园	2001
（读着学）汉语第一步：1-4	주양곤	东洋文库	2001
（挺好啊）儿童汉语学习：1-2	띵호아	띵호아	2001
（新概念）万里行汉语：1-2	孟柱亿	东方传媒	2001
（用韩国文化学的）中级汉语：1-4	金璟硕、方欣欣	常绿树	2001
（愉快北京）汉语 1	韩国京畿中等汉语教育研究会	正进出版社	2001
（真实）汉语：1-5	이승우	donginrang	2001
汉语：1-3	박정규	SYSTEM 英语社 SYSTEM	2001
汉语会话入门：1-3	毛海燕, 이범교	常绿树	2001
汉语能力提高：1、2	김애영	Kassy	2001
学习精通汉语：1-5	이승희	综合出版	2001
汉语通报：2001（6-12 月）	SISA 中国语文化院	SISA 中国语文化院	2001
（高中）汉语 1	李在敦, 毛海燕, 김춘희	进明文化社	2002
（高中）汉语 1	강식진, 안기섭, 유영기	进明文化社	2002
（高中）汉语 1	朴德俊, 정동수, 최병진	正进出版社	2002
新概念汉语：初级 1-2	杨寄洲	时事中国语文化院	2002
大学初级汉语（上）	李钟汉、诸海星、黄一权	启明大学出版部	2002
新攻略汉语：高级篇 1-4	陈若君、马箭飞、毛悦	多乐园	2002

文献名称	著 / 编 / 译者	发行处	发行年
新攻略汉语：完成篇 1-4	马箭飞、朱子仪、郑蘂	多乐园	2002
新攻略汉语：自由交谈 1-4	马箭飞、李小荣	多乐园	2002
（初级学习者用）汉语入门：1-5	김정옥	国际语学研究所	2002
（韩国放送公社媒体）汉语入门：1-3	노순점	东洋文库	2002
（简单）初级汉语完成：1-3	기화룡	Nexus 中文	2002
（简单有趣）汉语第一步：1-3	이상용	제이플러스	2002
（简易）汉语第一步：1-2	최광호	礼家	2002
（简易）汉语基础夯实篇：1-5	주홍	三荣书馆	2002
（解说录音）儿童汉语 1	이명순	东洋文库	2002
（强化中国本土发音）生活汉语第一步：1-3	전홍철, 周彪	Nexus 中文	2002
（宋在禄教授）少儿汉语：1-3	宋在禄	问题与研究社	2002
（我的第一次）汉语：1-2	이곤수	进明出版社	2002
（中国本土语学项目）中级汉语完成	话书堂, 기화룡	Nexus 中文	2002
（自信满满）汉语：入门篇 1-4	赵吉, 박미정	时事英语社	2002
（自由交际）汉语入门逃脱：1-2	조희준	eulji 外国语	2002
（做就可以）汉语第一步：1-4	조희준	eulji 外国语	2002
6 阶段汉语基础：1-2	진화, 박영애	三仙	2002
China 汉语：初级 1-2	戴桂芙、刘立新、李海燕	时事中国语文化院	2002
21 世纪超级汉语：1-9	홍순구	Intel 教育 인텔에듀케이션	2002
超越初级汉语：1-3	千岛英一、话书堂 译	Nexus 中文	2002
点一点汉语：初级篇 1-2	이승희	地球文化社	2002
儿童 EQ 汉语：1-2	时事中国语文化院	Sisabooks 랭기지플러스	2002
儿童汉语：1-2	이명순	东洋文库	2002
儿童汉语：1-2	박수제	제이플러스	2002
儿童汉语：1-4	박미경, 이정은, 장우성, 话书堂 译	Nexus 中文	2002

文献名称	著/编/译者	发行处	发行年
汉语会话入门：1-3	차경섭	第一法规	2002
汉语入门	문승용	时事英语社	2002
汉语入门：1-3	玄熹喆	学问社	2002
汉语入门：1-4	문승용	YBM Si-sa	2002
汉语学习：1-10	장석민 외	Nexus 中文	2002
快乐汉语入门：1-3	송정화, 전기정	Intermedia	2002
快速汉语入门	노순점	Good morning 굿모닝스쿨	2002
未来汉语：入门1-4	北方教育研究院	北方教育研究院	2002
世界上最快的汉语1-3	国际语学研究所中国语学部	国际语学研究所	2002
通！通！汉语：1-3	배다니엘, 박애양	多乐园	2002
学习陌生汉语：1-3	김재관, 김민숙	金永社	2002
自学汉语入门1-5	구맥생 著, 김지선 译	多乐园	2002
（最简单）汉语：1-3	문승용	YBM Si-sa	2002
自信满满汉语：初级篇1-4	赵吉, 박미정	时事英语社	2002
（22日完成）汉语入门：1-3	이익성	东洋文库	2002
自学汉语：1-2	李在敦	常绿树	2002
你好！汉语：1-2	정유선	YBM Si-sa	2002
（自学自习）汉语：1-3	한무희, 윤영근, 임향섭	富民文化社	2002
5次元汉语学习法	원동연, 민성아	金永社	2002
韩国人最简单的汉语学习法	이찬란	明振出版	2002
China 汉语中级146句：2（1-2）	戴桂芙、刘立新、李海燕	时事中国语文化院	2002
汉语300句随机跟着练：汉语基础	송재복	Gilbut	2002
汉语表现词典：1-12	话书堂	Nexus 中文	2002
汉语新手拯救法：1-4	송지현	问题与研究社	2002
（用汉语玩）谜语篇：1-5	강수정, 박미경	Nexus 中文	2002
中国20-29岁年轻人最常用汉语BOX：1-4	박미경	Nexus 中文	2002

文献名称	著/编/译者	发行处	发行年
汉语通报：2002（1–12 月）	SISA 中国语文化院	时事中国语文化院	2002
北京语言文化汉语：1–2	北京语言文化大学汉语速成学院	时事中国语文化院	2002
李小龙北京汉语：1–4	박만규	玄学社	2002
（快乐学习童话故事）故事汉语：1–3	장미경	韩国外国语会话社	2002
（高中）汉语：1（1–3）	송창기，송진영	民众书林	2003
新攻略汉语：实力向上篇	马箭飞	多乐园	2003
新中级汉语教程：1–2	杨寄洲	时事中国语文化院	2003
新高级汉语教程：1–2	杨寄洲	时事中国语文化院	2003
新攻略汉语听力：中级篇 1–4	毛悦，井梦然，刘长征 著，변형우，박성진 编译	多乐园	2003
新攻略汉语听力：从初级到中级 1–4	毛悦、赵秀娟、周阅	多乐园	2003
（EBS 讲师）魅力汉语：1–2	정명숙	Gitan 出版 기탄출판	2003
简明初级汉语：1–3	香坂顺一、话书堂 编译	Nexus 中文	2003
好好汉语：初级 1–2	邢宝国	Global Culture Center	2003
好好汉语：高级 1–2	邢宝国	Global Culture Center	2003
好好汉语：入门 1–2	邢宝国	Global Culture Center	2003
好好汉语：中级 1–2	邢宝国	Global Culture Center	2003
（开口）零基础汉语：初级篇：1–3	마야민，리신잉，韩国中国语教师会，Daum cafe 汉语水平考试(HSK)运营者 编译	例谈 China	2003
（开口）零基础汉语：基础篇：1–4	마야민，리신잉，韩国中国语教师会，Daum cafe 汉语水平考试(HSK)运营者 编译	例谈 China	2003
（开口）零基础汉语：实力向上篇：1–3	마야민，리신잉，韩国中国语教师会，Daum cafe 汉语水平考试(HSK)运营者 编译	例谈 China	2003

文献名称	著 / 编 / 译者	发行处	发行年
（开启话匣子）汉语第一步 1–5	박미경	Nexus 中文	2003
（去汉语的路）汉语路（上）	北京语言大学出版社	多乐园	2003
教养汉语：1–3	임동석，노정은，오제중	建国大学出版部	2003
中级汉语：1–2	김남이	Nexus 中文	2003
（扎实）基础汉语	陈明舒	白山出版社	2003
（自学）汉语入门	노순점	东洋文库	2003
汉语频道：初级篇	홍순구	古院	2003
汉语频道：中级篇	홍순구	古院	2003
汉语路（上）	北京语言大学出版社	多乐园	2003
汉语入门：1–4	정기은	world com	2003
快乐汉语入门：1–3	류기수	中央 M&B 出版	2003
快乐留学汉语：1–3	박형춘，우용환	中央 M&B 出版	2003
未来汉语：入门 1–4	北方教育研究院	北方教育研究院	2003
天天汉语入门：1–3	이곤수	进明文化社	2003
自学汉语入门：1–7	노순점	东洋文库	2003
最适合韩国人的汉语：1–3	김경일	大海出版社	2003
一箭双雕汉语第一步：1–2	김태성，정윤철，노명주	文艺林	2003
（8 天 7 夜）体验汉语：1–2	백영，지니	明振出版	2003
（自学自习）汉语 2：1–2	한무희，윤영근，임향섭	富民文化社	2003
畅游汉语之海	김준수	Ified	2003
汉语大海	韩国放送教育研究所	韩国放送教育研究所	2003
魔术汉语：初级篇 1–3	姚晓琳，何薇，林齐천 编，话书堂 编译	E&M 研究	2003
你好 JRC	JRC 钟路中国语学院	JRC 钟路中国语学院	2003
汉语通报：2003（1–2 月）	SISA 中国语文化院	时事中国语文化院	2003
音乐汉语：1–2	话书堂	Nexus 中文	2003
（好有趣）学儿歌学汉语：1–3	최지연	Nexus 中文	2003
汉语简体字及基础生词练习	장영	学问社	2003
北京汉语 40：中级合本	北京外交人员文化中心	时事教育	2003

文献名称	著/编/译者	发行处	发行年
我爱北京：1-4	김균태	Nexus 中文	2004
北京汉语（上）1	北京语言学院 编, 张基槿、朱良坤 译	进明文化社	2004
水浒故事	北京语言学院中国语世界社	中国语世界社	1995
孝行故事：1-3	中国语研究社	韩国外国语会话社	1999
童话箱子里的汉语：1-4	조대형	正进出版社	2000
（用汉语听和读）童话的世界	话书堂	Nexus 中文	2002
（用汉语听和读）三国志	话书堂	Nexus 中文	2002
（用汉语听和读）旧约圣经	话书堂	Nexus 中文	2002
（用汉语听和读）新约圣经	话书堂	Nexus 中文	2002
（用汉语听和读）小王子	话书堂	Nexus 中文	2002
（用汉语听和读）女人列传	话书堂	Nexus 中文	2002
（儿童汉语学习）我的朋友佳佳	조경희, 손지봉, 노순점	Kassy	2002
（用汉语听和读）希腊神话	话书堂	Nexus 中文	2003
（用汉语听和读）堂吉诃德	话书堂	Nexus 中文	2003
（用汉语听和读）人物列传	话书堂	Nexus 中文	2003
（用汉语听和读）中国神话传说	话书堂	Nexus 中文	2003
（用汉语听和读）细高个儿叔叔	话书堂	Nexus 中文	2003
汉语的路（上、下）	北京语言大学出版社	多乐园	2003
图画汉语：1, 2（1-6）	황후남, 강성하, 최병진	artmedia 아트미디어	2005

二　主题汉语

（一）生活

文献名称	著/编/译者	发行处	发行年
（日常生活编）汉语会话	赵恩文化社编辑部	赵恩文化社	1989
大学生活汉语	조대호	清州大学出版部	1997
生活汉语口语	刘丽雅	国学资料院	1998

文献名称	著 / 编 / 译者	发行处	发行年
生活汉语入门 1	중국어연구실	韩国外国语会话社	1999
（有意思地学习汉语）中国电影纪行：香港电影 1（1–5）	안희정	쪽빛	2000
电视汉语杂志 2001（11–12 月）	韩国放送教育研究所	韩国放送教育研究所	2001
电视汉语杂志 2001（4–5 月）	韩国放送教育研究所	韩国放送教育研究所	2001
电视汉语杂志 2001（9 月）	韩国放送教育研究所	韩国放送教育研究所	2001
电视汉语杂志 2002（1–2 月；4–5 月；8–12 月）	韩国放送教育研究所	韩国放送教育研究所	2002
（双击）网络汉语：中级 1–3	이명정	东洋文库	2002
（用汉语说）生活篇：1–5	강수정，박미경	Nexus 中文	2002
生活汉语口语：生活、观光、商务、贸易（下）	黎文琦、林克辛、王禄宁	学问出版株式会社	2002
奥运会汉语：1–2	최경진，최동표	萤雪出版社	2002
电视汉语杂志 2003（1–2 月；4 月；6–8 月）	韩国放送教育研究所	韩国放送教育研究所	2003
汉语与文化	강창구	宇宙	2003
中国本土文化随机学：1–3	박현준	gilbut	2003
汉语与文化：1–2	강창구	宇宙	2003

（二）旅行

文献名称	著 / 编 / 译者	发行处	发行年
（观光旅行篇）汉语会话	赵恩文化社编辑部	赵恩文化社	1989
（海外旅行）汉语会话	정해상	兼知社	1989
外国语世界旅行：汉语篇 1–7	한우물출판사 编辑部	大井出版社	1990
（海外旅行）实用汉语	新书出版社外国语研究会	新书出版社	1992
（海外旅行）汉语会话	弘新文化社编辑部	弘新文化社	1992
（旅游向导）汉语：预想问题篇	白色大地教育院教育编辑部	白色大地教育院	1994
（旅游向导）汉语：采访篇	白色大地教育院教育编辑部	白色大地教育院	1994
（海外旅行）汉语会话	이희옥	内外出版社	1994

文献名称	著 / 编 / 译者	发行处	发行年
旅行汉语会话	知永社编辑部	知永社	1994
观光必备汉语会话：1–2	杨曼 录音	Intermedia	1996
（长城旅行）汉语会话	차경섭	第一法规	1997
（一册搞定）汉语旅行口语	정기은	东洋文库	1997
（即时对话）7 个模块旅游汉语口语	Memorandum	三荣书馆	1998
（汉语门户）中国旅游 1	방용남	文苑教材	1998
（汉语门户）中国旅游 1	차경섭	文苑教材	1998
（一册搞定）汉语旅行口语	정기은	东洋文库	1998
伙伴旅行汉语：1（1–3）	이승우	Donginrang	1998
（李光石）基础旅行汉语：1–4	이광석	正进出版社	1999
（海外旅游）汉语会话：北京语中心 1–3	张亚军、荀春生、陈可淼 等	内外文化	2000
旅行汉语	Y. Tamani，A. Keiko，郑幸技 编审，한혜정 译	西海文库	2000
（千年的微笑）观光庆州：汉语	庆州市	新韩地图	2000
汉语观光导游：1–4	정기은	东洋文库	2000
口译汉语：观光篇	조경희	Kassy	2000
翻译汉语：观光篇 1–4	조경희，손지봉，김성동	Kassy	2000
观光翻译向导汉语听力问题集：1–5	장석민	时事中国语文化院	2001
（直通）中国旅行口语：1–3	话书堂	Nexus 中文	2001
（随时随地沟通）情景汉语口语：观光购物运动	박귀진，장석민，가광위	Nexus 中文	2002
（一起去）汉语旅行口语：1–2	许涟巡	礼家	2002
旅游汉语口语：1–3	이가춘	三志社	2002
旅游汉语口语	斗山东亚编辑部	World com	2002
汉语观光翻译导游面试笔试一本搞定	김진호，황순희	多乐园	2002
观光口译导游汉语：1–2	话书堂	Nexus 中文	2002
旅行汉语口语：1–3	두산동아 编，구명회 译	斗山东亚	2002

文献名称	著 / 编 / 译者	发行处	发行年
（即刻就活用）旅行汉语口语：1–3	월드컴	World com	2002
（生生现场）旅游汉语：1–3	정기은	Kubbug	2003
（威风凛凛）旅游汉语（上）：1–3	이상도，박정현	蔚山大学出版部	2003
旅行客汉语：1–2	黄金大脑外国语研究所编	黄金大脑	2003
快乐旅行汉语：1–2	이용태，진수미	中央 M&B 出版	2003

（三）商务

文献名称	著 / 编 / 译者	发行处	发行年
（Ace-phone）商务汉语	이영구	世一社	1989
（北京）贸易汉语会话：1–2	张静贤	时事教育	1997
（最新）贸易汉语	内外文学	内外文学	1997
（贸易实务）商务汉语：1–7	崔珍钰、庄重	东洋文库	1998
（贸易）汉语：1–4	이광석	正进出版社	2000
商务汉语口语：1–2	조경희，손지봉，김성동	Kassy	2002
（一看就会）商务汉语：1–2	话书堂	Nexus	2002
（一次搞定）商务汉语：1–4	박윤미	国际语学研究所	2002
商务汉语口语：1–2	조경희	Kassy	2002
（OK）商务汉语：1–3	关道雄，遇笑容，박균우 编译	多乐园	2002
（生生现场）商务汉语：1–3	정기은	Kubbug	2003
（生生现场）服务汉语：1–3	정기은	Kubbug	2003
（一学即通）同声传译商务汉语会话：1–3	橹志娟、吴梅、广江祥子、莫邦富	제이플러스	2003
职场汉语：1–3	윤지영	Nexus 中文	2003
汉语贸易写信 100：1–2	정상문	时事教育	2003

（四）时事

文献名称	著 / 编 / 译者	发行处	发行年
时事汉语	손경옥	青年社	1990

文献名称	著 / 编 / 译者	发行处	发行年
（新闻阅读中心）时事汉语入门	백숭건	知永社	1993
（构文）时事汉语	지재운	社廊房	1993
时事汉语	조기정	全南大学	1993
高级时事汉语	최관장	知永社	1994
时事汉语	유사근	东方传媒	1995
时事汉语	유태규	正勋出版社	1996
时事汉语	中文研究室	韩国外国语会话社	1997
（最新）时事新闻汉语	전홍석	松山出版社	1997
报刊时事汉语：1-3	강춘화，서희명	多乐园	2004

三　语言要素

（一）语音

文献名称	著 / 编 / 译者	发行处	发行年
汉语发音册	宋在禄	问题与研究社	1982
（汉语）发音：1-3	中国语研究室	韩国外国语公司	1996
（轻轻松松）汉语发音：1-2	이가춘	三志社	1997
汉语发音完成	加油中国	加油中国	2001
汉语发音秘密公开：1-5	두금마	Cicops	2002
通达汉语发音：1-3	冈部谦治	Nexus 中文	2003
熟练发音汉语不难：1-2	장수철	礼家	2003

（二）语汇

文献名称	著 / 编 / 译者	发行处	发行年
汉语生词 2000：中级篇	华书堂	Nexus	2001
汉语生词 2000：初级篇 1-2	华书堂	Nexus	2001
（零基础）生词：1-2	金星，崔哲，최수진 录音	东洋文库	2001
汉语能力提高：活用惯用词 1-2	김애영，김현철	Kassy	2001

文献名称	著 / 编 / 译者	发行处	发行年
（精髓）汉语生词表：1–3	中国语语学研究所	World com	2002
（地道）汉语生词 1700：袖珍本	中国语语学研究所	World com	2002
2500 个生词搞定汉语：1–3	国际语学研究所中国语学部	国际语学研究所	2002
（用基础生词学习）简单汉语：1–4	전희봉，여지동	韩国外国语会话社	2003
容易记忆的惯用词 200：1–3	邓秀均	东洋文库	2003
容易记忆的俗语 200：1–3	丁安琪	东洋文库	2003
汉语必备词汇 3051：1–3	话书堂	Nexus 中文	2003

（三）语法

文献名称	著 / 编 / 译者	发行处	发行年
（现代）汉语语法	이용묵，공재석	民众书林	1977
新汉语文法	金槿	启明大学出版部	1988
（现代）汉语文法	유월화，윤화중	大韩教科书	1989
基础汉语文法	임경희	檀国大学	1990
汉语动词研究	中国语言研究会	中国语言研究会	1992
汉语文法	白色大地教育院教育编辑部	白色大地教育院	1993
（句型）汉语第一步（上、下）：1–2	주양곤	东洋文库	1996
（北京）汉语基础文法	모리야，히로노리，남궁양석，윤정희	时事教育	1997
汉语语法	이상도	东方传媒	1997
汉语语法发展史	王力 著，朴德俊 译	人与书籍	1997
现代汉语语法论	朱德熙 著，许成道 译	人与书籍	1997
汉语会话语法	황장개，최환	中文出版社	1998
实用汉语语法	김경숙	中文出版社	2000
汉语语法	아이하라，시게루，이시다，도모코，도누마，이치코	中国语文化院	2001
（过目不忘）汉语基本动词 500：1–2	황지연	例谈 China	2002

文献名称	著/编/译者	发行处	发行年
（HSK 完成）汉语文法词典	徐昌火，조문수	Nexus 中文	2003
读着读着搞定汉语基础语法	小川郁夫 著，话书堂 编译	Nexus 中文	2003
（3 个小时整理）汉语基本句型：1–4	박성숙，이나현	中央 M&B	2003
汉语 15 个动词随便说：1–3	태정희	Nexus 中文	2003
8 种句型来学习的基础汉语：1–3	安田正、三宅章子、朱迎伟	제이플러스	2003
（三位一体）汉语语法：1–5	박미정，이영월，조길	东洋文库	2003

四　语言技能

（一）听力

文献名称	著/编/译者	发行处	发行年
听听汉语：基础篇	이명기	多乐园	2000
听听汉语：中级篇 1	이명기	多乐园	2000
听和说（上、下）：中级汉语	白雪林	多乐园	2000
汉语听力：1–6	林欢、刘颂浩	SISA 中国语文化院	2001
听听汉语：初级篇	이명기	多乐园	2001
听听汉语：中级篇 2	이명기	多乐园	2001
成功汉语基础听力：1–4	殷文函，오일환 译	SISA 中国语文化院	2001
汉语新闻听力：1–5	刘士勤、彭瑞情 著，강계성 译	多乐园	2003
（听力完成）听听汉语 20：1–3	重松淳	YBM Si-sa	2003
（北京大学）汉语听力入门	林欢	时事中国语社	2003
汉语新闻听力 30 日完成	刘士勤、彭瑞情	时事中国语文化院	2003
汉语丛书 1：听力	骊州教导所	骊州教导所	2003

（二）口语

文献名称	著/编/译者	发行处	发行年
汉语会话	김귀달，김문현	进明文化社	1978

文献名称	著 / 编 / 译者	发行处	发行年
汉语会话	권순홍	海文出版社	1986
汉语会话：1–2	宋在禄	韩国放送通信大学	1986
（实用）汉语会话	유춘화	学文社	1986
（基础）汉语会话	유춘화	学文社	1986
基础汉语会话	真话堂编辑部	真话堂	1986
（汉语科）汉语会话 3	韩国放送通信大学	韩国放送通信大学	1987
（60 日完成）基础中国语会话	강청일	书林文化社	1988
（常用）汉语会话	박정규	世和	1988
（实用）汉语会话	外国旅行会话研究会	绿林出版	1988
汉语会话	이수웅	善琼图书出版社	1988
汉语口语教堂：1–6	정종인，고은정	白录	1988
（30 日完成）基础汉语会话	弘新文化社编辑部	弘新文化社	1988
实用汉语会话	차경섭	三阳出版社	1989
（一问多答）汉语会话	백수진	明志出版社	1989
常用汉语会话	백수진	明志出版社	1989
（速成）汉语基础会话完成	권오현	新英语会话研究社	1990
基本汉语会话	김득수	进明文化社	1990
汉语会话：1–11	任日镐	韩国广播事业团	1990
（三志）基础汉语会话：1–4	李家春	三志社	1991
梁镐永的汉语会话	양호영	世进社	1991
实用汉语基础会话	장선기	惠园出版社	1991
（三志）汉语会话	장원수	三志社	1991
汉语会话	정민	学文社	1991
（看漫画学）汉语口语 2：1–3	朱良坤	进明出版社	1992
（三志）中级汉语会话	이가춘	三志社	1992
（三志）基础汉语会话	李家春	三志社	1993
汉语会话 1：初级篇	白色大地教育院教育编辑部	白色大地教育院	1993
汉语会话 2：中级篇	白色大地教育院教育编辑部	白色大地教育院	1993

文献名称	著 / 编 / 译者	发行处	发行年
汉语会话 3：高级篇	白色大地教育院教育编辑部	白色大地教育院	1993
（基础）汉语会话	弘新文化社编辑部	弘新文化社	1993
汉语会话	内外文化	内外文学	1994
汉语实用会话：1–11	李家春	E&S	1994
（基础）汉语会话：入门篇	송명신，한음음반	每日院	1994
（韩中英）实用汉语会话	강형석	明志出版社	1995
（自学）汉语会话：1–4	徐明济	正进出版社	1995
汉语会话	宇仁浩	韩国外国语大学出版部	1995
汉语实用会话：1–4	赵贤洲、陈海东	中国语研	1995
汉语实用会话	이가춘	E&S	1995
（用多媒体学习）汉语口语	인터미디어	斗山情报通信	1995
（用电话学习的）汉语会话	김낙철	正进出版社	1996
（宋在禄教师的）生活汉语：现代汉语口语	宋在禄	问题与研究社	1996
（好）汉语会话：1–7	전희봉	韩国外国语会话社	1996
（一起学）汉语会话	中国语文研究所	interbooks	1996
（你好吗）汉语口语：1–5	차경섭	弘新文化社	1996
（现场活用）汉语会话	해란	书林文化社	1996
立即可用的汉语口语：1（1–4）	陈如	进明文化社	1997
速度汉语口语：1–2	何慕	东洋文库	1997
（Best）北京汉语口语：1–4	李在敦	常绿树	1997
实用汉语口语：中级篇	刘春花	学问出版	1997
实用汉语会话：初级篇	류춘화	学文出版	1997
汉语会话入门	相原茂	东洋文库	1997
汉语口语入门：1（1–4）	相原茂、孟广学	东洋文库	1997
贸易汉语口语：1（1–4）	张静贤	时事教育	1997
（情景）汉语会话入门	스즈키，요시야키，왕연위，조수연	进明文化社	1997
实用汉语会话：中级篇	유춘화	学文出版	1997

文献名称	著 / 编 / 译者	发行处	发行年
基础汉语会话	全南专门大学中国生活研究所	学文社	1997
实用汉语会话	조동매	知永社	1997
（看漫画学）汉语口语：完善汉语口语 1	주양곤 编，유완석 图	进明文化社	1997
（自我介绍）汉语会话	치시마，이이치，千岛英一	内外文学	1997
（电话）汉语会话	해란	书林文化社	1997
最新体验汉语口语：1（1–10）	강석진，진리신	东方传媒	1998
北京汉语中级口语：1–2	李增吉 著，金顺珍 编译	时事教育	1998
中国旅行谁也 OK：新汉语口语 1	中国语世界社	中国语会话社	1998
基础汉语口语：北京标准语 1（1–4）	이승우	donginrang	1998
（口语学习）汉语第一步：1–2	주양곤	时事教育	1998
汉语口语 301 句：1–7	康玉华、来恩平	多乐园	1999
（口语学习）汉语基础完成：1–3	조경희，김성동	Kassy	1999
（口语学习）汉语第一步	주양곤	时事教育	1999
（情景）基础汉语口语 1	차경섭	学一出版社	1999
（新千年）汉语口语：1–3	김혜경	donginrang	2000
汉语会话：1–21	宋在禄	问题与研究社	2000
（自由交谈）说汉语（上、下）	吴叔平	多乐园	2000
（活用中国文化学习）汉语口语：1–4	杨瑞、李泉 著，임대근 编译	多乐园	2000
（北京大学）汉语 800 句：1–3	张军	中国语文化院	2000
北京汉语口语第一步：1–3	许莲顺	礼家	2001
（北京大学）汉语中级会话：1–2	刘德联	时事教育	2001
成功汉语基础口语：1–2	张平，이익희	SISA 中国语文化院	2001

文献名称	著/编/译者	发行处	发行年
291 句汉语口语完成：1–4	郑镇桎、钟英华	松山出版社	2001
（韩国人用）中级汉语口语：1–3	이명정	东洋文库	2001
（初级）汉语口语：1–2	임윤선	加山出版社	2001
成功汉语基础口语	장소평	中国语文化院	2001
汉语口语进阶：1–2	강수정，윤지영	Nexus 中文	2002
新时代汉语口语：1–2	곽수경	时事中国语文化院	2002
（1+1）汉语英语会话：1–3	김영진，김경민	绿泉	2002
（快快）汉语口语入门：1–2	胡玛凭	Intermedia	2002
（初级学习者用）汉语口语教堂：1–2	李熙玉	内外文化	2002
汉语口语：20 日间的奇迹 1–2	刘德联、名和敏光 著，김준헌译	时事中国语文化院	2002
开口汉语会话：1–2	孟柱忆	东洋文库	2002
（耳聪眼快）生活汉语口语：1–4	于佩翎	时事中国语文化院	2002
（发音中心）汉语口语：1–5	박귀진，가광위	Nexus 中文	2002
（15 日完成）本地汉语口语：1–3	赞井唯允、朱继征	YBM Si-sa	2002
（100 日完成）汉语基础口语：1–3	时事外国语社编辑部	时事外国语社	2002
（用韩国语学习的）汉语口语：1–3	심복실	budle 媒体	2002
（让中国大吃一惊）汉语口语：1–3	심복실	礼家	2002
（做就可以）汉语口语：1–2	을지외국어편집부	Eulji 外国语	2002
（好好）自学汉语口语：1–3	장명민	时事文化社	2002
（快快）汉语听力口语：1–3	전기정	Intermedia	2002
（Easy & Express）汉语会话辞典：1–5	주양곤	东洋文库	2002
基础汉语会话	주홍	lancom 랭컴	2002

文献名称	著 / 编 / 译者	发行处	发行年
ECC+ 汉语口语：1–7	차이나스쿨	차이나스쿨	2002
汉语基础口语佳句 200：1–2	팡레이	例谈 China	2002
（精统）汉语会话入门：1–2	허연순	礼家	2002
（从发音到口语）基础汉语：1–4	话书堂	Nexus 中文	2002
汉语一句：1–2	话书堂	Nexus 中文	2002
汉语会话：红书 1–2	가광위，박귀진	Chinaro academy	2003
中国人口吻 100% 学会：1–2	安英姬、朴日灿	多乐园	2003
网上诊所汉语：口语基础篇 1–3	김정희，민경삼	玄学社	2003
汉语演讲稿 BEST15：1–6	김진아，이정은	Nexus 中文	2003
（北京大学）汉语口语：高级篇	戴桂芙	时事中国语社	2003
（北京大学）汉语口语：入门篇	戴桂芙	时事中国语社	2003
（北京大学）汉语口语：中级篇	戴桂芙	时事中国语社	2003
（北京大学）汉语口语：初级篇	戴桂芙	时事中国语社	2003
北京汉语看图说话：口语 1–2	丁永寿	时事中国语文化院	2003
基础汉语口语辞典：情景汉语表现 9000：1–6	许极炖、宋文豪	Eulji 外国语	2003
北京中国语讲座：新生活中国语会话（上、下）	黎文琦、林克辛、王禄宁 著，许世立、李仁顺 译	学问社	2003
（100 文章）Best 汉语会话：1–4	田浩	国际语学研究所	2003
汉语口语：1（1–3）	박귀진，가광위	Chinaro academy	2003
喔喔汉语口语：1–4	박재승	国际语学研究所	2003
（交际）汉语：1–3	박충순	富民文化社	2003
中国本土口语随机跟着学	박현준	Gilbut	2003
情景汉语口语：1（1–3）	배용득，전란옥	学问社	2003

文献名称	著 / 编 / 译者	发行处	发行年
汉语基础口语跟着学：1–3	时事外国语社编辑部	时事外国语社	2003
（零基础系统学）汉语口语第一步：1–3	심복실	Budle media 버들미디어	2003
中国人口气 100	안영희	多乐园	2003
（基础学习者用）掌握汉语口语：1（1–2）	야오홍옌, 김은정, 유고임	YBM Si-sa	2003
你好初级汉语口语特讲：1–4	이정아, 강지호	明振出版명진출판	2003
初级汉语口语：1–2	임윤선	玄学社	2003
新时代汉语会话：汉语表达词典	전종한	东洋文库	2003
（日常口语）汉语必备表现131：1–5	전종한	东洋文库	2003
汉语口语教堂：1–4	정종인, 고은정	国立中央图书馆	2003
（随时随地沟通）情景汉语口语124：1–3	正进出版社编辑部	正进出版社	2003
正好学习汉语会话	조경희	Kassy	2003
汉语实用会话：1–4	조현주, 진해동, 유춘란	国立中央图书馆	2003
（与英语会话一起学的）基础汉语会话：1–3	大学中国语教材编纂会	学问社	2003
（即刻就沟通）生生汉语口语：1–4	차경섭	学一出版社	2003
（自学）汉语会话开口：1–3	함광식	研学社	2003
（听了说）120 分钟汉语：1–4	홍경아	Nexus 中文	2003
汉语口语：1–2	황영희, 이문혁, 최창원	玄学社	2003

（三）阅读

文献名称	著 / 编 / 译者	发行处	发行年
北京汉语中级阅读：1–2	北京外交人员语言文化中心	时事教育	1996
读着读着就学会的汉语第一步	주양곤	东洋文库	2001
成功汉语基础阅读	정천강, 김윤태	SISA 中国语文化院	2001

文献名称	著/编/译者	发行处	发行年
（桥梁）北京汉语中级阅读：1–2	陈灼，이익희	时事中国语文化院	2003
（一册搞定）Best 汉语：阅读、听力	话书堂	Nexus 中文	2004
（北京大学）汉语阅读特讲：初中级 1–4	张世涛，刘若云，김순진 译	Sisa 教育	2004
（初级学习者用）汉语阅读：简单的难题 1–2	傅遥、张莉	多乐园	2004
汉语阅读：最简单地接近 1–2	전미자	东洋文库	2004
（北京大学）汉语阅读特讲：基础 1–3	张世涛	Sisa 教育	2005

（四）写作

文献名称	著/编/译者	发行处	发行年
（汉语科）汉语作文：1（1–10）	韩国放送通信大学	韩国放送通信大学	1987
汉语写信	최정선	学一出版社	1990
汉语写信	장내방，나이토，마사코	内外文学	1994
实用汉语作文	宇仁浩	知永社	1994
（基础）汉语作文	차경섭	正进出版社	1997
（最新）基本汉语作文	강계철	东玄出版社	1997
汉语写信	차경섭	弘新文化社	1997
实用汉语写作	中国语教材编纂委员会	学问社	1997
实用汉语写作	中国语教材编纂委员会	学问社	2003

五　考试用书（HSK，CPT，其他）

文献名称	著/编/译者	发行处	发行年
（考前必备）HSK 实战模拟：初中级 1	赵菁 编，장석민，임정빈 译	Nexus 中文	2002
HSK 取得高分：听力	이증길	时事中国语社	2002
大学 HSK 真题：高级	时事中国语社编辑部	时事中国语社	2002

文献名称	著 / 编 / 译者	发行处	发行年
大学 HSK 真题：初中级	时事中国语社编辑部	时事中国语社	2002
大学 HSK：高级 1–5	红尘	时事中国语文化院	2002
大学 HSK：基础 1–5	红尘	时事中国语文化院	2002
大学 HSK：初中级 1–5	红尘	时事中国语文化院	2002
HSK 模拟听力考试生词表：1–3	쑨징, 왕쉬웨진 著, 이정연, 신혜원 译	Crezio Communications	2002
抓住 HSK 满分：初中级听力 1–9	이증길	时事中国语文化院	2002
HSK 考试一次通过 3、4、5 级：1–2	古川裕	时事中国语文化院	2002
（考前必备）HSK 实战模拟：初中级 2	赵菁 编, 장석민, 임정빈 译	Nexus 中文	2003
（21 世纪新倾向）HSK：完全分析 1–3	묘동하, 손귀, 한수연	正进出版社	2003
HSK 听力：1–5	강주영	Nexus 中文	2003
（高级）HSK 模拟习题集：1–2	장석민, 쑹웨이슈	中央 M & B	2003
（高级）HSK 实战考试：1–3	川口荣一、潘杰	Nexus 中文	2003
（基础）HSK 模拟考试一次满分 2	郭玉玲、王环宇	松山出版社	2003
（真题词汇）HSK8 级：听力篇 1–2	백형술, 최남규, 윤영미 编, 차화정 译	松山出版社	2003
HSK 真题 1–2	김연희	例谈 China	2003
ZAO HSK：1–3	장석민, 강수정	中央 M&B 出版	2003
初中级 HSK 满分：模拟考试 1–4	周继圣	松山出版社	2003
HSK Ⅱ级一本搞定：高等 1–4	北京语言大学出版社 编, 박영록, 장미경 译	多乐园	2003
HSK 听力高分门户网：1–5	쑨징	Crezio Communications	2003
北京语言 HSK 合格特讲模拟考试 3	王建勤	时事中国语文化院	2003

文献名称	著 / 编 / 译者	发行处	发行年
北京汉语讲座：HSK 模拟问题集 1–7	中国语教材编纂会	学问社	2003
优选排位 HSK 惯用词：1–3	话书堂 기획，장석민，진현 译	Nexus 中文	2003
精统 HSK：初中等：阅读篇 1–4	자오칭，서문연，우치갑 译	例谈 China	2003
精统 HSK：初中等：听力篇 1–8	자오칭，서문연，우치갑 译	例谈 China	2003
精统 HSK：初中等：语法篇 1–4	자오칭，서문연，우치갑 译	例谈 China	2003
精统 HSK：初中等：综合篇 1–4	자오칭，서문연，우치갑 译	例谈 China	2003
（泄露天机）HSK6 级完成：1–4	황용순	东洋文库	2003
最新 HSK 模拟考试精解：初中级 I	周红、洪昔杓 译	Book Korea（북코리아）	2003
（托业方式汉语能力考试）CPT400	北京外国语大学国际交流学院	时事教育	1998
（汉语能力考试）CPT600：1–4	北京外国语大学国际交流学院	时事教育	2000
（汉语能力考试）CPT400	中国语研究所	时事教育	2003
（汉语能力考试）超越 CPT600 分：1–4	中国语研究所	时事中国语社	2004
（汉语能力考试）CPT400	中国语研究所	时事中国语社	2004
（汉语能力考试）CPT800 高分策略	中国语研究所	时事中国语社	2004
近 8 年同声传译大学院汉语真题解析：1–3	장석민	Nexus 中文	2002
汉语能力考试高分策略：1–4	中国语言研究所	时事中国语文化院	2003

图书在版编目（CIP）数据

汉语国际教育文献总目. 韩国卷：1900－2003／常
耀华等主编. －－ 北京：社会科学文献出版社，2019.12
ISBN 978－7－5201－5507－6

Ⅰ.①汉…　Ⅱ.①常…　Ⅲ.①汉语－对外汉语教学－
文献－专题目录－1900－2003　Ⅳ.①Z88：H195

中国版本图书馆 CIP 数据核字（2019）第 192152 号

汉语国际教育文献总目　韩国卷（1900－2003）

主　　编／常耀华　刘光婷　〔韩〕柳东春　白恩姬

出 版 人／谢寿光
组稿编辑／祝得彬　张　萍
责任编辑／葛　军

出　　　版／社会科学文献出版社·当代世界出版分社（010）59367004
　　　　　　地址：北京市北三环中路甲 29 号院华龙大厦　邮编：100029
　　　　　　网址：www.ssap.com.cn
发　　　行／市场营销中心（010）59367081　59367083
印　　　装／三河市东方印刷有限公司

规　　　格／开　本：787mm×1092mm　1/16
　　　　　　印　张：16.75　字　数：442 千字
版　　　次／2019 年 12 月第 1 版　2019 年 12 月第 1 次印刷
书　　　号／ISBN 978－7－5201－5507－6
定　　　价／98.00 元

本书如有印装质量问题，请与读者服务中心（010－59367028）联系

▲ 版权所有 翻印必究